Introducción a la historia de la lengua española

Melvyn C. Resnick

Georgetown University Press, Washington, D.C.

Library of Congress Cataloging in Publication Data

Resnick, Melvyn C.
    Introducción a la historia de la lengua española.

    1. Spanish language--History. I. Title.
PC4075.R4   460'.9   81-7209
ISBN 0-87840-083-4   AACR2

International Standard Book Number: 0-87840-083-4

Para M.T.J.

INDICE

PROLOGO

Este libro pretende ser una mínima introducción a la historia interna y externa de la lengua española. Presenta el desarrollo de la lengua en términos de sus orígenes latinos y los influjos extranjeros que han contribuido a su formación.

El enfoque del libro es el español moderno. El autor no hace hincapié en los diversos estadios evolutivos del español sino en las fuentes y los procesos históricos que produjeron el sistema y las curiosidades de la lengua de hoy: ¿De dónde viene el español? ¿Por qué es así? ¿Qué relaciones genéticas y culturales tiene con sus hermanas romances y con sus vecinas mundiales?

El siguiente plan de presentación de los materiales en este libro se ha usado con éxito en cursos introductorios en la historia de la lengua española:

Capítulo	Horas de clase
1	2
2	1
3	4
4	15
5	6
6	9
7	6

Las restantes horas del curso se pueden dedicar, según los objetivos e intereses dicten, a la presentación y expansión de éstos y otros temas o a la lectura y explicación de los textos antiguos incluidos en el Apéndice.

El autor desea manifestar sus más expresivas gracias a los numerosos estudiantes y colegas que han contribuido con su entusiasmo y sugerencias a la realización de este libro.

Particularmente extensos y útiles han sido los aportes de Frances M. Aid, que ensayó versiones preliminares del manuscrito en su curso sobre la historia de la lengua; Paola Bentivoglio, que durante innumerables horas de lectura y discusión del manuscrito me hizo repensar mis más seguras ideas y reescribir mis más convincentes explicaciones; Victor R. B. Oelschläger, cuya generosidad personal y profesional contribuyó de maneras directas e indirectas a mejorar los resultados de mis esfuerzos; Antonio Rivas, por la perspectiva especial que sólo el estudiante inteligente e interesado puede traer a la tarea de estudiar a fondo un texto difícil; y Richard J. O'Brien, por sus valiosísimas recomendaciones sobre el plan y el alcance de este libro.

Agradezco también a varios colegas que leyeron y comentaron partes del manuscrito o intentaron de otros modos levantarme de las honduras de mi ignorancia. Entre ellos menciono a James P. Lantolf, Carlos-Peregrín Otero y Bohdan Saciuk. Finalmente, doy constancia de mi gratitud a D. Lincoln Canfield, quien me inició hace muchos años en los temas que integran este libro.

1

INTRODUCCION HISTORICA

1.0 Introducción. El español es la lengua nativa de más de 200 millones de personas en todo el mundo. Además de ser la lengua oficial de España y de diecinueve países de las Américas y el Caribe, el español es la segunda lengua principal de los Estados Unidos, donde cuenta con unos veinte millones de hablantes, principalmente de descendencia mexicana, puertorriqueña y cubana.

En Africa, el idioma castellano se oye en Marruecos y es la lengua de instrucción en la Guinea Ecuatorial, anteriormente territorio español.

El español es también la lengua materna de unos cientos de miles de judíos sefarditas cuyos antecesores fueron exilados de España en 1492. Hoy en día los sefardíes viven en Holanda, Grecia, los Balcanes, Bulgaria, Yugoslavia, Turquía, Israel, Egipto, Líbano, Siria, los Estados Unidos y América Latina.

Se oye el español en las Filipinas entre familias tradicionales. En Trinidad, isla situada cerca de Venezuela, el español convive con el inglés, lo que lleva a un mínimo de 36 el número de países donde se habla la lengua de Castilla. De todos los continentes, sólo en Australia no se encuentra la influencia lingüística de España.

Entre las lenguas del mundo, el español se halla en cuarto lugar en cuanto al número de hablantes, después del chino mandarino, inglés e indostaní. De las lenguas romances principales, el español es el que más hablantes tiene.

1.1 El latín vulgar y las lenguas romances. El término LENGUA ROMANCE (también LENGUA ROMANICA o LENGUA NEOLATINA) se refiere a esas lenguas que se derivan de la lengua hablada por los romanos en la época del gran Imperio Romano. Es decir, el español, el portugués, el francés, etc., son todas lenguas hermanas que provienen de la misma fuente, el LATIN VULGAR hablado por los romanos en Roma y en los diversos territorios de su Imperio.

1

En un sencillo ARBOL GENEALOGICO podemos representar el parentesco entre el latín vulgar y las lenguas romances de la siguiente manera:

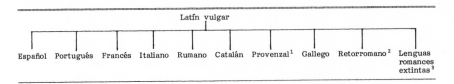

Latín vulgar

| Español | Portugués | Francés | Italiano | Rumano | Catalán | Provenzal[1] | Gallego | Retorromano[2] | Lenguas romances extintas[3] |

1.2 El grupo itálico. Ampliando este árbol, vemos que el latín vulgar era miembro de una familia o grupo llamado ITALICO, que en un período prehistórico, posiblemente en el primer milenio antes de Cristo (aC), se subdividió en dos grupos.[4]

Como vemos en este árbol genealógico, el latín vulgar es la única lengua antigua del grupo itálico que sobrevive en línea directa en la actualidad.

Las lenguas romances, además de ser lenguas "hermanas" entre sí, están relacionadas genéticamente con idiomas como el inglés, alemán, ruso, polaco, sánscrito e indostaní (pero no con otros como el japonés, hebreo y vasco). De la misma manera que el español y el francés pertenecen al grupo itálico, el inglés y el alemán pertenecen al grupo GERMANICO, y el ruso y el polaco al grupo ESLAVICO. Así como las lenguas romances proceden todas de la misma fuente latina, las lenguas germánicas, eslávicas, itálicas y otras vienen todas de una sola lengua prehistórica.

1.3 El protoindoeuropeo. Esta lengua prehistórica, hablada en partes de Europa oriental y de Asia hasta unos tres mil años antes de Cristo, es el PROTOINDOEUROPEO. A continuación se presentan todos los grupos de la FAMILIA INDOEUROPEA y una lengua representativa de cada grupo.[5]

Poco se sabe de los orígenes y de la vida temprana de los hablantes del protoindoeuropeo. Sin embargo, es generalmente aceptada la teoría de que los indoeuropeos eran un grupo de tribus nómadas originarias de la región del Mar Báltico en el noreste de Europa, posiblemente en el área correspondiente a la Lituania actual. Mediante sus conquistas y su estilo de vida nómada, diseminaron su influencia lingüística hacia el oriente (a partes de Asia: el persa, bengalí, hitita, sánscrito e indostaní son todos idiomas indoeuropeos) y hacia el occidente, cubriendo casi toda Europa. Pocas lenguas modernas en Europa son de origen no indoeuropeo; las principales son el húngaro, el finlandés, el turco y el vasco.

Durante la época migratoria de los indoeuropeos, época que probablemente duró unos dos mil años, de 5000 a 3000 aC, su lengua siguió cambiando, evolucionando, como necesariamente sucede con todas las lenguas del mundo. La lengua original

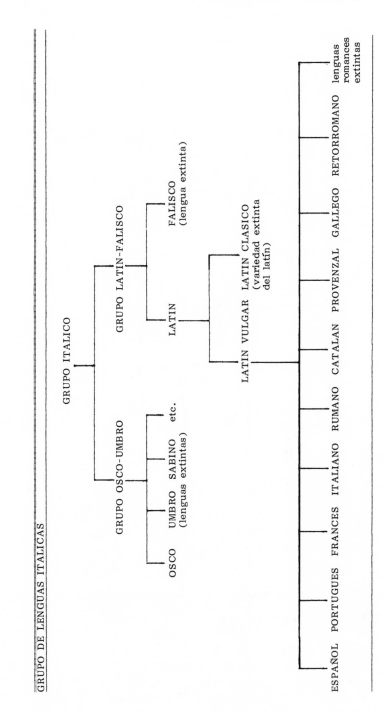

GRUPO DE LENGUAS ITALICAS

GRUPO ITALICO

GRUPO OSCO-UMBRO

OSCO   UMBRO   SABINO   etc.
(lenguas extintas)

GRUPO LATIN-FALISCO

FALISCO
(lengua extinta)

LATIN

LATIN VULGAR   LATIN CLASICO
(variedad extinta
del latín)

ESPAÑOL PORTUGUES FRANCES ITALIANO RUMANO CATALAN PROVENZAL GALLEGO RETORROMANO   lenguas
romances
extintas

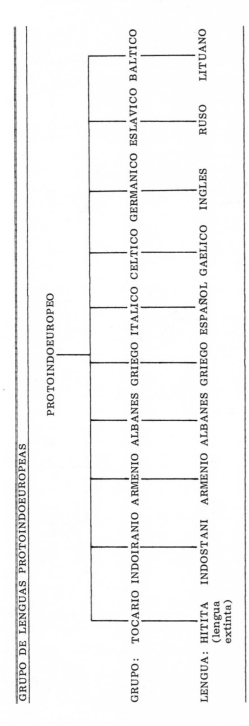

GRUPO DE LENGUAS PROTOINDOEUROPEAS

PROTOINDOEUROPEO

GRUPO: TOCARIO INDOIRANIO ARMENIO ALBANES GRIEGO ITALICO CELTICO GERMANICO ESLAVICO BALTICO

LENGUA: HITITA INDOSTANI ARMENIO ALBANES GRIEGO ESPAÑOL GAELICO INGLES RUSO LITUANO
(lengua
extinta)

cambió y evolucionó diversamente en las distintas regiones que los indoeuropeos ocupaban. Se cree, pues, que para el año 3000 aC el protoindoeuropeo se había fragmentado hasta tal punto que ya no se trataba de una mera serie de dialectos mutuamente comprensibles: ya se habían formado lenguas que dieron origen a los varios grupos indoeuropeos.

Como se ve en el cuadro, la lengua indoeuropea hablada en la Península Itálica tampoco permaneció como una lengua homogénea. De esta lengua indoeuropea, ya itálica, se formó un grupo de lenguas itálicas que se dividió en dos ramas: el OSCO-UMBRO y el LATIN-FALISCO. Del osco-umbro nacieron varias lenguas, ninguna de las cuales ha sobrevivido. Del latín-falisco sur- gieron dos lenguas principales. EL FALISCO es extinto. [6]

1.4 El latín antiguo, el latín clásico, el latín vulgar. Del latín surgieron dos variedades estilísticas que se designan como LATIN VULGAR y LATIN CLASICO. La variedad clásica se usaba en la literatura y la oratoria--era rebuscada, formal y arcaizante. La variedad vulgar, que era espontánea y natural, se usaba en la comunicación diaria. Usamos en este libro el término LATIN, o a veces LATIN ANTIGUO, para referirnos al antecesor común del latín clásico y del vulgar. Hablado hasta tal vez mediados del segundo siglo aC, el latín antiguo repre- senta una etapa en que la separación entre la lengua hablada y la literaria no era todavía muy marcada. [7]

En este libro examinaremos los aspectos principales de la evolución del latín vulgar, tal como se hablaba en la Península Ibérica, hasta el español moderno de España y América. Pero antes conviene estudiar algunas de las contribuciones e in- fluencias ejercidas en la lengua española por los varios pueblos no romanos que conquistaron y dominaron la región que com- prende la España actual.

1.5 Los iberos y los vascos. Los primeros habitantes modernos de la Península Ibérica se conocen como IBEROS. [8] Es posible que en tiempos prehistóricos los iberos ocuparan toda la Península y hasta partes de Francia. Según una teoría, puesta en duda por muchos investigadores, pueblos invasores obligaron a los iberos a retirarse a la relativa seguridad de las montañas pirenaicas, donde sus descendientes los VASCOS o VASCONGADOS permanecen en la actualidad. Su lengua, el VASCO o VASCUENCE, no es lengua indoeuropea. A pesar de los muchos esfuerzos por parte de los lingüistas y los historiadores para descubrir sus orígenes y establecer una relación genética entre el vasco y otras lenguas del mundo, casi nada se sabe de su prehistoria. El origen de los vascos y de su lengua, y el de los iberos, siguen siendo un misterio. [9]

1.6 Los celtas, los celtíberos. Alrededor del año 1100 aC (en la edad del hierro) los CELTAS invadieron y ocuparon la

Península Ibérica. Se mezclaron con los iberos; de esta unión nacieron los CELTIBEROS, que se quedaron como fuerza dominante en la meseta central hasta la invasión de los CARTA-GINESES en el 237 aC. Los cartagineses lograron conquistar gran parte de la Península, pero antes de lograr establecerse y arraigarse lo suficiente como para dejar una huella permanente en la lengua y la cultura, fueron expulsados por los ROMANOS, que iniciaron su conquista en el 218 aC y llegaron a dominar totalmente la Península en el año 19 aC.[10] Los descendientes de los celtíberos continuaron en la Península y convivieron con los romanos. En este período se llaman simplemente CELTAS.

1.7 Los vándalos, los suevos, los visigodos. Los romanos dieron varios siglos de paz a la Península Ibérica, paz que terminó en el 409 dC con la invasión de dos tribus GERMANI-CAS, los VANDALOS y los SUEVOS.[11] Veinte años después estos conquistadores germánicos cedieron ante otra tribu germánica, los VISIGODOS. En el proceso de conquista del Imperio Romano, los visigodos adoptaron la superior cultura romana, y con ella la lengua latina. Reyes visigóticos gobernaron a España hasta el 711 y a Portugal hasta el 712.

1.8 Los moros, los castellanos. La última invasión extranjera que influyó en el desarrollo del idioma español fue la de los MOROS en el 711. Estos efectuaron su conquista de toda la Península, excepto un pequeño enclave en Asturias, en siete años, entre 711 y 718. Permanecieron en España como poder extranjero hasta su expulsión después de la RECON-QUISTA, que terminó en 1492.[12] La Reconquista empezó en el norte, en el territorio del dialecto romance castellano. En el proceso de retomar España, los castellanos diseminaron por casi toda España tanto su idioma castellano como su influencia militar, desplazando a otros dialectos romances como el asturiano y el mozárabe. El patrón de castellanización se ve en el mapa.

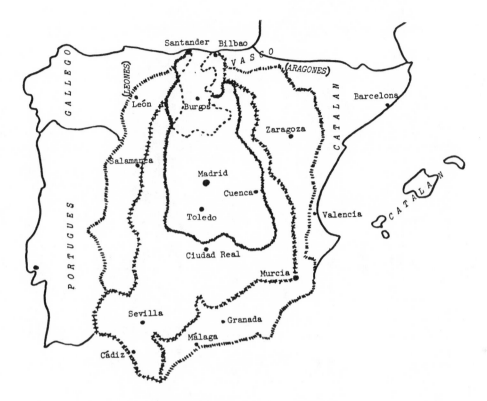

LA CASTELLANIZACION DE ESPAÑA

Zona 1: — — — — Primitiva extensión del dialecto castellano

Zona 2: ～～～～ Tierras castellanizadas antes del siglo XIII

Zona 3: ✗✗✗✗✗ Tierras castellanizadas en el siglo XIII

Zona 4: ⅏⅏⅏⅏ Tierras castellanizadas a partir del siglo XIV

(Según Ramón Menéndez Pidal, *Manual de gramática histórica española*)

CRONOLOGIA DE LA FORMACION DEL ESPAÑOL

Período	Península Itálica	Península Ibérica	Período
antes de 3000 aC	Fragmentación del protoindoeuropeo y llegada de tribus indoeuropeas. / Formación de grupos de lenguas itálicas.	Llegada de los iberos.	antes de 3000 aC
1100 aC- aprox. 150 aC	Los latinos, tribu itálica, toman la ciudad de Roma; como romanos luego dominan a la Península. / Idioma latín-falisco, después latín.	Dominación de los celtíberos. Los griegos y los fenicios establecen colonias en la costa.	1100 aC- 218 aC
		Invasión y dominación romana. / Presencia de los celtas.	218 aC- 409 dC
aprox. 150 aC- 409 dC	Dominación romana. / Desarrollo de dos variedades del latín, la clásica (literaria) y la vulgar. Sobrevive sólo la vulgar.	Período del latín vulgar, lengua unificada en el Imperio.	
409-1492	Roma deja de ejercer influencia en el desarrollo de las lenguas del antiguo imperio.	Dominación germánica. / Fragmentación del latín vulgar conduce a la formación del latín hispánico, lengua adoptada por los germánicos.	409-711
		Dominación árabe. / Nacen muchas lenguas romances. El castellano convive con el vasco en el norte. El castellano predomina en España y es llevado al Nuevo Mundo. El castellano de los judíos españoles es llevado a varios países.	711-1492

1.9 Para contestar

1. Explique brevemente los siguientes nombres:

lengua romance	indoeuropeo	celtas
judeoespañol	protoindoeuropeo	celtíberos
ladino	latín (antiguo)	cartagineses
dálmata	latín clásico	romanos
itálico	latín vulgar	vándalos
osco	vasco (vascuense)	suevos
umbro		visigodos
falisco		moros

2a. ¿Cuáles son los diez grupos de la familia indoeuropea?

2b. Indique si cada uno de los siguientes idiomas es indoeuropeo:

indostaní___	etrusco___	finlandés___	hebreo___
vasco ___	gaélico___	alemán ___	inglés ___
maya ___	lituano ___	húngaro ___	francés___

2c. Dibuje el árbol genealógico del grupo itálico, incluyendo las lenguas romances principales.

3a. Escoja la fecha que corresponde a los siguientes períodos en la historia de la lengua española:

Comienzos de la división del latín en sus variedades clásica y vulgar ___
Tribus germánicas invaden la Península Ibérica ___
Los iberos llegan a la Península Ibérica ___
Los moros invaden la Península Ibérica ___
Los celtas llegan a la Península Ibérica ___
Los romanos invaden la Península Ibérica ___
Fragmentación del latín vulgar ___
Se forman los grupos indoeuropeos ___
Comienzos de la expulsión de los árabes de España
Antes de 3000 aC, 1100 aC, 218 aC, 150 aC, 409, 711, 1492

3b. ¿Qué condiciones externas (es decir, no lingüísticas) condujeron a la fragmentación del latín vulgar?

4a. Describa brevemente el patrón geográfico general de la castellanización de España. (Consulte el último párrafo del capítulo y el mapa que le sigue.)

4b. ¿Cuáles son las cinco lenguas modernas principales de la Península Ibérica? ¿En qué parte de la Península se encuentra cada una?

5. ¿Cómo llegó a ser el castellano la lengua predominante de España? Es decir, describa el desarrollo geográfico-histórico del español desde sus orígenes indoeuropeos hasta la terminación de la Reconquista de España en 1492.

Notas

1. El provenzal también se llama OCCITANO o LENGUA DE
OC.
2. El retorromano se conoce también como LADINO,
RETORROMANICO y RETICO. Este último término es también
el nombre de una lengua no indoeuropea hablada antiguamente
en la misma región alpina de Europa. LADINO, que significa
'latino', también se usa para referirse al español de los judíos
sefarditas desterrados de España en 1492. Su lengua es
llamada más correctamente JUDEOESPAÑOL. En la Edad Media
se aplicó el término LADINO a la lengua romance hablada por
los moros, para distinguirla de su lengua arábiga, y también
al moro que sabía hablar aquella lengua. En el Perú de hoy
se le dice LADINO al indio que habla bien el español; en
Guatemala LADINO se refiere al mestizo que habla español.
3. En los siglos antes de la Reconquista, que terminó en
1492, se hablaban en España muchos idiomas y dialectos
romances. Los únicos que han sobrevivido son el castellano,
el gallego y el catalán. La última lengua romance en extin-
guirse fue el DALMATA, hablada antiguamente en Dalmacia
(ahora parte de Yugoslavia); esta lengua desapareció con la
muerte de su último hablante, Antonio Udina, en 1898.
4. Para una introducción muy completa y moderna a la
relación genética entre las lenguas romances, véase Robert A.
Hall, *External History of the Romance Languages*, especialmente
págs. 9-17. También Carlo Tagliavini, *Orígenes de las lenguas
neolatinas*. Para referencias completas sobre éstas y otras
obras citadas en las notas, véase la Bibliografía.
5. Hay poco escrito en español sobre la lingüística indoeuropea, hecho que refleja el interés hispánico en los antecesores más inmediatos del español. Para una bibliografía
anotada de obras básicas sobre el indoeuropeo, especialmente
de fuentes alemanas y romances, véase la *Bibliografía de lingüística española* de Homero Serís (págs. 107-111).
6. Es decir, otras hablas convivían con el latín de los
romanos en la Península Itálica hasta el primer siglo después
de Cristo (dC). Hay inscripciones que indican que el osco
se hablaba tanto como el latín en Pompeya cuando esta ciudad
fue destruida en 79 dC. El ETRUSCO, lengua extinta no indoeuropea y de origen desconocido, también se hablaba extensamente en la Península Itálica en tiempos prerromanos. Las
inscripciones etruscas aún no han sido descifradas.
7. Sigo, por ejemplo, a W. D. Elcock, *The Romance Languages*, Robert A. Hall, *External History of the Romance Languages*, Ramón Menéndez Pidal, *Manual de gramática histórica
española*. Algunos escritores consideran, en cambio, que el
latín vulgar procedió del latín clásico como resultado de un
proceso de degeneración.
8. Hay huellas fósiles en la Península Ibérica que datan
desde el período paleolítico inferior (la primera edad de la

piedra), período tal vez cientos de miles de años anterior al neolítico (la segunda edad de la piedra) en el que llegaron los iberos. El arte de las famosas Cuevas de Altamira en Santander data del final del período paleolítico. La edad de la piedra terminó entre el 4000 y 3500 aC.

9. Una de las teorías sobre el origen del idioma vasco lo relaciona con el etrusco, el finlandés, y otros. Ultimamente está encontrando cierta aceptación la teoría de que los vascos eran georgianos que emigraron desde el Cáucaso a los Pirineos atravesando Asia Menor y Europa meridional en tiempos prehistóricos. Véase la Bibliografía.

10. En el siglo VII aC los griegos fundaron colonias en la costa de la Península Ibérica y éstos fueron los que pusieron a la Península y a sus habitantes el nombre Ibérico. Los FENICIOS fundaron las ciudades de Cádiz, Málaga, Sevilla y Córdoba en la costa en los siglos del XI al VII aC. Además, los fenicios habían fundado en el siglo VII aC en el norte de Africa la ciudad de Cartago, de donde procedió la invasión de España en el año 237 aC. Las guerras entre Roma y Cartago, durante las cuales se llevó a cabo la conquista de España por los romanos, se conocen como las tres GUERRAS PUNICAS.

11. Es decir, las invasiones extensas de las tribus germánicas pusieron fin a la PAX ROMANA que reinaba en el Imperio. Los suevos dominaron en el noroeste y los vándalos en el resto de la Península. El sur de España lleva su nombre: (V)Andalucía.

Muchas autoridades mencionan a tres tribus germánicas, los suevos, los vándalos y los alanos. Los alanos fueron un pueblo heterogéneo nómada indo-iranio. Acompañaron a varias tribus germánicas en sus migraciones y conquistas y entraron en España con los vándalos. (Véase Bernard S. Bachrach, A History of the Alans in the West, págs. viii, 55-59.)

12. Los moros, también llamados ARABES, MAHOMETANOS y MUSULMANES, vinieron de Mauritania, territorio antiguo del Africa septentrional que corresponde en la actualidad a Marruecos, Túnez y Argelia. (Hoy en día Mauritania es el nombre de una república del Africa occidental.)

En Portugal los moros fueron derrotados tres siglos antes que en España, en 1147. Poco después, Portugal se estableció como país independiente.

El año 1492 fue importante en la historia de España y del mundo occidental. Se realizaron en ese año: (1) la reconquista de España y la subsecuente expulsión de los árabes, (2) la expulsión de los judíos de España, (3) el descubrimiento de América por Cristóbal Colón, (4) la publicación de la gramática española de Elio Antonio de Nebrija.

2

INFLUENCIAS EXTRANJERAS

2.0 Introducción. En este capítulo examinaremos algunos ejemplos de la influencia que ejercieron los celtíberos, celtas, griegos, fenicios, vascos, visigodos y moros en el desarrollo de la lengua latina llevada a España por los romanos.

Para este propósito, así como para trazar el desarrollo de los cambios lingüísticos en general, conviene dividir el estudio de la lengua en tres áreas básicas:

(1) El LEXICO o VOCABULARIO. Es decir, el repertorio de palabras disponibles para el uso de los hablantes de la lengua. Además de las voces comunes, el léxico incluye los nombres personales y de lugares. Los nombres de lugares se llaman TOPONIMOS.

(2) La MORFOLOGIA y la SINTAXIS. La morfología es el estudio de las formas que las palabras pueden tomar; en el caso del español, esto se refiere a rasgos tales como las terminaciones del verbo y las formas del adjetivo. La sintaxis es el estudio de las relaciones entre los elementos de la frase; por ejemplo, el sustantivo usado en plural conlleva el uso del adjetivo también en plural. La morfología y la sintaxis juntas son consideradas tradicionalmente como la GRAMATICA de la lengua.

En la lingüística moderna el término GRAMATICA se refiere a los conocimientos lingüísticos del individuo (conocimientos fonológicos, léxicos, semánticos, morfosintácticos) que le permiten hablar y entender su idioma. Gramática también se refiere al estudio de estos conocimientos.

(3) La FONOLOGIA es el estudio de los sonidos del habla y del sistema dentro del cual éstos se combinan para formar las palabras y las frases de la lengua.

2.1 Léxico. A continuación estudiamos algunos de los elementos extranjeros en el léxico español. [1]

2.1.1 Celtíbero. Bajo la designación CELTIBERO se incluyen la lengua o lenguas prerromanas de los iberos y los

celtíberos junto con otras prehistóricas desconocidas de la
Península Ibérica. De las siguientes palabras sólo se sabe con
certeza que vienen de voces en uso en la Península Ibérica
antes de la llegada de los romanos. Entraron en el léxico
latino y de ahí pasaron al castellano.
De origen celtíbero son barro, muñeca, muñeco y conejo.
De origen muy incierto o desconocido, pero probablemente de
uso prerromano, tenemos barril, barriga y barricada, todas de
la misma fuente, y caspa, gordo y perro.
Las pocas palabras celtíberas encontradas en las lenguas
romances de España son "nombres aislados de significación
sumamante concreta. No pervive ninguno relativo a la organización política y social ni a la vida del espíritu."[2]

2.1.2 **Celta.** Entre las voces tomadas del céltico por el
latín durante la época romana tenemos brío, cabaña, camisa y
carpintero (originalmente 'uno que trabaja con carpentum o,
sea, carro de dos ruedas') y carro, cerveza, legua y vasallo.
Corominas también atribuye orígen céltico al verbo cambiare
del latín vulgar, fuente de cambiar en español.

2.1.3 **Vasco.** Después del período romano, durante la
ocupación visigoda y musulmana, el idioma vasco convivía en
el uso diario al lado del dialecto romance castellano que se
estaba formando en el norte y centro de España. Durante
este período, el castellano tomó muchas palabras del idioma
vasco (y también le prestó muchas). Entre las voces vascas
que entraron directamente al castellano en esta época, es decir,
voces vascas que no se encontraban en el latín del período romano, tenemos boina, la típica gorra vasca, izquierdo (pero
ésta posiblemente del celtíbero) y pizarra. Corominas nos dice
que pizarra procede probablemente del vasco lapitz 'pizarra' +
-arri 'piedra'. Lapitz parece venir, sin embargo, del latín
lapideus 'de piedra'. Lapitzarri dio pizarra cuando "al pasar
al cast. la sílaba la- se tomó por el artículo y se prescindió de
ella" (*Diccionario breve*).

2.1.4 **Germánico.** Debido a la presencia germánica en el
Imperio Romano, entraron en el latín vulgar unas cien palabras,
muchas de las cuales sobreviven en español y en otras lenguas
romances. Algunas están relacionadas con la guerra. He aquí
unos ejemplos, con palabras afines en inglés y en alemán de la
misma fuente protogermánica. (No son necesariamente tra-
ducciones de la palabra española.)

guerra	(inglés war, alemán Wirren)
guardar	(inglés guard, warden, alemán Wart)
robar	(inglés rob, alemán rauben)
yelmo	(inglés helm, helmet, alemán Helm)
jabón	(inglés soap, alemán Seife. Los romanos descono-
	cían la manufactura del jabón, elemento de la

civilización que les fue traído del norte por las
tribus germánicas.)

falda　　　(inglés fold, alemán Falte. Esta palabra tenía
　　　　　　originalmente el sentido del pliegue de la falda.)

ganso　　　(inglés goose, alemán Gans)

2.1.5 Arabe. El árabe ha proporcionado más palabras al
español que ninguna otra lengua, con la excepción del latín.
Lapesa cuenta unas 4000 voces españolas de orígen árabe, pero
muchas de éstas, usadas en España, son relativamente desconocidas en América. Esta contribución tan enorme al léxico
español es la consecuencia del gran influjo que ejercieron los
conquistadores sobre la vida y cultura española. El nivel de
contacto entre moros y cristianos fue sumamente alto durante
los siete siglos que aquéllos permanecieron en España. El
proceso de prestar y tomar palabras fue facilitado por el alto
grado de bilingüismo que se dio. Los mozárabes (cristianos
que vivían entre los árabes) aprendían la lengua de sus conquistadores y usaban palabras árabes al hablar español para
expresar los conceptos culturales y científicos importados a
España por los moros. Con el pasar del tiempo, estas palabras
entraron en el vocabulario común del español.

Los siguientes ejemplos representan, pues, solamente una
pequeña fracción de la contribución árabe al léxico español.
Se notará que la mayor parte de estos préstamos empiezan en
al-, el artículo definido del árabe. Otra letra inicial frecuente
es la z-.

De orígen árabe son el aceite y la aceituna, posiblemente
procedentes del desierto Sahara. Los árabes comían naranjas;[3]
almíbar[3] y alfalfa.[4] Les gustaba el arroz.[4] Cultivaban
alcachofas, ajonjolí, albaricoques y algarrobos. Tanta comida
tenían que guardarla en los almacenes. No debemos olvidar
que les gustaban las albóndigas y también el jarabe. Entre
sus flores favoritas estaban la azucena y el jazmín.

En la época de la zafra cosechaban el azúcar, del que
destilaban el alcohol. El alboroto que resultaba de las
zambras que se daban hacía que los viejos achacosos llamaran
al alguacil o alcalde de la aldea. Naturalmente, éstos eran de
alta alcurnia y llevaban ropa hecha del mejor algodón.

Los moros dormían en sus alcobas, que tenían bellas alfom-
bras de color ámbar. Tenían almohadas azules[3] y anaqueles
llenos de almanaques y libros de alquimia.[4]

Entre otras tareas, los albañiles instalaban azulejos y hacían
las azoteas fuertes para resistir los azotes de los elementos.
Pavimentaban las calles con adoquines y a los lados ponían
alcantarillas para evitar los charcos de agua.

Las mujeres usaban alfileres para hacerles la ropa a Fulano
y Mengano, los cuales en sus hazañas peleaban con los
haraganes y los asesinos, hasta que éstos se rendían. Los
mensajeros que traían noticias de la victoria recibían albricias,
y las mujeres pedían que ojalá hubiera otras.

Los árabes tenían aduanas.[3] Cobraban tarifas y guardaban los maravedíes en sus alcancías. Sus matemáticos y científicos hablaban de cifras, cénit, álgebra y del número cero. Finalmente, he aquí[5] dos palabras más: álcali y alcanfor.

2.1.6 Toponimia. En la TOPONIMIA española encontramos varias huellas de las civilizaciones no romanas de la Península Ibérica.[6] De origen fenicio son los nombres de Cádiz y Málaga; y la ciudad española de Cartagena debe el nombre a sus fundadores africanos.

Es notable el hecho de que existen topónimos de origen vasco e ibérico en casi toda España, lo que apoya la teoría del origen ibérico de los vascos e indica la posibilidad de una considerable extensión prehistórica de su territorio.

Varias ciudades españolas llevan nombre céltico, entre éstas Segovia y Coruña.

De origen germánico son los famosos nombres de Burgos 'castillo, ciudad' y Andalucía, éste con pérdida de la consonante inicial V.[7]

A la toponimia española los árabes contribuyeron con La Mancha 'altiplanicie', Guadalajara 'río de las piedras', Guadalquivir 'río grande', Gibraltar 'monte de Tar[ik]'[8] y Guadalupe, posiblemente 'río de cascajo negro'.[9] Un nombre híbrido arábigo-latino es Guadalcanal 'río del canal'. Algunos lugares llevan nombre latino con un "dejo" árabe: Zaragoza viene de la pronunciación mora de Caesar A(u)gustu 'César-Augusto'.

2.1.7 Nombres personales. Entre los apellidos y nombres propios de origen no romano, sólo los vascos y los germánicos han dejado mucha influencia permanente. Los apellidos Echeverría, Chavarría, García y Jiménez indican una herencia vasca, aunque muy remota.

La terminación -ez en apellidos como Gómez, Fernández, Jiménez, González, Martínez, etc., se cree derivada de un sufijo celtíbero, equivalente a de en español, que indicaba el parentesco entre padre e hijo. Es decir, Fernández significaba 'de Fernando', González 'de Gonzalo', etc.[10]

De origen visigótico tenemos entre otros Alfonso, Elvira, Ramiro y su derivación Ramírez, Gonzalo y González, Bermudo y Bermúdez, Rodrigo, que fue el último rey visigodo de España, y Rodríguez.

2.2 Fonología: Influencia de sustrato. En el área de los influjos extranjeros presentes en la fonología, la cuestión de la posible influencia vasca ha sido uno de los enigmas que caracterizan la investigación de la época preliteraria del vasco. Sólo tenemos evidencias escritas del vasco desde el siglo X en adelante.

El vasco y el español comparten varias características fonológicas importantes que no se encuentran en las lenguas romances que no tenían contacto con el vasco. Una de estas

características es la ERRE MULTIPLE del español, en palabras
como carro, perro, rico. Este sonido se distingue del de la
ERE SENCILLA de caro y pero. La erre múltiple del castellano
de España es mucho más fuerte y exagerada que la de las otras
lenguas romances. La erre del vasco es a la vez muy fuerte y
frecuente. (Se nota que una gran parte de las palabras vascas
usadas en español tienen este sonido.) Además, ni el vasco ni
el castellano tienen la ere sencilla en posición inicial de palabra,
donde aparece, sin embargo, en las otras lenguas romances.
Es decir, rico y ropa, a pesar de escribirse con una sola r,
se pronuncian con erre múltiple.[11]
Un segundo ejemplo de posible influencia del vasco en la
fonología española es ofrecido por muchos lingüistas. La f-
inicial de muchas palabras latinas dio h en el español antiguo.

LATIN > ESPAÑOL
filiu   hijo
formica   hormiga
farina   harina

(El símbolo > se lee 'da' o 'llega a ser'.) Claro está que
esta antigua h ya no se pronuncia; no se ha pronunciado desde
el siglo XVI. Lo que sí importa es que la lengua vasca no
tiene el sonido f al principio de las palabras y que la mayor
parte de las palabras españolas derivadas del latín antes de
los siglos XI y XII perdieron la f inicial latina. En cambio,
otras lenguas romances no sufrieron el trueque de f inicial >
h.
Varios rasgos fonológicos adicionales son atribuidos por algunos lingüistas a la influencia vasca. Se pueden citar el
caso del sistema vocálico del español, que se destaca entre las
lenguas romances por su sencillez, y la pérdida de la distinción entre b y v. El vasco tiene las mismas cinco vocales y
las mismas pronunciaciones de b-v (como en bebo) que el
español.
El tipo de influencia que se cree que el vasco ejerció sobre
el español se conoce como INFLUENCIA DE SUSTRATO. Esta
es la influencia que un pueblo ejerce sobre la estructura de la
lengua que adopta, cuando una conquista o dominación extranjera de su tierra le impone esta lengua. Los habitantes
oriundos pueden ser mucho más numerosos que los conquistadores, cuya lengua están obligados a usar, y puede que
aprendan esta nueva lengua con ciertas imperfecciones. Y si
los conquistadores y los conquistados se funden en una sola
vida y cultura común, estas imperfecciones pueden llegar a
generalizarse y perpetuarse en las siguientes generaciones.
En el caso del español, la erre múltiple fuerte e inicial, el
cambio de f inicial de palabra a h, el sistema vocálico sencillo
y otros trueques son considerados como posibles resultados de
la influencia del sustrato vasco.

La teoría de la influencia del sustrato vasco no es universalmente aceptada; no se ha ofrecido prueba alguna de que estos rasgos del castellano se deben al influjo de otra lengua. Sin embargo, sabemos que el idioma de los vascos convivía con el dialecto romance que se estaba formando en Castilla durante toda la ocupación visigótica y musulmana de España, unos diez siglos importantes en el período formativo y de mayor susceptibilidad de la lengua española. Sólo podemos observar una serie de coincidencias interesantes y especular sobre su posible relación de causa y efecto.

2.3 Para contestar

1. ¿Cuáles son las tres áreas de cambio lingüístico que se estudian en este libro? Explíquelas.
2. ¿Cuáles son los pueblos no romanos que por medio de su ocupación de la Península Ibérica más han influido en el desarrollo temprano del español? ¿En qué áreas de la lengua ha dejado su huella cada uno de estos grupos? ¿En qué áreas de la vida han influido?
3. Se cree que ciertos elementos de la fonología española vienen del influjo del sustrato vasco. ¿Qué significa esto? ¿Cuáles son algunos ejemplos de la posible influencia del sustrato vasco en el español? ¿Qué condiciones vigentes en la España medieval hicieron posible tal influencia?

Notas

1. Para más información sobre la materia y ejemplos en este capítulo, véanse el *Diccionario crítico etimológico de la lengua castellana* de Joan Corominas, y la versión condensada, el *Breve diccionario etimólogico de la lengua castellana;* el *Diccionario etimológico español e hispánico* de Vicente García de Diego; *Historia de la lengua española* de Rafael Lapesa; y *Orígenes de las lenguas neolatinas* de Carlo Tagliavini.
2. Lapesa, *Historia*, pág. 35.
3. Vocablo de origen persa llevado a España por los árabes.
4. Vocablo de origen griego llevado a España por los árabes.
5. La palabra he de la expresión he aquí es de origen árabe; he del verbo haber es de origen latino.
6. Para más información sobre la toponimia véase Lapesa, Capítulos I, IV, V.
7. El sufijo -burgo es popular en los nombres toponímicos de Norteamérica y de Europa; por ejemplo, la ciudad estadounidense Pitsburgo y la alemana Hamburgo.
8. Tarik Aben Zynd, 'el tuerto', fue el comandante moro de las tropas invasoras.
9. Esta es la etimología ofrecida por Sterling A. Stoudemire. El dice: 'At least three etymologies have been suggested for this name. The first and most popular is a combination of the Arabic word [Wadi-] 'river' and [Lupe] from the

Latin lupus, 'wolf': 'River of the place of wolves'.... The
second etymology is [Wadi-] plus the Arabic [Ugaibi], 'hidden,
secret': 'Secret River or Underground River'. The third is
the soundest: [Wadi-al-lub], 'Río de cascajo negro', a river
with disintegrating black stones and pebbles in its bed. In
addition to being sound linguistically, this etymon follows the
Arabic pattern all over the world of the middle ages, and
especially in Spain.... The present writer can testify that the
river bed of Guadalupejo (Guadalupe) is black....' (Sterling A.
Stoudemire, "Santiago, Guadalupe, Pilar: Spanish Shrines/
Spanish Names," pág. 17.)

10. Compárese el uso en inglés de -son 'hijo' en apellidos
como Johnson, Jefferson; en danés -sen 'hijo' en Jespersen; en
español, francés e italiano de, a veces con el artículo, en
Ponce de León, Ferdinand de Saussure y Leonardo da Vinci,
respectivamente; en hebreo ben 'hijo' en David ben Gurión y
en español, con semejante prefijo tomado del árabe, Benavides,
Benigómez 'hijo de Gómez'; en irlandés y escocés Mc y Mac
'hijo' en McCarthy y MacGregor; en inglés apellidos como
Fitzgerald 'hijo de Geraldo' del francés antiguo fitz, ahora
fils, prefijo formado del latín filius 'hijo'; en alemán von en
Otto von Bismarck; en irlandés O' 'descendiente' en Bernardo
O'Higgins.

11. La pronunciación múltiple de la r inicial de palabra se
refleja en la ortografía cuando la palabra se combina con otra
para formar palabra compuesta. Para indicar y conservar la
erre múltiple pronunciada en el nombre de Puerto Rico, el
adjetivo derivado de este nombre se pronuncia y se escribe
puertorriqueño y no *puertoriqueño; lo mismo con costarricense.

3

ALGUNOS DETALLES

3.0 Introducción. En los primeros dos capítulos trazamos la cronología de los acontecimientos migratorios, bélicos y políticos que llevaron la lengua de los indoeuropeos a España. A través de un lento proceso de evolución y desarrollo se originó el castellano moderno, que es hoy la cuarta lengua del mundo en cuanto a número de hablantes. Presentamos asimismo algunas de las influencias extranjeras que actuaron sobre esta lengua neolatina en sus años formativos.

3.1 Derivados y cultismos. En éste y en el siguiente capítulo nos proponemos trazar paso a paso el desarrollo de la fonología española a partir de sus orígenes latinos. Examinaremos unas 800 palabras latinas para descubrir sus DERIVADOS en el español moderno. Por PALABRAS DERIVADAS, también llamadas PALABRAS o VOCES POPULARES, entendemos las que evolucionaron y se desarrollaron normalmente del latín vulgar al español. Estas se distinguen de los CULTISMOS (o PALABRAS o VOCES CULTAS) que pertenecían al lenguaje litúrgico, científico o jurídico y que no participaron en el proceso evolutivo normal hasta que entraron por fin en la lengua popular. Las voces cultas retienen, pues, o parcial o completamente, su forma original clásica.

Examine los ejemplos que siguen. Trate de llenar los espacios en blanco según los patrones exhibidos en los ejemplos anteriores a los que faltan. Siga el orden de la lista.

LATIN	>	CULTISMO ESPAÑOL	DERIVADO ESPAÑOL
coagŭlāre		coagular	cuajar
cathĕdra		cátedra	cadera
causa		causa	cosa
frīgĭdu		frígido	frío
ĭntĕgru		íntegro	entero
radĭu		radio	rayo
matĕrĭa		materia	madera

LATIN	>	CULTISMO ESPAÑOL	DERIVADO ESPAÑOL
lacte		lact(ar)[1]	leche
strĭctu		estricto	_____
factu		facto(r)	_____
collŏcāre		colocar	colgar
labŏrāre		laborar	_____
opĕra		ópera	obra
aurĭcŭla		aurícula	oreja
ovĭcŭla		ovi(no)	_____
spĕcŭlu		especul(ar)	_____
ōcŭlu		ocul(ista)	_____
ecclesĭa		eclesiá(stico)	_____
ŭmbĭlīcu		umbilic(al)	_____
nōmĭne		nomin(ar)	nombre
nōmĭnāre		nominar	_____
hŏmĭne		homin(al)	_____
fēmĭna		femen(ina)	h _____

Hay que notar que las palabras cultas no siguen siendo 'cultas' en el español moderno. Muchas, aunque no todas, ya forman parte del lenguaje popular desde hace siglos; se consideran cultas por el hecho de que no sufrieron los cambios fonéticos que ocurrieron antes de la entrada de estas voces en la lengua popular. Sufrieron, sin embargo, los cambios que tuvieron lugar después de su popularización y siguen evolucionando en la actualidad al igual que el resto de la lengua.

Muchos vocablos, por la influencia conservadora de la iglesia y de la erudición, sólo aparecen en el español moderno como cultismos sin contrapartida derivada. Algunos ejemplos son:[2]

LATIN	CULTISMO ESPAÑOL
vĭrgĭne	virgen
angĕlu	ángel
saecŭlu	siglo
mīrācŭlu	milagro
perīcŭlu	peligro

3.2 Pronunciación del latín.

3.2.1 Consonantes. La pronunciación de los vocablos latinos que trataremos en éstas y las siguientes páginas ofrece pocos problemas para el hispanohablante. Las consonantes escritas del alfabeto latino, después de varios siglos de variación e inestabilidad, han vuelto a representar aproximadamente los mismos sonidos en el español moderno, con algunas excepciones notables.

CONSONANTE LATINA	PRONUNCIACION
B	Siempre oclusiva, como la primera pero no la segunda b de bebo. Es decir, las dos bes del latín bĭbō tienen el mismo sonido.
C	En el latín clásico, la c tenía siempre el sonido de [k]. En el vulgar, la c delante de e, i llegó a tener el sonido de la ch del español: cantāre, cēna, cĭrculāre, factū.
CH	Pronúnciese con sonido de [k]. La ch se encuentra en palabras latinas generalmente de origen griego o árabe: charactere, chirurgia, chŏlera.
D	Siempre oclusiva, como la primera pero no la segunda d del español dedo: decĕmbre, fĭde.
G	En el latín clásico, la g tenía siempre el sonido de [g], como en español gato: gustāre, grādu. Del mismo modo que la c, la g delante de e, i en el latín vulgar de la Península Ibérica adquirió sonido fricativo o semiconsonántico, semejante tal vez al [y] del español hielo: gĕnte, frĭgĭdu.
H	Siempre se pronunciaba con sonido semejante al de [h] en inglés, como una jota suave: habēre, honōre.
J	No tenía el sonido de la jota moderna española, sino que representaba el sonido de [y], como en inglés yes, español hielo: juŭu, jūrāre, jŭstu.
LL	No tenía el sonido de la ll moderna española, sino de una l prolongada: bĕlla, caballu.
PH	Pronúnciese igual que la f. La ph se encuentra en algunas palabras latinas de origen griego: phantasma, elĕphante.
RH	Pronúnciese igual que la r sencilla. La RH se encuentra en algunas palabras latinas de origen griego: rhythmu.
Q	Siempre en el grupo qu, y siempre con el sonido de [kw]: quantu, quinto, que, quota se pronunciaban [kwa-], [kwi-], [kwe-], [kwo-].
TH	Pronúnciese igual que la t. La th se encuentra en varias palabras españolas de origen griego, árabe y germánico: thēsauru, thema, cathĕdra.

CONSONANTE LATINA	PRONUNCIACION
V	En el latín clásico la <u>v</u> tenía el sonido de [w]. En la lengua vulgar s<u>e</u> pronunciaba labiodental: <u>vacante</u>, v<u>ĕnīre</u>.

3.2.2 Vocales. La pronunciación de las vocales tampoco ofrece problemas para el hispanohablante. Los cinco signos alfabéticos <u>a, e, i, o, u</u> siguen representando aproximadamente su cualidad latina. La letra <u>y</u>, que llegó a representar el mismo sonido que la i, se usaba en algunas palabras de origen griego. Había tres diptongos: <u>au</u> se pronunciaba como en español; <u>ae</u> y <u>oe</u> eran [ay] y [oy], respectivamente.

Es preciso notar, sin embargo, que cada vocal del latín antiguo se pronunciaba como LARGA o como BREVE, lo que arroja un total de diez vocales antiguas. Las largas se representan con el signo de duración larga (ˉ) encima de la letra, las vocales breves (o cortas) con el signo de duración breve (ˇ).

Vocales largas: ā, ē, ī, ō, ū
Vocales breves: ă, ĕ, ĭ, ŏ, ŭ

Indicamos en este libro, como es la costumbre, la distinción antigua (y clásica) entre las vocales largas y breves por su importantísima relación con las siete vocales del latín vulgar y las cinco del español.

3.2.3 Acentuación. La acentuación de las palabras latinas es virtualmente idéntica a la de sus derivados españoles. Sin embargo, las reglas de acentuación eran muy distintas.
(1) En palabras de dos sílabas el acento caía siempre en la penúltima: <u>caput</u>, <u>causa</u>, <u>amant</u>.
(2) En palabras de tres o más sílabas, el acento caía en la penúltima vocal si ésta era larga; si era breve, la antepenúltima normalmente llevaba el acento. Examinemos el infinitivo de cinco verbos; la vocal acentuada se indica con letra mayúscula:

penúltima vocal larga: cant<u>Ā</u>re, hab<u>Ē</u>re, ven<u>Ī</u>re
penúltima vocal breve: scr<u>ĭ</u>b<u>ĕ</u>re, f<u>Ă</u>c<u>ĕ</u>re

(3) En el latín vulgar hubo vacilación y un cambio de la posición del acento en palabras cuya penúltima vocal breve era seguida por dos consonantes o por consonante doble, como en:

quadragĭnta > cuarenta
capĭllu > cabello
intĕgru > íntegro, entero

El acento en palabras de este tipo cambió en el latín vulgar
de la antepenúltima vocal a la penúltima. El trueque se ve
claramente en los descendientes modernos del último ejemplo:
ĭntĕgru, tomado del latín clásico, dio el cultismo íntegro,
mientras que intĕgru, del latín vulgar, resultó en el derivado
entEro, con la correspondiente diferencia en la acentuación. [3]

Para encontrar la sílaba tónica es preciso saber contar las
sílabas de las palabras latinas. En general se cuentan como
en español. Las dificultades principales se ven en palabras
que tienen vocales contiguas. Como ya hemos visto, los grupos
ortográficos au, ae y oe representan diptongos: causa, graecu
y poena tienen dos sílabas; jūdaeu tiene tres. Sabemos también que la u se pronuncia [w] ante una vocal: aqua y quīntu
tienen dos sílabas; quotīdĭānu y quadragēsĭma tienen cinco.

Con las excepciones que acabamos de ver, cada vocal constituye el núcleo de una sílaba en latín antiguo y latín clásico.
Las siguientes palabras tienen, pues, tres sílabas: jūlĭu,
sĕrĭe, ārĕa, capĭant, tĕnĕo. Estas tienen cuatro: natĭōne,
prīmārĭu. ¿Cuántas sílabas tienen las palabras españolas julio,
serie, área, nación, primario?

Para determinar la posición del acento en latín mediante las
reglas estudiadas, hay que contar las sílabas siempre según
las normas del latín clásico o antiguo, pues las reglas se basan
en estas dos variedades del latín. (También podríamos ofrecer
reglas basadas en el latín vulgar, pero serían mucho más difíciles de manejar puesto que la ortografía usada aquí es la del
latín clásico.) Aunque las reglas de acentuación del latín
clásico, del latín vulgar, y del español son muy distintas, la
posición del acento en la palabra normalmente no cambia desde
el latín antiguo al español moderno, exceptuándose los casos
cubiertos por la tercera regla y dos que quedan por estudiar. [4]

Subraye la vocal acentuada de las siguientes palabras según
se pronunciaban en el latín vulgar, pero teniendo cuidado de
contar las sílabas según se explicó en los últimos párrafos.
Escriba en el espacio en blanco la cantidad de sílabas en cada
palabra.

____	ĕrĕmu	____	balnĕu	____	hordeŏlu	____	lĭgŭla
____	profectu	____	crepāre	____	cantāvī	____	capitĕllu
____	dĕtŏrquēre	____	gĭngīva	____	tĕnĕo	____	ĭntĕndĕre
____	trĭfŏlĭu	____	dĕxtĕru	____	vĕnīre		

3.3 Infinitivos. Vemos en el siguiente cuadro que las cuatro
conjugaciones de los verbos latinos resultaron en tres conjugaciones españolas, con cambio de acentuación en los verbos en
-ĕre (vīvĕre > vivIr).

TERMINACIONES DEL INFINITIVO

LATIN	> ESPAÑOL	
(cantāre)	-āre ———-ar	(cantar)
(habēre)	-ēre ———-er	(haber) (hacer)
(facĕre) (scribĕre)	-ĕre	
(vĕnīre)	-īre ———-ir	(escribir) (venir)

3.4 Cognados o palabras afines. En las Reglas del próximo capítulo, se le pide al lector que dé para cada palabra latina una o más palabras genéticamente relacionadas en alguna otra lengua. [5]

Estas palabras genéticamente relacionadas, llamadas COGNADOS o PALABRAS AFINES o PALABRAS HERMANAS, son las que nacen de la misma palabra o raíz de una lengua antigua. [6]

El vocablo español cantar, como ya mencionamos, es derivado del latín cantāre; también derivados de cantāre encontramos:

portugués: cantar
francés: chanter
italiano: cantare
rumano: cînta
catalán: cantar
provenzal: canta

Sabemos que el inglés no es una lengua latina sino germánica, hecho reflejado, por ejemplo, en el uso de la palabra germánica sing 'cantar', en vez de algún vocablo derivado de la raíz latina cant-. Sin embargo, más de la mitad del vocabulario inglés consta de palabras de origen latino. Estas llegaron al inglés directamente del latín o a través de alguna lengua romance, sobre todo del francés. [7]

Examinando más a fondo el léxico del inglés, encontramos, pues, el vocablo chant 'cantar canciones religiosas o espirituales', tomado del francés chanter. También del francés y procedentes de la misma raíz latina encontramos enchant 'encantar, hechizar' y sus derivaciones enchanted, enchanting, enchantment, etc. [8]

No sólo a través del francés recibió el inglés su transfusión de sangre latina. Directamente del latín, o tal vez a través del italiano, llegaron al inglés canto 'canto', cantor 'cantor religioso', incantation 'encantación o encantamiento, conjuro', y otros más, todos al lado del germánico nativo sing.

Nuestro estudio de los derivados españoles de las palabras
latinas incluirá, pues, el reconocimiento de sus cognados, sean
en español o en otra lengua. Notamos, por ejemplo, que padre
en español viene del latín patre, forma de pater 'padre'.
Algunos cognados en romance son los siguientes: portugués
y gallego padre y pai, francés père, catalán paire, italiano
padre, todos con el mismo significado que en español. En
inglés se usa la palabra germánica father, también con el
mismo significado, y sus derivaciones fatherly 'paternal',
fatherhood 'paternidad', etc. [9] Al lado de father, etc., se
encuentra una serie de palabras de origen latino, incluyendo
paternity 'paternidad', paternal 'paternal', paternalistic
'paternalístico', patriotic 'patriótico', patronize 'patrocinar' y
aun la misma palabra pater, usada jocosamente. Pattern
'patrón', sobre todo de modista' es otro cognado; fue intro-
ducido en el inglés procedente del francés del siglo XIV con
el sentido de 'patrón, cliente de modista'. Llegó a adquirir
el sentido de 'modelo', y de ahí el de patrón o dibujo con el
que trabaja la modista. Aun la palabra española padre se
conoce en inglés, con el significado de 'padre cura'.
Finalmente, consideremos el caso del vocablo español fuego.
Viene del latín fŏcu(s), fuente también de los cognados
romances feu en francés, fuoco en italiano, fogo en portugués,
foc en rumano, etc., todos con el mismo significado. Pero la
misma raíz latina también nos da enfocar, enfoque, etc., con
sus equivalentes en las otras lenguas. Es decir, el fuego era
el punto focal de la casa, el sitio donde la familia se reunía.
Otra forma de la misma raíz en español, con cambio de la c a
g, es la palabra hogar, el sitio donde se enciende el fuego, y,
por extensión semántica, la casa entera. Con la adición del
sufijo -ón tenemos también fogón, y cuando uno se enfogona
parece que se le prende fuego. [10]
Hay muchas palabras afines en español y en las demás
lenguas romances basadas en la misma raíz latina fŏc-; sería
imposible mencionarlas todas. Bastará hablar de una, la
palabra francesa que significa 'toque de queda'. Se dice en
francés couvre-feu, que se traduce literalmente 'cubre-fuego',
la hora de la noche en que los fuegos eran apagados y la
gente se acostaba. Del francés de los conquistadores
normandos, esta expresión pasó al inglés; hoy en día curfew,
palabra hermana de fuego, es la hora de la noche después de
la cual no se permite que la gente esté fuera de su casa.

**3.5 Criterios para establecer la relación genética entre las
palabras.** Son indispensables dos criterios para establecer la
relación genética entre las palabras, sea dentro de una lengua
o entre dos o más lenguas. El primero es semántico; las
palabras deben tener alguna conexión demostrable en su
significado, como es el caso de fuego y hogar. El segundo
criterio es fonológico; las palabras deben provenir

fonológicamente de la misma raíz antigua. La raíz de estos dos
ejemplos se puede aislar de la siguiente manera:

$$\text{fuego} = \frac{fueg}{\text{raíz}} + \frac{o}{\text{sufijo}}$$

$$\text{hogar} = \frac{hog}{\text{raíz}} + \frac{ar}{\text{sufijo}}$$

Del latín fŏcu o de su forma adjetiva fŏcāre separamos la
raíz fŏc. Sabemos que la f inicial latina frecuentemente da h
en español: fŏc > hoc. También se observa en muchas
palabras que la c latina intervocálica seguida de a, o, u da
g: fŏc > hoc > hog. El sufijo -āre > -ar, proceso que resulta en la forma moderna hogar.

Como desarrollo alternativo en sílaba acentuada, fŏ- puede
convertirse en fue- pasando al español. La c da g, y la -u
final latina se convierte en -o:

latín: fŏ   c   u
español: fue   g   o

y así vemos establecida la relación genética entre fuego, hogar
y la raíz latina fŏc.

Los mismos criterios de semántica y fonología sirven para
establecer como cognados de fuego y hogar los siguientes:
(en romance) francés feu, italiano fuoco, rumano foc, portugués fogo; (en germánico) inglés fire, alemán Feuer, holandés
vuur; Armenio hur; griego pyr (de donde los cognados
españoles compuestos de piro-, como pirotecnia, piromaníaco).
La relación semántica es clara: todos estos vocablos se
refieren a lo mismo.

Para comprobar la relación fonológica, habría que estudiar la
historia de cada una de las lenguas y sus orígenes indoeuropeos. Sin embargo, la relación entre las palabras puede ser
tan obvia que los cognados, en algunos casos, saltan a la
vista. Para los cognados menos transparentes, será necesario
consultar los diccionarios etimológicos; se citan varios en la
Bibliografía.

3.6 Para contestar

1. ¿Qué son 'cultismos' y 'derivados'? ¿Que relación tienen
las palabras en pares como ópera - obra y solitario - soltero?

2a. Escoja la palabra que no cabe con respecto a la pronunciación de sus consonantes en el latín vulgar. Explique
su contestacion.

capĕre   chŏrda   actu   cēpŭlla   cŭrrĕbas

2b.   Otra vez, escoja la palabra que no cabe y explíquela.

gĕlāre   glattīre   gĭngīva   germānu   gypsu

2c.   ¿Cuál de las siguientes combinaciones de letras no
representa en latín vulgar el mismo sonido que su correspondiente letra sencilla?

ch-   ph-   rh-   th-

2d.   ¿Cuál de estas palabras latinas ha cambiado menos en
su pronunciación pasando al español?

quandō   quĕ   quīntu

3a.   Explique las reglas de acentuación del latín.   ¿Qué
diferencia sistemática importante hay en la acentuación de las
palabras en el latín vulgar?   ¿Qué evidencia con respecto a la
acentuación nos dan palabras como intĕgru y cathĕdra?
3b.   En cada una de las siguientes 'palabras' indique la
vocal acentuada (tónica) en el latín vulgar (C = consonante,
V = vocal).

CV̆CV̄C   CV̆CV̆CV̄   CV̄CV̄CV̆   CV̄CV̆CCV̆   CV̆CV̄CCV̄   V̆CV̆V̄

4.   ¿Cuáles son las cuatro conjugaciones verbales del latín?
Indique el destino de cada una de éstas en español.
5.   ¿Qué son 'cognados'?   ¿Cuáles son los dos criterios para
el reconocimiento de los cognados?   En términos de estos dos
criterios, explique la relación entre el francés chanter y el
español cantar.

Notas

1.   Los paréntesis en esta lista indican una palabra española
con la misma raíz que la latina, pero con otro sufijo.
2.   Para más discusión sobre éstos y otros ejemplos, véase
Lapesa, pág. 76.   De mucha utilidad para el estudio del
latín vulgar y su desarrollo al romance son las obras citadas
en la nota 1 del Capítulo 2, y la Introducción al latín vulgar
de C. H. Grandgent.
3.   Cabe mencionar que hay muchos aspectos del sistema
fonológico del latín que ignoramos.   No tenemos informes de
índole objetiva sobre la prosodia o entonación latina a nivel
de frase.   Lo que sí sabemos es que los patrones prosódicos
del latín vulgar no eran iguales en todo el Imperio.   "Se
diferenciaba un hispano de un romano por el tonillo, como
distinguimos hoy a un andaluz de un gallego.   Ya notó Cicerón
... que los poetas nacidos en Córdoba pronunciaban el latín
... 'con un no sé qué tonillo grueso y peregrino'" (Martín
Alonso, Evolución sintáctica del español, pág. 23).

4. Estudiaremos dos grupos adicionales de excepciones a esta observación. Son (1) las producidas por la desaparición de la tercera conjugación verbal latina y (2) las producidas por la fuerza regularizadora que cambia el acento a la vocal radical en formas verbales como amabámŭs > amábamos y amabátĭs > amábais por analogía con la acentuación de las demás formas conjugadas. El desarrollo fonológico de los verbos no siempre coincide con el desarrollo fonológico de otros aspectos de la lengua.

5. Esto, desde luego, si el lector tiene conocimiento de otro idioma adecuado para el propósito. De no ser éste el caso, el lector encontrará de sumo interés la búsqueda de cognados y compuestos dentro del español, como, por ejemplo, entero, íntegro, integridad, etc., de integru. De la raíz rŏt-, que con el sufijo -a da el derivado español rueda, salen rotular, rotación; rodar, rodeo, rodilla; rollo, enrollar, desarrollar; rol, enrolar, ruleta (éstas palabras con influencia francesa); y otras.

6. Cognado: cultismo tomado del latín cognātu 'pariente consanguíneo', compuesto de cŭm 'juntamente, con' + natu 'nacido'. El correspondiente derivado es cuñado. El concepto del cognado aquí presentado es más amplio que el de las palabras hermanas. Cf. Corominas, *Diccionario crítico etimológico de la lengua castellana*, I, págs. XIV-XV.

7. Los franceses normandos conquistaron a Inglaterra en 1066 y dieron miles de palabras latinas al inglés durante el período de su dominación.

8. El castellano también ha tomado muchas palabras del francés. Chantaje viene del francés chantage, de la misma raíz latina cant-, esta vez con la amenaza de que uno va a 'cantar' a las autoridades con el propósito de crear un escándalo, a no ser que le paguen dinero suficiente. Cantar, encantado, canción, chantaje, más todas las demás palabras formadas de la misma raíz que se encuentran en otras lenguas, son, pues, palabras afines.

9. Father, de raíz germánica, y padre, de raíz latina, también son cognados, aunque mucho más distantes. Father viene del inglés antiguo faeder, derivado de raíz germánica procedente del protoindoeuropeo *patēr, la misma fuente de padre, con el cambio de p > f.

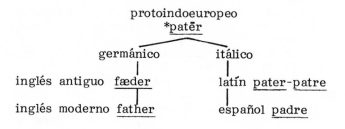

```
                    protoindoeuropeo
                         *patēr
          germánico              itálico
             |                      |
inglés antiguo fæder       latín pater-patre
             |                      |
inglés moderno father      español padre
```

10.   Enfogonarse 'enojarse' es vocablo corriente en Puerto Rico pero posiblemente limitado en su uso a ese país.   El puertorriqueño también dice, entre otras muchas expresiones, que uno está prendido o está que hierve.

4

DEL LATIN AL ESPAÑOL: FONOLOGIA

4.0 Introducción. A continuación aparece una serie de
REGLAS FONOLOGICAS HISTORICAS, observaciones sistemá-
ticas que señalan la fuente latina de muchos de los sonidos
del español moderno. Por necesidad pedagógica, teniendo en
cuenta el limitado alcance de este libro, presentamos la mayoría
de estas 'reglas' como representaciones de dos puntos en el
tiempo, lo antiguo y lo moderno.[1] No debemos ignorar, sin
embargo, que las reglas representan en realidad una evolución
complicadísima de pasos indiscernibles a través de dos milenios,
desde la llegada del latín a la Península Ibérica en el 218 aC
hasta hoy. Los resultados modernos de tal evolución fonológica
se ven en los derivados modernos de millares de voces latinas.
Es preciso señalar también que las reglas de cambio fonológico
y los resultantes derivados que aquí se ilustran no son más
que algunas muestras importantes en el cuadro global de la
evolución del español.
   Los ejemplos que se ofrecen en las reglas son de voces
usadas en el latín vulgar, lengua de la cual tenemos pocas
evidencias directas. Por su misma naturaleza y función, el
latín vulgar fue exclusivamente una lengua hablada que casi
nadie trató de escribir, siendo reservado tal honor para el
latín clásico.[2] Es conveniente citar las formas latinas en su
correspondiente ortografía clásica, puesto que ésta conserva y
representa con cierta precisión los rasgos fonológicos principales del latín antiguo del que provienen tanto el latín vulgar
como el clásico.[3] Es decir, las reglas representan el desarrollo fonológico del español no desde los últimos tiempos del
Imperio, sino generalmente desde sus principios, período en
que la lengua escrita era más semejante a la hablada. En este
libro se designa con el nombre LATIN ANTIGUO, o simplemente LATIN, la lengua de este período (alrededor de 150 aC).
   Hay muy pocas palabras españolas que se pueden considerar
como verdaderos cultismos según el criterio de retención de su
forma clásica o eclesiástica. Las palabras cultas demuestran
más bien alguno que otro cambio fonológico, sea la caída de

la -e final del infinitivo latino, sea el desarrollo de la b
oclusiva latina y romance en la correspondiente fricativa
española, etc. Debido a su entrada tardía en la lengua popular, estas voces exhiben algunos de los cambios encontrados en
las palabras populares. Por la falta de una distinción clara
entre cultismos y derivados, se habla también de palabras
SEMICULTAS, o palabras cuyo desarrollo lingüístico normal ha
sido parcialmente obstaculizado por la influencia de la iglesia
o de la erudición. Se han incluido entre los ejemplos algunas
palabras cultas y semicultas cuando esto sirve para ilustrar
una regla.

No es el propósito principal de este capítulo trazar la evolución fonológica de la lengua haciendo hincapié en las diversas
etapas del español antiguo y medieval, sino enseñar las relaciones fonológicas y léxicas entre el latín antiguo o clásico y
el español moderno. El lector no encontrará aquí muchas
formas intermedias de la lengua. El autor cree que éstas se
estudian con más provecho leyendo y analizando la literatura
antigua y medieval después de obtener unos conocimientos
generales de los cambios lingüísticos ocurridos.

Aquí se presentan los trueques principales necesarios para
entender las relaciones entre las palabras latinas y los correspondientes derivados españoles. En el Capítulo VI se exami-
nan algunos de los cambios más a fondo con el fin de explicar
no solamente cómo tuvieron lugar sino también por qué. [4]

Un detalle final: al igual que las personas, las palabras no
siempre parecen seguir las reglas, y, de igual modo, hay que
tener paciencia con ellas. [5]

4.1 Grupo A: Vocales

Grupo A: Vocales
Regla 1: Ū, -U final. La ū (ū larga) del latín se conserva
regularmente en español. La -u final de palabra (casi siempre
breve) se convierte regularmente en o.

Llene los espacios en blanco con el DERIVADO ESPAÑOL,
teniendo cuidado de no incluir inadvertidamente los cultismos.
En la columna COGNADO, supla una o más palabras afines
en otra lengua.

LATIN	DERIVADO ESPAÑOL	COGNADO
dūru		
lūna		
manu		
cāmpu		

Ejemplos adicionales (Las Contestaciones a los Ejemplos
adicionales empiezan en la página 158.)

secūru	
ūsu	

pŭllu   o _____
tū   tú _____
tŭu   _____
sŭu   _____

Grupo A: Vocales

Regla 2: Vocales átonas breves. Si la sílaba adyacente a la TONICA (ACENTUADA) tenía una vocal breve, esta vocal cayó en las palabras polisílabas. Este cambio se produjo con regularidad sólo si una de las consonantes adyacentes era líquida o nasal (l, r, m, n). Sólo la ĕ del sufijo -ĕre y la vocal a se mantuvieron. Las vocales en sílabas iniciales y finales de palabra no participaron en este cambio.

LATIN	DERIVADO ESPAÑOL	COGNADO
temp(ŏ)rānu	_____	_____
fab(ŭ)lat	h _____	_____
sol(ĭ)tārĭu	_____ ero	_____
roman(ĭ)ce (orig. adverbio		

  'romanamente, latinamente'. Hablar romance significaba 'hablar a la romana', después 'hablar las lenguas derivadas de la de los romanos'.)

Los paréntesis en las palabras latinas indican un sonido que estaba presente en el latín antiguo pero que cayó después. El símbolo < se lee 'viene de' o 'procedente de'.

 TONICA se refiere a la sílaba o vocal que lleva el acento (tempŏrānu). PROTONICA es la sílaba o vocal que va inmediatamente antes de la tónica (tempŏrānu). La que va inmediatamente después de la tónica es la POSTONICA (tempŏrānu). ATONA se refiere a cualquier sílaba o vocal inacentuada; es decir, la protónica y la postónica son siempre átonas en latín y español (tempŏrānu).

Ejemplos adicionales (Indique la vocal caediza):

delĭcātu   _____
lĭttĕra   _____
cĕrĕvĭsĭa (< celta) _____
dĭábŏlu (< griego) _____

Nota. Hubo dos estadios en la historia de la lengua en que cayeron las vocales átonas mediales, el primero en el período del latín vulgar y el segundo en el del español antiguo. Véase Otero, *Evolución y revolución en romance.*

4.2 Grupo B: Consonantes oclusivas sordas

Grupo B: Consonantes oclusivas sordas
Regla 3: -P-, -T-, -K- mediales. Estas consonantes en
posición intervocálica y en los grupos intervocálicos -pr-,
-tr-, -cr- se desarrollaron normalmente de la siguiente
manera:

LATIN	>	ESPAÑOL
-p- (escrita p)		b
-t- (escrita t, th)		d
-k- (escrita ca,o,u,r, ch)		g

En términos fonéticos, las consonantes oclusivas sordas [p,
t, k] se sonorizaron y produjeron las sonoras [b, d, g].

LATIN	DERIVADO ESPAÑOL	COGNADO
-p- sapĕre		
-t- matĕrĭa	_____ (cult.)	_____
	_____ (der.)	
(a)pŏthēca	_____	_____
-k- vīnu acre	_____	_____
fŏcu	_____	_____

Las siguientes palabras con p, t, k tienen una vocal caediza
(Regla 2). Casi siempre se sonorizaron la p, t, k antes de
que se cayera la vocal. (Algunas excepciones son sol(ĭ)tārĭu >
soltero e impŏs(ĭ)tu > impuesto.)

comĭte 'compañero [al soberano]'	_____
opĕra (nom. sg. opus)	_____
cŏllŏcăt	ue

La letra c seguida de e, i no representaba el sonido [k] en
el latín vulgar y no figura en esta regla. Para ph véase
Regla 18. Los grupos -c(˘)l- y -t(˘)l- generalmente dan j en
español. Véase Regla 7.

Símbolos y abreviaturas: n. = neutro; sg. = singular; pl. =
plural; nom. = nominativo, o sea la forma de las palabras
latinas cuando se usan como sujeto de la frase. El asterisco
(*) indica una palabra no documentada, es decir, no atesti-
guada en las escrituras romanas, pero que debe haber existido
en la historia de la lengua, en vista de los derivados que se
encuentran en las lenguas romances. L.v. = latín vulgar,
donde está documentada la voz que lleva esta designación,
aunque no se encuentra en el latín antiguo ni en el clásico.
El guión indica la posición de la letra o sonido en la palabra:

t- = t inicial (tū)
-t̄- = t̄ medial (mŏnēta, pĕtra)
-t̄ = t̄ final (caput)

La omisión de la raya en la columna de cognados indica que esta palabra tiene la misma raíz que la anterior y, por tanto, los mismos cognados. La columna de cognados sólo se aplica al primer grupo de ejemplos en cada Regla.

Ejemplos adicionales:

LATIN:	DERIVADO ESPAÑOL

I. capra
vōta (n. pl. 'votos')   b _____
qu(i)etāre (l.v.)
cathĕdra   _____ (cult.)
          _____ (der.)
crudelĭtāte
pĕtra   _____ ie _____

acūtu
amīcu   _____
dīcō (inf. dīcĕre)
stŏmăchu   _____ (cult.)
monachĕllu (diminutivo   _____ i _____
  de monăchu, del griego monakhos < monos 'uno, solitario'.
  El vocablo español monje viene, a través del occitano, del
  latín vulgar monĭchu, variante de monăchu.)
carrĭcāre (l.v.)   _____

II. *capĭtĭa   _____ za _____
    marītu   _____
    aetāte
    cat(ē)nātu ('cerrado   _____ nd _____
      con cadena' < catēna + -ātu)
    Petru   _____
    apĕrīre
    coopĕrīre
    ŭmbĭlīcu   o _____

Grupo B: Consonantes oclusivas sordas
Regla 4: P, T, K iniciales o tras consonante. En posición inicial de palabra, estas consonantes se conservan normalmente en español, a no ser que la p o k fueran seguidas de l. Dentro de palabra se conservan si siguen a otra consonante (excepto ct, que da otros resultados, Regla 8).

	DERIVADO	
LATIN	ESPAÑOL	COGNADO
p pĕrdĭt	ie _____	_____
c̆orpu	ue _____	_____
t tĕnĕt (inf. tĕnĕ̄re)	ie _____	_____
thēsauru	_____	_____
k causa	_____ (cult.)	_____
	o _____ (der.)	
christĭānu	_____(cult.)	_____

Excepciones:

| cremā̆re | q _____ | _____ |
| crĕpā̆re | q _____ | _____ |

Ejemplos adicionales:

I. pacā̆re

  thĕsis (< griego. _____(cult.)
    Orig. 'algo colocado, fijado', después 'declaración,
    conclusión que resulta de razonamiento'.)
  canthă̆ru _____
  creā̆re _____ e _(cult.)
  _____ i _(der.)
  crassa g _____
  Hĭspanĭa E _____
  tĕrra _____
  altu ('elevado'. No _____
  es lo mismo que el español alto 'deténgase' < alemán halt)

II. charta _____
  pĕ(d)e _____
  tĭngĕre _____
  vĕntu _____
  casa 'choza' _____
  chŏrda ue _____
  q(ui)ritā̆re g _____
  crŭsta cos _____
  schŏla _____
  thallu _____
  thiu(s) (l.v. < griego) _____
  t(r)ĕmŭlā̆re _____

Grupo B: Consonantes oclusivas sordas
Regla 5: PL-, CL-, FL- iniciales. En su desarrollo normal,
estos grupos dan ll en los derivados españoles. Se nota que
existen pocos ejemplos modernos de cl-, fl- > ll-

	DERIVADO	
LATIN	ESPAÑOL	COGNADO
pl- plĭcāre 'doblar, recoger'	e	
cl- clamāre		
fl- flamma		

En algunas palabras, fl- resulta en l- española:
flaccĭdu _____ _____

En varias palabras, estos grupos permanecieron sin cambio.
(Véase Corominas, *Diccionario crítico*: placer, clavo, flojo.)

pl- plŭmbu _____ _____
cl- clima (< griego.
     Véase Corominas clima, clímax, clínico, inclinar.)
fl- flŭctŭāre (< flŭěre) _____ (cult.) _____
                                   ot   (der.)
     flŭxu   uj
                                   oj
     flŭěre _____

Ejemplos adicionales:

plěnu _____
planctu _____
planta (Para la
     relación entre planta con sus varios sentidos de 'parte
     del pie, parte de un edificio, vegetal', etc., y plantear,
     plantar, plan, plano, planear, llantén y más, véase
     Corominas: planta, llanta y plátano.)

plaga _____
*plŏvěre (< plŭěre) _____
plantā(g)ĭne _____ én
planu _____ (cult.)
       _____ (der.)
clave _____ (cult.)
       _____ (der.)
clavu ('pieza para clavar'. _____
     Clavo 'especia' y clavel 'flor' < catalán clavell, de la
     misma raíz.)
flaccu _____ (cult.)
lěvāre ('aliviar'. ll _____
     La confusión que produjo la ll se debe a la forma verbal
     irregular lieva en el español antiguo.)

Grupo B: Consonantes oclusivas sordas
Regla 6: QU [kw]. La [k] del grupo [kw], escrito qu,
produce normalmente los mismos resultados que la [k] sencilla:

se conserva en posición inicial (Regla 4) y se sonoriza en posición intervocálica (Regla 3).

Los grupos escritos qua-, quo- iniciales de palabra se escriben cua-, cuo- en español en aquellas palabras que conservan el sonido original. (Las combinaciones ortográficas qua, quo ya no existen en español.) En muchos casos, sin embargo, el elemento labial [w] se pierde y se produce en la lengua moderna ca-, co-:

qua- > cua-, a veces ca-
quo- > cuo-, a veces co-

Los grupos iniciales de palabra que-, qui- se escriben con qu- en español, pero pierden la [w] en la pronunciación:

que- [kwe] > que- [ke]
qui- [kwi] > qui- [ki]

Entre vocales la [k] de todos estos grupos se sonoriza y produce normalmente -gua-, -guo-, con retención de la [w], pero -gue-, -gui-, normalmente con pérdida del elemento labial:

-qua, quo- [kwa, kwo] > -gua, guo- [gwa, gwo]
-que, qui- [kwe, kwi] > -gue, gui- [ge, gi]

LATIN	DERIVADO ESPAÑOL	COGNADO
⎰qua- quattuor	tro	____
⎱quo- qua(d)ra(g)ĭnta	____	
quomo (l.v. < quō		
mŏdō 'qué modo')>		
esp. ant. cuomo >	____	____
quăle 'de qué clase'	____	
quălĭtāte	____ , ____	
⎰qui- quid	qué	
⎱que- quī sapis (o quī		
sapit 'quién sabe')	quizás, quizá	
quĕm	quien, que	
⎰-que- alĭquĕm	____	
⎨-quo- alĭquo(d) (< ali	____	
⎩-qua- 'otro' + quod 'que')	____	
aqua	____	____

La abreviatura esp. ant. = español antiguo.

Ejemplos adicionales:

LATIN
quantu _____

	DERIVADO
LATIN	ESPAÑOL

quadru _____

qua(d)r(ag)ēsĭma _____

quŏtīdĭānu (< quoti _____(cult.)
  [< quo] + dies
  + -ānu 'de qué día'

quasī (< quā 'como' _____
  + sī 'si')

quĭntu _____

quīn(dĕ)cĭ(m) _____

aquĭla _____

quaternu 'de cuatro'

quŏta [parte] 'qué parte' _____(cult.)

quorum 'de quienes' q_____(latín)

aequāle (no procede de _____
  quāle)

Grupo B: Consonantes oclusivas sordas
Regla 7: -C(Ŭ)L-, -T(Ŭ)L-, -G(Ŭ)L-, -LY- mediales. Los grupos de esta regla, en posición intervocálica, dan j̣ en español.

La letra mayúscula Y indica una ĭ o ĕ antigua que preceden a otra vocal. Representa el sonido [y] en latín vulgar (fīlĭa, palĕa).

	DERIVADO	COGNADO
-cŭl- ŏcŭlu		
-tŭl- *arrŏtŭlāre (< ad +		
rŏtŭlāre 'lanzar rodando')		
-gŭl- coagŭlāre		
-lY- fīlĭa	h	
mūlĭēre		

Podemos postular que el proceso de ŏcŭlu > ojo fue algo parecido al siguiente:

1. La [k] (letra c) se sonoriza y produce
   [g]:   ŏcŭlu > ogulu
2. La vocal postónica cae: ogulu > oglu
3. La -u final de palabra da -o: oglu > oglo
4. La [g] se vocaliza y da la semivocal
   [y]. A esta semivocal se le dice YOD,
   nombre de una letra del alfabeto hebreo.
   Yod significa simplemente el sonido [y]
   generado en el proceso de evolución
   del latín vulgar.   oglo > oylo
5. La yod y la [l] cambian de posición.
   El cambio de posición de dos sonidos se
   llama METATESIS: oylo > olyo

6. El grupo [ly] da [ḷ] palatal, como la ll
    castellana: olyo > oḷo
7. La [ḷ] se convierte en la semivocal [y]:   oḷo   > oyo
8. La semivocal [y] se intensifica y pro-
    duce un sonido fuerte, como en rouge
    en francés e inglés. Este sonido tam-
    bién se oye en la pronunciación típica
    de Buenos Aires en Yo me llamo. Su
    símbolo fonético es [ž]:   oyo   > ožo
9. De acuerdo con una tendencia general
    del español del siglo XVI, la [ž] se
    ensordece y da un sonido como el del
    inglés wash, francés château. Su
    símbolo fonético es [š]:   ožo   > ošo
10. En el siglo XVII en España, la [š] se
    pierde y se origina el sonido actual de
    la jota moderna del norte de España.
    Esta es la misma pronunciación de la
    jota que se oye en partes de México y
    en todos los países del sur de Sud-
    américa (Argentina, Bolivia, Chile, Para-
    guay, Uruguay). Para representar este
    sonido usamos el símbolo fonético [x]:   ošo   > oxo
11. En el sur de España y en los países
    norteños de Latinoamérica, la [x] resulta
    en [h]:   oxo   > oho
                                                     (escrito ojo)

Resumen: ōcŭlu > ogulu > oglu > oglo > oylo > olyo > oḷo >
oyo > ožo > ošo > oxo (> oho) ojo.

El desarrollo de mūḽḽēre > mujer, fīlĭa > hija, etc., sigue el
mismo proceso que ōcŭlu > ojo, empezando con el paso No. 6,
puesto que estas palabras en el latín vulgar ya tenían [l] más
yod, escrita (l)ĭ o (l)ĕ: fīlĭa (tres sílabas en la lengua
antigua--fī-lĭ-a, con HIATO, o separación, entre ĭ y a) >
fi-lya (dos sílabas con la pérdida del hiato y el cambio de ĭ
en yod).
En algunos casos, estos grupos no resultan en j:

LATIN	DERIVADO ESPAÑOL	
rŏtŭlu	rollo	
rēgŭla (< raíz rĕg-	gl	
'[mover o guiar en]		
línea recta')	j	('barra de metal,
	parte del arado'.	Reja 'red de
	barras en las ventanas' es de	
	origen incierto. Véase Corominas.)	

Después de otra consonante, -c(ŭ)l- y algunos grupos
parecidos dan ch en español:

LATIN   DERIVADO ESPAÑOL
mascŭlu   _____
amplu   _____

Hay varias palabras cultas sin pérdida de la vocal breve, entre ellas vehículo, mayúscula, especular; rotular; regular, coagular; palear.

Ejemplos adicionales:

LATIN	DERIVADO ESPAÑOL
apĭcŭla	_____
aurĭcŭla	_____
*acūcŭla	_____
talĕa 'un corte, retoño'	taja, tajo, talla
palĕa	_____
pĭlĭāre (< pīlāre)	ll
cĭlĭa (n. pl.)	_____
alĭu	_____
*mŏlĭāre	_____

Grupo B: Consonantes oclusivas sordas
Regla 8:   -CT-. El grupo latino -ct- regularmente da -ch- en español.

LATIN	DERIVADO ESPAÑOL	COGNADO
-ct- nŏcte (nom. nox)	_____	_____
nŏctŭa (> esp. ant.		
*nochuza >		
nechuza >	l	
La le- es por confusión supersticiosa con leche.		
Véase Corominas.)		
bis cŏctu	_____	_____
lacte	_____	_____
lactūca	_____	_____
ŏctō	_____	
(ŏ)ctāvu 'moneda que	_____ (cult.)	_____
pesaba la octava	_____ (der.)	
parte de una onza'		
cŭlc(ĭ)ta	co	_____

El cambio de -ct- a -ch- tuvo lugar durante los períodos de dominación visigoda y mora. El proceso fue más o menos el siguiente:

1. La [k] se convierte en fricativa y da [x] (el sonido de la jota velar):   lacte > laxte
2. La [x] se sonoriza y se vocaliza, dando la semivocal yod: laxte > layte
3. La yod regularmente influye en la pronunciación de una [a] anterior, cambiándola en [e]:   layte > leyte

4 Del Latín al Español: Fonología / 41

4. La [t] y la yod sufren una metátesis: leyte > letye

5. Se fortalece la pronunciación de [ty], lo
que da como resultado el sonido moderno
[č]:   letye > leče
                                            (escrito leche)

Resumen: lacte > laxte > layte > leyte > letye > leče (leche).
El grupo act siempre sale ech en los derivados.
En muchas voces cultas, -ct- se conserva en español.

LATIN   CULTISMO ESPAÑOL
doctōre   _____
respectu   _____

En algunos cultismos, -ct- > tt > t, a veces it:

respectu   _____
affectāre ('dedicarse'
  después 'adornar', < facēre)   _____

En cultismos del tipo actiōne > acción, la -t- forma parte del
grupo -tiōne > -ción. Véase Regla 27.

El sonido representado por ch- en posición inicial de palabra
no refleja el desarrollo normal de ningún sonido del latín. Es
decir, las voces españolas con ch- inicial pueden haber llegado
al español a través de otra lengua (chantaje a través del
francés, de raíz latina, chocolate del náhuatl, cheque del
inglés o del francés), o bien pueden ser de formación onomatopéyica (chispa, chupar).

Unas palabras corrientes con -ch- medial que no procede de
-ct- son: cancha, corcho, cuchara, cuchillo, chichón,
fetichismo, ficha, hacha 'antorcha', hacha 'herramienta para
cortar', hinchar, lancha, mecha, nicho, pichón, plancha,
poncho, roncha, ancho, gancho, rancho, sancho.

Ejemplos adicionales:

LATIN   DERIVADO o CULTISMO
dīrēctu (l.v. dērēctu)   _____(cult.)
                               _____(der.)
tectu (inf. tĕgĕre
  'cubrir')   _____
collecta (< inf. colligĕre
  'recoger' > lĕgĕre
  'recoger', después
  'leer') > esp. ant.
  cogecha > esp. mod.   s   _____
factu (inf. facĕre 'hacer')   he_____
facta (n. pl.)   fe_____
satisfactu   _____
frūctu   _____

LATIN	DERIVADO O CULTISMO
auctōre (< augēre 'aumentar')	_____
dēlĕctāre	_____
*punctĭāre (< pŭngĕre 'punzar')	ponchar, pinchar, punzar
*semicoctāre	san_____
delictu (inf. delinqũĕre 'faltar, cometer una falta', < dē + linqũĕre 'dejar')	_____

4.3 Grupo C: Consonantes

Grupo C: Consonantes
Regla 9: Consonantes dobles. Las consonantes dobles del latín se simplifican regularmente en español y dan las correspondientes consonantes simples.
Hay tres excepciones regulares: ll > ll, nn > ñ, rr > rr.

LATIN	DERIVADO ESPAÑOL	COGNADO
-cc- vacca	_____	_____
-ff- affinitāte ('cercanía, parentesco' < ad + finis 'límite' + -tāte)	_____	_____

Cuando la -ff- resulta del prefijo af- (variante de ad-) más raíz con f- inicial, la voz puede desarrollarse como si tuviera f- inicial > h:

afflāre 'soplar' (Según García de Diego, "por la idea de 'oler' se produjo la de 'seguir el rastro y hallar'.")	hallar	_____
-ll- cabāllu ('caballo de carga')	_____	_____
-nn- annu	_____	_____
annĭcŭlu 'de un año o más'	_____	

Excepción:

annexu (< ad nexu   anexo, anejo   _____
del inf. nectĕre 'unir')

Para más ejemplos de nn, véanse también Reglas 22, 25.

-pp- cŭppa	_____	
-rr- verrūca	_____	_____
-ss- (ūva) passa ('uva tendida [a secar]', 'tender, extender')	< passu, part. de pandĕre	
passu ('paso, de caminar')	_____	

	DERIVADO	
LATIN	ESPAÑOL	COGNADO
-tt- mǐttěre		

La abreviatura part. = participio, forma verbal que normalmente termina en -ado, -ido en español.

Ejemplos adicionales:

I. sabbătu (< hebreo
    šabbath 'día de descanso')
    peccāre
    addĭctu (inf. addĭcěre _____ (cult.)
    'aprobar, abandonarse a' < ad 'a' + dĭctu, part. de
    dĭcěre)
    *affĭliātu
    *aggravāre
    bĕlla
    gemma   y
    canna
    drappu   t
    cǔrrěre   co
    bassu (l.v. Esp. base   j
    y sus derivaciones basar, básico, etc., no son de la
    misma raíz; se derivan del latín base, nom. basis, de
    origen griego.)
    mǐttěre

II. abbāte (< arameo abba   d
    'padre')
    F(r)edericcu
    occǔpāre (< capěre   (cult.)
    'coger')
    *affidūcĭāre ('dar   desahuciar
    confianza' < fĭde 'fe'. La voz española incluye el
    prefijo des- 'negativo'.)
    diffĭcǐle (< facěre)
    apprěhěnděre
    cessāre
    *battěre
    gǔtta
    attenděre

Grupo C: Consonantes
Regla 10: B-, D-, G(A, U, R)-, V- iniciales. Estas
consonantes en posición inicial de palabra generalmente se
conservan en español. La v- latina se retiene en la ortografía moderna española, pero siempre representa un sonido
bilabial.

		DERIVADO	
LATIN		ESPAÑOL	COGNADO
b-	bŏnu	_____	_____
d̄-	de ĭntro <		
	dŭm ĭntĕrim > esp.		
	ant. demientre,		
	demientras >	_____	_____
g-	gradu	_____	_____
v-	vĭn(dĭ)cāre (orig.	_____	_____
	'responder por otro', < dĭcĕre)		

Los grupos ge, gi generan una yod; para ellos véase Regla
24. Casi no había palabras latinas en go-.

Ejemplos adicionales:

LATIN	DERIVADO ESPAÑOL

I. bĭbĕre   _____
   bracchĭu   ____ z ____
   dēbĭta (n. pl.)   _____
   de tra(n)s   _____
   gŭrdu   _____
   vīvĕre   _____
   vacī(v)u (1.v.)   _____
   ba(1)nĕu   ___ ñ ___
   bĕne   bien
   bĕnefactōre   _____ (cult.)
              _____ (der.)

II. de ex de   ____ s ____
   gallīna   _____
   bĭtūm(en)   _____
   blandu   _____
   denāriu   dinero
   dracōne (< griego)   _____
   gangraena   ____ c ____
              ____ g ____
   vŏlvĕre   _____
   vanu 'hueco, vacío'   _____
   vŏlāre   _____

Grupo C: Consonantes

Regla 11: -B-, -V-, -D-, -G- mediales. Estas cuatro
consonantes son inestables en posición intervocálica.

La -b-, -v- generalmente se conservan (pero sin distinción
fonológica) en español. Se pierden esporádicamente en
algunas palabras. El sufijo -īvu > -ío

La -d- intervocálica se pierde en muchos casos, pero es
inconsistente.

La -g- intervocálica tiene tres desarrollos. Ante una e o i̲
siempre da y̲o̲d̲ en el latín vulgar y luego desaparece. T̲ras
una e o i̲ generalmente desaparece (aunque no da yod en esta
posición). Si no entra en contacto con e̲ o i̲ generalmente se
conserva.

La tendencia general desde el latín antiguo hasta el español
moderno parece ser que la consonante cuyo lugar de articulación es más avanzado en la boca se conserva más. La b̲ se
conserva, pues, con mayor frecuencia que la d̲, y la d̲ s̲e̲
conserva con mayor frecuencia que la g̲.

LATIN		DERIVADO ESPAÑOL	COGNADO
-b-	scrĭbĕre		
-v̄-	ŏvu	h	
	rī̆vu		
-d-	audīre	o	
	sĕdēre 'estar sentado'		
	crūdu 'que sangra, crudo'		
-g̲-	dĭgĭtu		
	lītĭgāre 'pelearse con palabras'		
	nĕgāre		
	rūga (> esp. ant. ruga > esp. moderno)	ar	

(Rūga dio también rúa 'calle' en el español antiguo y
rua en portugués.)

El grupo intervocálico -br- regularmente se conserva. -dr-
se conserva en algunas palabras. -gr- se reduce a -r- en
muchos derivados. Otra vez, el lugar de articulación de las
oclusivas sonoras parece relacionarse con su conservación o
pérdida.

pĭgrĭtĭa	z
ĭntĕgru	

Las consonantes de los grupos -b( )l- y -d( )l- tienden a
sufrir una metátesis:

*oblītāre (< oblītu, _____
    part. del verbo antiguo oblivisci 'no acordarse')
mŏdŭlāre (< mŏdu _____
    'modo, manera')

Ejemplos adicionales:

DERIVADO ESPAÑOL

I. cŭbĭtu   o _____
   dēbēre   _____
   crēdĭt   _____
   vĭdĕt   _____
   foedu   fe_____
   rēgĭna   _____
   lēgāle   _____ (cult.)
               _____ (der.)

   quadragēsıma
   fībra   e_____
   comĕdĕre (< ĕdĕre)   _____
   vĭgĭlāre   _____ (cult.)
               _____ (der.)

   tardīvu   _____
   pavu 'pavo real'   _____
   nĭgru   _____
   rŏgāre   _____

II. fīde   _____
   jŭdīcĭu   _____
   *cu(p)ĭdĭtĭa   codicia
   castīgāre   _____
   nĕgat   ie_____
   sĭgĭllu   _____
   eventu   _____
   lavāre   _____
   natīvu (< nascĕre   _____ (cult.)
     'nacer')
   quadru
   plaga   _____ (cult.)
               _____ (der.)
   fūmĭgāre   _____

4.4 Grupo D: Vocales

Grupo D: Vocales
El desarrollo de las vocales latinas (Reglas 12-17). El latín antiguo contaba con diez vocales y tres diptongos, que resultaron en las siete vocales del latín vulgar. Las siete vocales vulgares son la fuente de las cinco vocales sencillas del español, a, e, i, o, u, más los diptongos ie, ue.
Las diez vocales antiguas son las siguientes:

ā (a larga) āmāre   ō (o larga) flōre
ă (a breve) ămāre   ŏ (o breve) nŏvu

ē (e larga) trēs   ū (u larga) lūna
ĕ (ĕ breve) fĕsta   ŭ (ŭ breve) bŭcca

ī (i larga) vīta
ĭ (ĭ breve) mĭnus

Los tres diptongos antiguos son:

oe (pronunciado [oy]) poena
ae (pronunciado [ay]) caecu
au (pronunciado [aw]) auru

Las siete vocales del latín vulgar son las siguientes:

a (a, como en español paso)

ẹ (e cerrada, como la segunda e del español eje)
ę (ē abierta, como la primera e del español eje)

i (i, como en español sí)

ọ (o cerrada, como la segunda o del español ojo)
ǫ (ō abierta, como la primera o del español ojo)

u (u, como en español su)

Durante mucho tiempo las vocales antiguas largas eran
siempre cerradas y las breves eran abiertas. Con el pasar del
tiempo la cantidad dejó de ser un rasgo distintivo y la cualidad
cerrada o abierta adquirió mayor importancia para distinguir
entre las vocales. Tras varias etapas adicionales se formó el
sistema vocálico del latín vulgar de la Península Ibérica, según
se ve en el cuadro. El cuadro se lee desde los dos lados hacia
el centro.

LATIN	>	LATIN VULGAR	>	ESPAÑOL	<	LATIN VULGAR	<	LATIN
vīta	ī	i				u		ū lūna
mĭnus	ĭ							ŭ bŭcca
trēs	ē	ẹ				ọ		ō flōre
poena	oe							au auru
nĕgō nĕgāre	ĕ							
quaerō quaerĕre	ae	ę				ǫ		ŏ nŏvu nŏvĭtāte
						a		ā ā ǎmāre

Se nota que el cuadro es casi totalmente bisimétrico: en el latín vulgar ī y ū largas producen i y u. ĭ breve y ē larga se agrupan con el diptongo oe y resultan en ẹ cerrada por un lado de la tabla; y ŭ breve, ō larga y el diptongo au dan ọ cerrada por el otro lado. Del mismo modo, ĕ breve por un lado y ŏ breve por el otro producen ę y ǫ abiertas en el latín vulgar.

El orden y la posición de las vocales en esta tabla son los mismos que se encuentran en los triángulos vocálicos tradicionales.

LATIN   LATIN VULGAR   ESPAÑOL

A continuación se presenta el desarrollo general de las vocales del latín vulgar al español moderno:

LATIN	>	LATIN VULGAR	>	ESPAÑOL	<	LATIN VULGAR	<	LATIN	
vīta	ī	i	i	vida	luna	u	u	ū	lūna
mĭnus	ĭ			menos	boca			ŭ	bŭcca
trēs	ē	ẹ	e	tres	flor	o	ǫ	ō	flōre
poena	oe			pena	oro			au	auru
nĕgō nĕgāre	ĕ		ie	(tónica) niego quiero	(tónica) nuevo	ue		ŏ	nŏvu nŏvĭtāte
quaerō quaerĕre	ae	ę	e	(átona) negar querer	(átona) novedad	o	ǫ		
				amar	a	a		ā ă	ămāre

De las Reglas 12 al 17 se presentan ejemplos del desarrollo de las vocales y diptongos latinos. Para ejemplos de la ū larga y la ŭ final de palabra, véase Regla 1.

Grupo D: Vocales
Regla 12: Ĭ. La ī latina da i̯ en latín vulgar y en español.

	DERIVADO	
LATIN	ESPAÑOL	COGNADO
i̱	vīta	
	līmĭtāre	_____(cult.) _____
		_____(der.)

La ī final se hace e en español. Además, si la sílaba anterior tiene ē, esta ē resulta en i española:

dīxī (inf. dīcĕre)   _____j_____
fēcī (inf. făcĕre)   _____
vēnī (inf. vĕnīre)   _____

Ejemplos adicionales:

īre   _____
salīre ('saltar'. No   _____
   viene de īre)
mīca   _____
sīc
radīce   _____z____
spīna   _____

Grupo D: Vocales
Regla 13: Ĭ, Ē, OE. Estos dan ẹ (e cerrada) en el latín
vulgar. La ẹ da e en español:

LATIN		LATIN VULGAR	ESPAÑOL
(mĭnus)	ĭ ⎞		
(trēs)	ē ⎬ >	ẹ	> e
(poena)	oe ⎠		

	DERIVADO	
LATIN	ESPAÑOL	COGNADO
ĭ̱	mĭnus	_____ _____

lĭngŭa (PIE d > d
en latín. Lĭngŭa es préstamo del sabino, lengua
en que PIE d̄ > ī. La palabra latina era dĭngŭa
(cfr. inglés tongue). Sin el préstamo sabino
estudiaríamos quizás la dingüística y la historia
de las denguas románicas (Hall, External History,
pág. 76, nota 4).
dīcĭs (inf. dīcĕre)   _____ _____

| ē̱ | trēs | _____ _____ |
| oe̱ | poena | _____ _____ |

Según la regla general, la ę vulgar normalmente resulta en e española. Pero ante otra vocal, ę tónica > i:

LATIN   DERIVADO ESPAÑOL
vĭa
cŭrrē(b)am (inf. cŭrrĕre)   _____
cŭrrē(b)ās   _____
cŭrrē(b)at   _____
cŭrrē(b)āmŭs   _____
cŭrrē(b)ātĭs   _____
cŭrrē(b)ant   _____

En los últimos ejemplos la b cae; en contacto con a, la ē da í española.

Ejemplos adicionales:

sĭlva
facĭt (inf. facĕre)   _____
pérdĭmŭs (inf. perdĕre)   _____
ĭntĕndĕre
sĭgna   ñ   _____
lĭgna   _____
mĭttō (inf. mĭttĕre   _____
   'poner, enviar')
ĭnter   re   _____
cŭnĭcŭlu   _____
coena   _____

Grupo D: Vocales
Regla 14: Ĕ, AE. Estos normalmente dan ę (e abierta) en el latín vulgar. La ę en sílaba tónica da ie y en sílaba átona da e:

LATIN		LATIN VULGAR		ESPAÑOL	
(nĕgō,	ĕ			ie	(tónica:
nĕgāre)		> ę >			niego, quiero)
(quaerō,	ae			e	(átona:
quaerĕre)					negar, querer)

	LATIN	DERIVADO ESPAÑOL	COGNADO
ĕ	nĕgō	_____	_____
	nĕgāre		
	quĕm	quien (tónica)	_____
		que (átona)	
ae	quaerō	_____	_____
	quaerĕre	_____	
	caecu	_____	_____
	caecāre	_____	
	mūr(e) caecŭlu		
	(nom. mūs; mūre 'ratón' + caecu + -cŭlu)		

La ĭ y ĕ átonas ante otra vocal perdieron su cualidad vocálica en el latín vulgar y se convirtieron en yod; p. ej. latín con-sĭ-ĭ-u (4 sílabas) > latín vulgar con-se-lYu (3 sílabas).

LATIN	DERIVADO ESPAÑOL
consĭlĭu	
ārĕa	era

La ĕ y áe no siempre se diptongan. Se cierran a veces ante yod o ante ns > s y producen e (e media) en vez de ę. La e media, producida por el influjo de una yod que cierra una ĕ anterior, se desarrolla como la ę cerrada:

LATIN	LATIN VULGAR		ESPAÑOL
ĕ ae }	> e (no ę)(ante yod o ns > s)	>	e (no ie/e)

LATIN	DERIVADO ESPAÑOL	
spĕcŭlu		(no *espiejo)
pĕnsō		(no *pieso)

Los sufijos $\left\{ \begin{matrix} -ĕllu \\ -ĕlla \end{matrix} \right\}$ > esp. ant. $\left\{ \begin{matrix} -iello \\ -iella \end{matrix} \right\}$ > esp. mod. $\left\{ \begin{matrix} -illo \\ -illa \end{matrix} \right\}$:

LATIN	DERIVADO ESPAÑOL
castĕllu	
sĕlla (cfr. sĕdēre)	

Ante a, o españolas, l.v. ę > esp. ant. ie > esp. mod. i:

LATIN	ESPAÑOL ANTIGUO	DERIVADO MODERNO
ĕgo	*ieo	
mĕu	*mieo	

Para la -e final de palabra, véase Regla 22.

Ejemplos adicionales:

	LATIN	DERIVADO ESPAÑOL
I.	pĕnsāre ('pesar' <	pensar (semicult.)
	pendĕre 'pesar'. Pensar y sus formas son semicultismos.	
	El derivado de pĕnsāre es pesar.)	
	pĕnsō	(semicult.)
	pĕnsās	(")
	pĕnsăt	(")
	pĕnsāmŭs	(")
	pĕnsātĭs	(")

LATIN	DERIVADO ESPAÑOL
pĕnsănt	_____ (")
cĕntu	_____
fĕsta	_____
jŭvĕne	_____
mĕnsa	_____
martĕllu	_____
extranĕu	_____
sĕmper	_____
hĕrba	_____
jūdaeu	_____
caelu	_____

II.

LATIN	DERIVADO ESPAÑOL
dĕce(m)	_____
hĕdĕra	_____
fĕbre	_____
hĕlm (l.v. < germánico)	_____
dĕnte (nom. dens)	_____
ĕqŭa	_____
cadĕre	_____
pĕctu	_____
mĕl	_____
graecu	_____
pĕjōre	_____
tĕnĕō (inf. tĕnĕre)	_____ g _____

Grupo D: Vocales

Regla 15: Ā, Ă; ĀRĬU, ĀRĬA, ĀRĔA; A + yod; AL + consonante. Las vocales antiguas ā y ă se nivelan en a en el latín vulgar. La a del latín vulgar regularmente da a española, a no ser que se encuentre en contacto con yod durante su desarrollo.

LATIN	DERIVADO ESPAÑOL	COGNADO
a ămāre	_____	_____
ămō	_____	
ămās	_____	
ămăt	_____	
ămāmŭs	_____	
ămātĭs	_____	
ămănt	_____	
căpĕre 'agarrar'	_____	_____

Ante yod, a vulgar da e en español. En el curso de su desarrollo la yod frecuentemente cambia de posición con otro sonido (por ej., leyte > letye). La yod cae después de ejercer su influencia.

LATIN   DERIVADO ESPAÑOL

a +   lacte > laxte > layte >

yod   leyte > letye > _____

ōrā(v)ī (inf. ōrāre

'hablar, rogar') >

orai > oray > orey >   (yo) _____

săpĭăm (inf. săpĕre) >

sapya > saypa >

seypa >   (yo) _____

săpĭās   (tú) _____

săpĭăt   (él) _____

capĭāmŭs (inf. căpĕre)   (nosotros) q ___

căpĭănt   (ellos) _____

La yod que aparece en el desarrollo de nn a ñ no influye en la evolución de la a latina:

annu   _____

Los grupos ārĭa, ārĕa dan era en palabras derivadas; ārĭu da ero.

La ŭ de los grupos ŭārĭu, ŭārĭa normalmente cae, dando ero, era:

⎧ ārĭu   prīmārĭu > primaryu >

⎨ ārĭa   primayru > primeyru > _____

⎩ ārĕa   jenŭārĭu (l.v. <

janŭārĭu)   _____

Todas las voces hispánicas en -ario, -aria son cultismos o palabras de formación reciente: lĭbrārĭu > librero, pero bĭblĭotecārĭu > bibliotecario.

No todas las palabras modernas que terminan en -ero, -era existían en latín. Muchas se han formado de elementos ya hispánicos: sombr(ar) + -ero > sombrero; tor(o) + -ero > torero; vac(a) + -ero > vaquero, etc.

El grupo al más otra consonante generalmente se conserva, aunque en algunos casos notables resultó au en la lengua vulgar y o en español:

al +   salsa 'cosa salada'   al _____

cons.   o ____ '[bicar-

bonato de] soda'

altĕru   _____

Ejemplos adicionales:

lāna (< griego)   _____

fărīna   _____

lĭbrārĭu   _____

LATIN	DERIVADO ESPAÑOL
ārĕa	_____
salvāre	_____
falsu	_____
*acūcŭlārĭu	_____
(ĭn)sŭlsu ('sin sal' < ĭn 'no' + salsu 'salado')	soso, sonso
balbu 'balbuciente, tartamudo'	_____

Grupo D: Vocales
Regla 16: Ŭ, -Ŭ final, Ō, AU. Estos dan ǫ (o cerrada) en el latín vulgar. La ǫ cerrada regularmente da o en español.

LATIN	DERIVADO ESPAÑOL	COGNADO
ŭ bŭcca	_____	_____
ō flōre (nom. flōs)	_____	_____
au auru	_____	_____
pausāre	_____ (cult.)	_____
	_____ (der.)	

En contacto con yod, ō y ŭ pueden resultar en u española.

cōgĭtāre ('pensar', <
cŭm + agĭtāre 'poner
en movimiento' <
agĕre 'llevar, hacer
ir', part. actu) >
coyitare > coyidare >
coyedare > coyedar >
coydar > cuydar >
mŭltu

	_____	_____
	_____	_____

Ejemplos adicionales:

I. dŭple _____
    lŭpu _____
    pŭgnu _____
    sōlu _____
    hōra _____
    dēfĕndō _____
    cōgnātu _____ (cult.)
    _____ (der.)

    cŭm _____
    cŭmŭlu (con metátesis) _____
    aut _____
    raupa (< germánico) _____
    paupĕre (sustantivo) _____

LATIN   DERIVADO ESPAÑOL

II. cŭppa

   *sŭbtŭlu > esp. ant.

   sótolo > sótalo >   n

   labōre

   scrībō (inf. scrībĕre)

   mauru 'de Mauritania'

   paucu

   caule

   tauru

Grupo D: Vocales

Regla 17: Ŏ. La ŏ breve del latín antiguo normalmente da
ǫ (o abierta) en el latín vulgar. La ǫ en sílaba tónica da ue,
y en sílaba átona da o.

		DERIVADO	
LATIN		ESPAÑOL	COGNADO
ŏ nŏvu			
nŏvĭtāte			
mŏla			
prŏbāre			
prŏbō			
prŏbās			
prŏbăt			
prŏbāmŭs			
prŏbātĭs			
prŏbănt			

La ŏ ante yod (aun si no en contacto directo con la yod) no
da ǫ abierta sino o media, y, consecuentemente o (no ue/o) en
español:

	LATIN	
LATIN	VULGAR	DERIVADO ESPAÑOL
hŏdĭe	hoye	_____ (no *huey)
(< hoc die 'este día')		
nŏcte	noyte	_____ (no *nueche)
ŏctō	oyto	_____ (no *huecho)

Sin embargo, la yod de los grupos que produjeron ñ y z
no impidió el desarrollo de la ŏ en ǫ abierta ni su diptongación:

LATIN	DERIVADO ESPAÑOL
sŏmnĭat	(él) _____
fŏrtĭa	

Ante n latina, la diptongación de la ŏ es inconsistente:

LATIN	DERIVADO ESPAÑOL
mŏnte	_____
pŏnte	_____

Ejemplos adicionales:

I. pŏpŭlu   _____
    mŏvēre (part. motu)   _____
    mŏvĕnt   _____
    *pŏtĕre   _____
    *pŏtĕt   _____
    fŏlĭa   h_____
    *mŏllĭat   _____
    cŏntra   _____
    *ĭncŏntrăt   _____
    mŏnstrō (inf.   _____
      mŏnstrāre)

II. cŏlōre   _____
    nŏve(m)   _____
    ŏssu (l.v.)   _____
    ŏrphănu   _____
    grŏssu   _____
    cŏllu   _____
    pŏrcu   _____
    ŏlōre   _____
    cŏllĭgĭt (inf.   coge_____
      cŏllĭgĕre · < lĕgĕre)
    cŏxu   _____j_____
    cŏrnu   _____

4.5 Grupo E: Consonantes

Grupo E: Consonantes
Regla 18: F. La f- en posición inicial de palabra latina normalmente resulta en [h] en el español antiguo cuando va seguida de una vocal. La letra h no representa ningún sonido en el español moderno.

La f- inicial latina se mantiene generalmente ante r y en el grupo fŏ- > fue-. También se conserva en muchos cultismos.

La -f- intervocálica se sonoriza en -v, b-.

La ph inicial o tras consonante da f; hay pocos ejemplos, generalmente cultismos. Entre vocales la ph se sonoriza y da v, b.

LATIN	DERIVADO ESPAÑOL	COGNADO
f- fŏrma	_____ (cult.)	_____
	_____ (der.)	
fŏrmōsa	_____e_____	

LATIN | DERIVADO ESPAÑOL | COGNADO

fī(līu) d(e) al(ī)qŭo(d) _____   _____
fŏ- fŏnte   _____   _____
-f- trĭfŏl(ĭu)   _____   _____
ph phōsphŏru (< griego _____ (cult.)   _____
     phōs, phōtos 'luz' + pherō 'yo llevo')

Pocas palabras españolas con fr- se derivan directamente del latín. Muchas son cultismos o llegan al español a través de otra lengua romance. Otras son de fuentes germánicas. Algunos ejemplos son:

A través del francés: franela < francés flannelle < inglés flannel; fresa; fricasé < francés frire 'freír' + casser 'desmenuzar, romper' < latín quassāre 'romper'; frotar, a tráves del francés, quizás de raíz germánica, y fruncir tomado del francés, posiblemente del vocablo germánico *wrunkja 'arruga'.

A través del italiano: fracasar < francés casser; fragata.

De origen germánico: frasco; fresco y sus compuestos refrescar, refresco; frisa 'tela de lana', tela importada antiguamente de Frisia, Holanda.

Cultismos latinos: fracción y sus compuestos, del participio latino fractu 'roto' (inf. frangĕre 'romper'); fragante; fraude y sus compuestos; frecuente; frustrar; fruto; y más.

Ejemplos adicionales:

LATIN | DERIVADO ESPAÑOL

I. fūmu   _____
   fŭndu   _____
   refūsāre (La f se   _____
      desarrolló como si fuera inicial.)
   frēnu   _____
   frīgĭdu   _____
   profectu   _____

II. fīlu   _____
    formīca   _____
    fatu   _____
    fībra   _____
    fīlĭctu   _____
    fŏrte   _____
    frīgĕre   _____
    fŭngu   _____
    fĕrvēre (también   _____
       fĕrvĕre)
    fĕrru   f _____
             h _____
    frĭcāre   _____
    Chrīstophŏru (< griego _____ al
       Christos 'Cristo' + pherō 'yo llevo')

LATIN　　　　　　　　　　DERIVADO ESPAÑOL
　Estĕphănu　　　　　　　_____
　phlegma　　　　　　　_____(cult.)
　phrase　　　　　　　_____(")
　pharu(s) (< Pharus,　_____(")
　　isla en la embocadura del Nilo, famosa por su faro)
　phoca　　　　　　　_____(")

Grupo E: Consonantes
Regla 19: H, L, M, N, R, S iniciales y mediales. Con la
excepción de la h, estas consonantes son estables y generalmente se conservan en español, si no vienen en contacto con
una yod.
La h se pierde en la pronunciación y generalmente en la
ortografía.
La r- inicial siempre se pronuncia múltiple en español. La
r y la l suelen confundirse cuando hay más de una de ellas
en la misma palabra.
La s resulta a veces en j, probablemente por confusión con
la [š] (véase Regla 7).

	LATIN	DERIVADO ESPAÑOL	COGNADO
h	hāc hōra 'esta hora'		
	> esp. ant. agora >	_____	_____
l	lēgĭtĭmu	_____(cult.)	_____
	(con metátesis)	_____(der.)	
m	*matūrĭcāre		
	(con metátesis)	_____	_____
n	nascĕre	_____	_____
	natĭōne	_____(cult)	_____
	(homĭnēs) nati	ie	
	('hombres nacidos', usado en frases negativas)		
	(res) nata 'cosa	_____	
	nacida'		
l-r	parabŏla	_____	_____
s	impŏsĭtu (< ponĕre)		
>j	ĭnsĕrtu (< sĕrtu,	s _____(cult.)	_____
	part. de sĕrĕre	j _____(der.)	
	'tejer')		

Ejemplos adicionales:

I.　halt (< germánico)　　　_____o
　cohorte ('regimiento,　　_____(cult.)
　　reunión', orig. de
　　aves o animales. <　　_____(der.)
　hŏrtu 'encerrado', después 'huerto')
　līmĭtāre　　　　　_____(cult.)
　　　　　　　_____(der.)

LATIN   DERIVADO ESPAÑOL
   ūmĭdu (La h española   h_____(cult.)
   se explica por la confusión con hŭmu 'tierra' y hŏmĭne
   'hombre'.)
   nĕbŭla   _____
   arbŏre   _____
   rhoncāre   _____
   arbĭtrĭu   al_____
   bŭrsa   _____
   pắpyru   _____
   sapōne   _____
   sūcu   j̄_____

II. lacrĭma   _____
   latrōne   _____
   ligāre   ig_____
                            ī_____
   amĭndŭla (l.v.,   alm_____
     variante de amygdăla 'amígdala', < griego)
   comprēhĕndĕre
   manĭca (< manu)
   pĕregrīnu ('forastero'
     < per 'por' + ager 'campo, país' + -īnu)
   rŏsa   _____(cult.)
   rōbŏre   _____
   perīcŭlu   _____
   marmŏre   _____
   carcĕre (sustantivo)   _____
   stĕrcŏre   _____
   taratru (l.v. < celta)   _____
   abhorrēre (< horrēre   u_____ir____
   'temblar, erizarse')

Grupo E: Consonantes
Regla 20: S + consonante. Los grupos formados por s más
otra consonante latina se mantienen en español. En posición
inicial de palabra siempre se le agrega e- a este grupo en
español.

		DERIVADO	
LATIN		ESPAÑOL	COGNADO

s + spōnsu (part. de
cons spōndĕre 'prometer'. Uno de los significados de
    respōndĕre era 'responder a una promesa con otra',
    también 'replicar, contestar'. Esposas 'manillas del
    preso' por la idea de 'inseparables'.)
    strĭngĕre (part.   ñ_____ _____
     strĭctu)
    strĭctu   _____ _____
    stāre 'estar de pie'   _____ _____

Ejemplos adicionales:

LATIN	DERIVADO ESPAÑOL
vĕstīre	_____
magĭstru	_____
sclavu (< griego)	_____
*scrūtĭniāre	_____
spīrĭtu ('soplo del aire')	_____(cult.)
gŭstu	_____
pĭscāre	_____
spērāre	_____
squama	__c__
scōpa	_____
sternūtāre (l.v.)	__o__

Grupo E: Consonantes

Regla 21: Consonantes finales latinas. La única consonante latina que se conserva regularmente en posición final al pasar al español es la -s, terminación del plural español y de los verbos en segunda persona. Las demás consonantes, con pocas excepciones, se pierden sin dejar rastro.

La -m del acusativo singular, forma que dio origen a la mayoría de los sustantivos y adjetivos españoles, había caído muy tempranamente. Se indica solamente aquí, para ilustrar esta regla. En varios monosílabos la -m final no cayó, sino que se hizo -n en español.

Las otras consonantes finales (-c, d, l, n, r, t, x) ocurren en latín casi exclusivamente en formas morfológicas que no llegaron al español, como la pasiva de los verbos y el nominativo de muchos sustantivos.

LATIN		DERIVADO ESPAÑOL	COGNADO
-c	per hŏc 'por esto'	_____	_____
-d	ad	_____	_____
-m	cŭm mēcŭm	_____	_____
	rōstrŭm ('pico, hocico' < rodĕre 'roer')	_____	_____
-n	nōn	_____	
-s	alumnōs (masc. pl.	_____(cult.)	_____
	ac., orig. 'hijo de crianza', del verbo alĕre		
	'alimentar, criar')		
	alumnās (fem. pl. ac.)	_____(cult.)	
	matrēs (ac. pl.; nom. māter)	_____	_____
-t	ĕt	_____,_____	_____
-x	sĕx	__ei__	_____

La caída de la -m y -t finales resulta en la nivelación de ciertas formas verbales correspondientes a la primera y tercera persona:

LATIN   DERIVADO ESPAÑOL
crēdam (inf. crēdĕre)   _____
crēdās   _____
crēdăt   _____
crēdāmŭs   _____
crēdātĭs   _____
crēdănt   _____
cantābăm (inf. cantāre)   _____
cantābās   _____
cantābăt   _____
cantābámŭs (con cambio   _____
   de acento en español por analogía con las demás formas)
cantabátĭs
cantābănt   _____

Desde muy temprano la lengua ha favorecido las consonantes iniciales (cfr. Reglas 4, 10, 19 y 20) mientras se han debilitado las finales. Esta tendencia continúa en el español moderno. En muchas regiones costeñas se aspira o se pierde la s final de sílaba y de palabra ("se comen las eses"), l y r finales se confunden entre sí y a veces con la n final, y la d final de palabra se pierde.

Ejemplos adicionales:

(dies) Lūnĭs (l.v. <   _____
   dies lūnae 'día de la luna')
(dies) Martĭs ('día de
   Marte', dios romano de la guerra)
(dies) Mĕrcŭrī ('día de
   Mercurio', hijo de Júpiter, dios romano del comercio, y
   mensajero de los dioses. La -s final en la palabra española
   aparece por analogía con los demás días.)
(dies) Jŏvĭs 'día de
   Júpiter'   _____
(dies) Vĕnĕrĭs 'día de
   Venus'   _____
(dies) Domĭnĭcŭ(s)   _____ (cult.)
   (< dōmu 'casa')
tam   _____ n
ĭn   _____
dĕcĕm   _____
ŭn(dĕ)cĭm   _____
duodĕcĭm   _____
tredĕcĭm   _____
quattuordĕcĭm   _____
quīndĕcĭm   _____

LATIN   DERIVADO ESPAÑOL
sŭmŭs (forma del verbo   _____
  antiguo esse 'ser, estar')
sŭnt (forma de esse)   _____
Joseph(us) (< hebreo)   _____
nūmquam   _____
ĭllắc (< latín temprano   a _____
  ĭllāce)
ĭllīc (< latín temprano   a _____
  ĭllīce)
quĭd (n. sg.)   é
jam
lĭbrŭm (orig. 'parte   _____(cult.)
  interior de la corteza de las plantas')
dĕxtrŭm   _____
artĕm   _____
pagĭnăm (< pangĕre   _____(cult.)
  'clavar, hincar')
magĭs   mas, más
nōs   _____
vōs   _____
capŭt   _____
pŏst   _____

Grupo E: Consonantes
Regla 22: Pérdida de la −E final latina. Las vocales latinas
en posición final de palabra producen regularmente los siguientes resultados:

LATIN > ESPAÑOL
-a   -a   lūna > luna
-ŭ   -o   campu > campo
-o   -o   quaerō > quiero
-i   -e   dīxī > dije
-e   -e, o se pierde, según la consonante que la
                 precede.

La -e cae si el sonido o los sonidos latinos que la preceden
resultan en una consonante que puede quedar en posición
final de una palabra española. Si esta consonante no puede
ocupar la posición final de palabra, la -e se mantiene para
proteger la consonante.
   Las únicas consonantes posibles en posición final de
palabra en español son las siguientes:

-d: usted
-n: pan
-z: paz, vez, con sonido de [s], o con sonido de zeta [θ]
      en esos dialectos de España en que la z y la c(e,i)
      representan un sonido distinto al de la s.

-r: hablar
-ḷ: sal
-s̄: mes
-ȳ: hoy
-ị: La única palabra corriente en el español moderno con -j final es reloj, del latín hōrologĭu 'marcador de horas'. En el habla popular la -j final ya no se pronuncia, y reloj es más bien [r̄eló]. El *Reverse Dictionary of the Spanish Language* de Stahl y Scavnicky ofrece la siguiente lista de palabras españolas con -j final, tomadas del *Diccionario de la Real Academia Española*: aj, gambaj, carcaj, balaj, rebalaj, maniblaj, almiraj, erraj, herraj, borraj, relej, almofrej, dij, boj, pedicoj, alioj, reloj, troj, cambuj, gambuj, almoraduj.

Los siguientes ejemplos se han agrupado según la consonante final española. En todos, la -e cae, dejando d, n, z, r, l, s, y finales en los derivados modernos. (Recuerde "danzarlos," que tiene todas las consonantes finales menos la y.)

LATIN	DERIVADO ESPAÑOL	COGNADO
-d lībertāte		
-n pane		

La -nn- doble permitió la caída de la -e y se simplificó en posición final en el español antiguo. Véanse Reglas 9, 25.

	Johanne		
-z	pace (nom. pax)		
-r	recŭpĕrāre (< capĕre)	(cult.)	
		(der.)	
-l	regāle 'perteneciente al rey'	g (cult.)	
		(der.)	
	reale ('que tiene existencia', < res 'cosa')		

La -ll- doble también permitió la caída de la -e y se simplificó en posición final en el español antiguo. Véase Regla 9.

	mīlle		
-s	cohortense		
-ȳ	lĕge (nom. lex < lĕgĕre)		

Ninguna palabra española puede terminar en más de una consonante. Tras un grupo de consonantes, o una consonante que no puede ocupar posición final, la -e final siempre se conserva:

LATIN.   DERIVADO ESPAÑOL
patre (nom. pater)   _____
vĭrĭde   _____
*nĕve (< l.a. nĭve)   _____

Se mantiene la -e tras s en varios cultismos:

classe   _____(cult.)

Ejemplos adicionales:

I.   mercēde   _____
     cane   _____
     vōce (nom. vox)   _____
     melĭōre   _____
     aprĭle   _____
     pĕlle   _____
     mense   _____
     hŏdĭe   _____
     ave   _____
     grande   _____
     tŭrre   _____

II. felīce (nom. felix)   _____
     bŏve (nom. bos)   _____
     leōne   _____
     sale   _____
     ĭlle 'aquel, aquél'   _____ , ́ _____
     nŭce (nom. nux)   _____
     tŭsse   _____
     mŏrte (nom. mors) _____
     base   _____(cult.)
     rĕge (nom. rex)   _____

4.6 Grupo F. La yod

Grupo F: La yod.
Reglas 23-28. En el curso de la evolución del latín, varias consonantes y vocales antiguas, y sus combinaciones, evolucionaron en [y]. El término YOD se refiere simplemente al sonido [y] del latín vulgar. Las fuentes principales de la yod se ven a continuación:

LATIN	PRONUNCIACION VULGAR
(1) jūstu	yustu
cūju	cuyu
(2) gĕlu	yelu
gĕlāre	yelare
magĭs	mayis
pugnu	puynu

LATIN	PRONUNCIACION VULGAR
lacte	layte
axe [akse]	ayse
(3) fu-gĭ-ō (tres sílabas)	fu-yo (dos sílabas)
pa-lĕ-a (tres sílabas)	pa-lya (dos sílabas)
fas-tī-dĭ-u (cuatro sílabas)	fas-ti-yu (tres sílabas)
ma-lĭ-tĭ-a (cuatro sílabas)	ma-le-tya (tres sílabas)
ō-cŭ-lu (tres sílabas)	oy-lu (dos sílabas)
sĕ-nĭ-ō-re (cuatro sílabas)	se-nyo-re (tres sílabas)
prĭ-ma-rĭ-u (cuatro sílabas)	pri-ma-ryu (tres sílabas)
ra-tĭ-ō-ne (cuatro sílabas)	ra-tyo-ne (tres sílabas)
can-tā-(v)ī (tres sílabas)	can-tay (dos sílabas)
(4) annu	anyu
damnu	danyu

Vemos que los cuatro procesos importantes que resultaron en yod fueron (1) el mantenimiento de la pronunciación antigua de [y] en palabras como jūstu, cūju, (2) la vocalización de una consonante velar antigua, (3) la reducción de dos sílabas antiguas a una, generalmente con la pérdida del valor silábico de una ĭ o ĕ átona, y (4) la palatalización de los antiguos grupos nasales.

La yod influyó de manera transcendental en el desarrollo del español (y de las demás lenguas romances). Produjo trueques no sólo en las consonantes sino también en las vocales. Por articularse en una posición sumamente alta en la boca, en muchos casos la yod tendió a hacer subir la lengua durante la articulación de algunas vocales precedentes. (Nunca produjo la cerrazón de una vocal siguiente.)

Tal subida o cerrazón de una vocal precedente, cuando ocurrió, hizo que la vocal se desarrollara como si ocupara una posición más alta en la boca. La distinción normal entre vocales abiertas y cerradas fue neutralizada por el influjo de la yod:

LATIN	PRONUNCIACION VULGAR
a > e (no a):	lacte > laxte > layte > leyte > letye > leche
ĕ > e (no ę):	lectu > lextu > leytu > letyu > letyo > lecho
ŏ > o (no ǫ):	nocte > noxte > noyte > notye > noche

Sólo ciertos tipos de yod influyeron en cerrar ciertas vocales. Para una discusión pormenorizada de la yod y su influjo en la lengua, incluyendo la cronología de su evolución, véase R. Menéndez Pidal, *Manual de gramatica histórica española*, §§ 8bis-15, 50-53, 63bis.

Hemos examinado ya algunos efectos de la yod en las Reglas 7 -cŭlu, 8 -ct-, 14 ĕ, ae, 15 a, ārĭu, 16 ō, 17 ŏ.

Las Reglas del 23 al 28 completan el cuadro básico de sus influjos en la evolución de la lengua española.

Grupo F: La yod
Regla 23: J-, G(E, I)- iniciales. Estas consonantes dan indistintamente yod en el latín vulgar. En posición inicial de palabra, la yod produce los siguientes resultados en el español moderno:

```
                 LATIN
LATIN            VULGAR     ESPAÑOL
j-          )               ( j-    ante u, ue, o españolas
_           } > yod   > {  y-    ante e, a tónicas españolas
g(e,i)-     )               ( [Ø]- (cae) ante e, a átonas españolas
```

La primera sílaba de cada palabra de la frase Jura ya, hermano sirve de recurso mnemotécnico que facilita el aprendizaje de esta regla:

jura   (j ante u, ue, o)
ya   (y ante e, a tónicas)
hermano   ([Ø] ante e, a átonas)

LATIN	DERIVADO ESPAÑOL	COGNADO
> j jūrāre	_____	_____
jūdĭcāre (< jūs		
'derecho' + dīcĕre)		
> esp. ant.		
judgar >	_____	
jūdĭce (< jūs +		
dīcĕre) > esp. ant.		
jŭdez > júez >	_____	
jūstu	_____	
> y jam	_____	_____
gĕlu	hie_____	_____
> [Ø] gĕlāre	h_____	
gĕlātu	h_____	

Casi todas las palabras españolas en ge-, gi- son cultismos, como género, gemelo, giro, gigante. Gente es latinización del antiguo yente y data de los siglos XIII y XIV.

Ejemplos adicionales:

gўpsu   _____
*gemĕllĭcĭu (< gĕmellu,
  orig. diminutivo de
  gemĭnu 'gemelo')
  > esp. ant. *emellizo > m_____
De gĕmellu tomamos el cultismo gemelo.

LATIN   DERIVADO ESPAÑOL
jŏcu
gĕnĕru   _____(cult.)
        (con metátesis)   _____(der.)
germānu   h_____
Gel(o)vira (< germánico)   _____
jŭvĕne   _____

Grupo F: La yod
Regla 24: -J-, -G(E,I)-, -GY-, -DY- mediales. Estos
grupos y consonantes dan indistintamente yod en latín vulgar.
En posición medial, esta yod produce los siguientes resultados
en el español moderno:

                    LATIN
LATIN   VULGAR   ESPAÑOL
-j-
-g(e,i)- ⎫   ⎧ y normalmente, a veces i̱
-gY-   ⎬   > yod   >   ⎨ [∅] (cae) en contacto con e̱, i̱,
-dY-   ⎭   ⎩   españolas

Esta yod cierra regularmente una e̱ u o̱ anterior e impide su
diptongación, pero es inconsistente en cerrar una e̱ u o̱.

                                DERIVADO
     LATIN   ESPAÑOL   COGNADO
  > ⎧ i̱ *ĭnŏdĭāre 'inspirar   _____   _____
     ⎨ y   asco'
     ⎩   fŭgĭō (inf. fŭgĕre)   _____   _____
  > [∅] fŭgĕre   _____

El grupo dY se hizo z en español si iba precedido por
consonante o diptongo latino:

     *admŏrdĭu (< admŏr-   al_____
        dēre 'morder ligeramente')
     gaudĭu   _____

Ejemplos adicionales:

cūju   _____
fastīdĭu 'repugnancia'   _____
sagĭtta   _____
verecŭndĭa   _____
vĭdĕō   _____

Grupo F: La yod
Regla 25: -GN-, -MN-, -MNY-, -NG-, -NN-, -NNY-, -NY-
mediales. Todos estos grupos nasales producen ñ en español.
La yod generada en el curso de la palatalización de las nasales

cierra regularmente la ę y la ǫ, pero no la ę ni la ǫ. No cambia la a.

LATIN		DERIVADO ESPAÑOL	COGNADO
-gn-	tam magnu	_____	_____
-mn-	sŏmnu 'acto de dormir'	_____	_____
-mnY-	sŏmnĭu 'visión durante el sueño'	_____	
	sŏmnĭāre		
-ng-	ignorāre	_____ (cult.)	_____
	< catalán enyorar >	a _____	
-nn-	mŭnn- 'bulto'	_____ o	_____
	(Variante de bunn-, de origen prerromano.)		
-nnY-	stannĕu	_____	_____
-nY-	*ordĭnĭāre 'poner en orden'	_____	_____

Ejemplos adicionales:

dŏmĭna (< dŏmu 'casa')   ue _____
                          o _____

autŭmnu   _____
re(au)tŭmnāre   _____
strĭngĕre   _____
Antōnĭu
   (con pérdida de An-)   T _____
aranĕa (< griego)   _____
ĭnsĭgnāre (l.v.)   _____
*dĭsdĭgnāre   _____
damnu   _____
ŭngŭla   _____
pannu   _____
sĕnĭōre (comparativo de   _____
   de senex 'anciano')   _____

Grupo F: La yod
Regla 26: -PY-, -RY-, -SY- mediales. Estos grupos se simplifican en español y dan p, r, s, respectivamente, en su evolución normal. La yod frecuentemente sufre una metátesis y se combina con una vocal anterior, cerrándola. Esta yod influye regularmente en el desarrollo de todas las vocales vulgares.

-pY-   capĭam (inf.   _____   _____
           capĕre)
-rY   casārĭu   _____   _____
-sY   casĕu   _____   _____

Son abundantes los cultismos en que se conservan estos tres grupos:

LATIN   CULTISMO ESPAÑOL
-pY-   prĭncĭpĭu (< prīmu
            'primero' + caput 'cabeza')
-rY-   ŏrĭundu (< oriri
            'tener origen, nacer [el sol]')
-sY-   nausĕa (< nave)

Ejemplos adicionales:

LATIN   DERIVADO ESPAÑOL
sapĭāmŭs (inf. sapĕre)
ma(n)sĭōne   _____(cult.)
                     _____(der.)
ordĭnārĭu 'conforme a   _____(cult.)
  regla, soldado raso'
ŏpĕrārĭu
*cĭnĭsĭa
sĕrĭe (< sĕrĕre 'tejer') _____(cult.)
passĭone 'acción de   _____(cult.)
  padecer'
illūsĭōne ('engaño',   _____(cult.)
  < ludĕre 'engañar, jugar')

Grupo F: La yod
Regla 27: -TY-, -CY- mediales. Estos grupos generalmente dan z, c(e, i) en los derivados españoles. Esta yod no influyó en el cierre de una vocal anterior.

	DERIVADO	
LATIN	ESPAÑOL	COGNADO
-tY- malĭtĭa		
*cŭmĭnĭtĭare		
('iniciar, empezar juntos'. -ĭt- < īre 'ir')		
ratĭōne		

Hay pocos ejemplos del desarrollo popular -tĭōne > -zón. El sufijo -ción es un cultismo:

ratĭōne	_____(cult.)	
-cY- mĭstīcĭu (< mixtu,		
part. de miscēre 'mezclar')		

En esta regla y en la anterior, la p, t, k no se sonorizan puesto que no están entre vocales en el latín vulgar. Es decir, la letra ĭ en capĭam, malĭtĭa, mĭstīcĭu no representa la vocal [i] en la lengua vulgar, sino la semiconsonante [y]. Cfr. Regla 3.

Ejemplos adicionales:

LATIN	DERIVADO ESPAÑOL
martĭu	
recĭtāre	_____ (cult.)
(con metátesis de ĭt)	_____ (der.)
cantĭōne	_____ (cult.)
*dĭrectĭāre (< dirĭgĕre	a _____
'dirigir' < rĕgĕre 'regir')	
ca(p)tĭāre (< capĕre)	_____
satĭone 'época de siembra'	_____
ŭncĭa	_____
trādĭtĭōne (< tradĕre	
'entregar', orig. trans	
+ dāre) > (con d)	_____ (cult.)
> (sin d̄)	_____ (cult.)

Grupo F: La yod
Regla 28: X [ks]. La -x- intervocálica se hace į en los derivados españoles. La yod así producida sube regularmente todas las vocales vulgares.

LATIN	DERIVADO ESPAÑOL	COGNADO
-x- axe (nom. axis,		
< griego)	_____	_____
laxāre ('aflojar' <		
laxus 'flojo') >		
esp. ant. lexar >	d_____	_____

La -x- latina resultó en -į- evolucionando de la siguiente manera: axe: akse > axse > ayse > eyse > esye > eše > exe (> ehe) eje.
Ante otra consonante, la -x- da -s- en los derivados:

sĕxta (hōra) _____ _____

En muchas voces cultas y semicultas, la -x- se conserva tanto en posición intervocálica como ante otra consonante:

LATIN	CULTISMO ESPAÑOL
exĭtu (< ex īre 'salir')	_____
tĕxtu ('tejido; exposi-	
ción, contexto', part. de tĕxĕre)	

Ejemplos adicionales:

LATIN	DERIVADO ESPAÑOL
fīxāre (l.v., 'fijar,	_____
clavar')	

LATIN   DERIVADO ESPAÑOL
proxĭmu   x   (cult.)
                    j   (der.)
traxī (inf. trahĕre   a
'arrastrar', part. tractu)
extīrāre
complexĭōne   (cult.)
sexu   (cult.)
taxāre ('evaluar' < griego) s (cult.)
extendĕre (part. extensu)   (cult.)
condūxī (inf. condūcĕre)
tĕxĕre (part. textu)

4.7 Grupo G: Consonantes

Grupo G: Consonantes
Regla 29: C(E,I,AE), SC(E,I,AE). Estas dan c española.
En posición final de palabra española, no se escribe c sino z.

LATIN   DERIVADO ESPAÑOL   COGNADO
c(e, i, ae)
   vĭce 'turno, alter-
      nativa'
sc(e, i, ae)
   pĭsce 'animal
     acuático'

Ejemplos adicionales:

pĭce 'brea'
mĭscĕre 'mezclar'
nascĕre (l.v., part. natu)
vĭncĕre
lūce
crescĕre
Caesăre (< caedĕre
  'cortar', part. caesu. Jerez < Caesaris orb 'ciudad de
  César')
praescindĕre ('separar'   (cult.)
  < prae- + scindĕre 'rajar, dividir', probablemente de la
  misma raíz indoeuropea que Caesăre)

Grupo G: Consonantes
Regla 30: -M(Ĭ)N-, -M(Ĕ)R-, -ŪD(Ĭ)NE. Los grupos
-m(ĭ)n-, -m(ĕ)r- dan -mbr- en español. El sufijo -ūd(ĭ)ne
resulta en -umbre.

-m(ĭ)n-
   fēmĭna
   hŏmĭne
   nōmĭne

LATIN	DERIVADO ESPAÑOL	COGNADO
-m(ĕ)r-		
hŭmĕru		
-ūd(ĭ)ne	_____	_____
consŭētūdĭne	_____	_____

El desarrollo de estos grupos incluyó tres pasos, (1) cayó la vocal átona, (2) se disimilaron las consonantes nasales, (3) se intercaló la b̲ para facilitar la pronunciación:

	(1)	(2)	(3)
hōmĭne	> omne	> omre	> hombre
hŭmĕru	> omro		> hombro
consŭētūdĭne	> costudne > costumne	> costumre	> costumbre

Ejemplos adicionales:

famĭne
aerāmĭne   al _____
lūmĭne   _____
cu(l)mĭne   _____
sĕmĭnāre   _____
certĭtūdĭne   _____
mŭltĭtūdĭne   _____

Grupo G: Consonantes
Regla 31: -MB-. El grupo latino -mb̲- a veces resulta en -m̲-. En muchos derivados se conserva el grupo.

-mb̲- lŭmbu   _____   _____
     lambĕre   m
                           mb

     camba 'pierna'
     > italiano gamba   gamba 'pierna'   _____
     > francés jambe   jamba 'cada una de las piezas que
                           sostienen los lados de la puerta'
     > francés jambon   _____

Ejemplos adicionales:

palŭmba   _____
ambōs   _____
lŭmbrīce (l.v.)   _____

Grupo G: Consonantes
Regla 32: -NS-, -PS-, -RS-. Estos grupos se simplifican y resultan en -s̲- en palabras derivadas.

	DERIVADO	
LATIN	ESPAÑOL	COGNADO
-ns- īnsŭla	_____	_____
sensu 'acción o	_____	
facultad de percibir'	_____	_____

La caída de la -n- fue acompañada por la cerrazón de la vocal anterior en el latín vulgar. Véanse Reglas 14, 17.

-ps-	ĭpse 'mismo'	_____	
	ĭpsa	_____	_____
	ĭpsu	_____	
	*medĭpsĭmu (< prefijo	_____	
	intensivo met- +		
	ĭpse + el sufijo		
	superlativo		
	-(īss)ĭmu) > esp.		
	ant. meísmo >		
	meesmo > mesmo >	_____	
-rs-	revers(u) (< vĕrtĕre	_____ (cult.)	_____
	'dar vuelta')	_____ (der.)	
	tra(ns)vĕrsu	_____	

Ejemplos adicionales:

gȳpsu	_____	
versūra ('acción de	a	
barrer', < vĕrrĕre 'barrer')		
prehensĭōne 'acción de	i	(cult.)
agarrar'		
cŏnstāre	_____	
cŏnstat	_____	
ŭrsu	_____	

Grupo G: Consonantes

Regla 33: -PT-. El grupo -pt- se simplifica y resulta en -t- en los derivados españoles.

-pt-	sĕpte	_____	_____
	rĕpŭtāre ('calcular',	_____	
	después 'acusar', finalmente 'desafiar', < re- +		
	pŭtāre, orig. 'poner en limpio, podar', después		
	'apreciar, estimar, calcular')		

Los grupos -mpt- y -mp(˘)t- se hacen nt.

cŏmpŭtat	_____
prōmptu	_____

Ejemplos adicionales:

LATIN	DERIVADO ESPAÑOL
recepta	_____
tĕmptāre	_____
scrĭptu (inf. scrĭbĕre)	_____
*nĕptu (< nĕpŏte)	_____
baptĭzāre (latín	aut _____
eclesiástico < griego)	
aptāre	at _____
rŭptu (inf. rŭmpĕre)	_____
(ae)gypt(ĭ)ānu	_____
aegyptĭ(ān)u	_____
(Para tY, véase Regla 27.)	

4.8 Suplemento: Cronología de los comienzos de algunos cambios fonológicos principales. A continuación se presenta un breve resumen de la cronología de los comienzos de los cambios fonológicos principales ofrecida por Ramón Menéndez Pidal en su *Manual de gramática histórica española* (§63 bis).

Al lector que tenga conocimientos de la fonología generativa se le remite también a los importantes estudios de James W. Harris, *Fonología generativa del español,* y de Carlos-Peregrín Otero, *Evolución y revolución en Romance.* La perspectiva de estos dos lingüistas es teórica; la de Menéndez Pidal era histórica y filológica.

Dice Menéndez Pidal que,

> Es preciso tener en cuenta que al colocar cada cambio como posterior en fecha a los que le preceden, es sólo en cuanto a su comienzo.... La propagación de las nuevas formas lingüísticas ... se verifica muy lentamente, tardando por lo común varios siglos en consumarse su triunfo, de modo que un cambio, antes de generalizarse, convive y acaso lucha con otros cambios posteriores en fecha, produciéndose interferencias complicadas (§63 bis).

Cronología de los comienzos de algunos cambios fonológicos principales

4.8.1 Epoca del latín vulgar

(1) Pérdida de la cantidad vocálica como rasgo distintivo y desarrollo de las vocales vulgares con distinción de abertura entre ę-ẹ y ǫ-ọ.
(2) Formación de la yod de múltiples orígenes.
(3) Desaparición de la yod en tY y cY: ratĭōne > ratsone.
(4) Pérdida de oclusivas y fricativas intervocálicas: probā(v)ĭ, tepĭ(d)u, sartā(g)ĭne.

(5) Sonorización de las oclusivas sordas intervocálicas:
sapĕre > sabere, acūtu > agudu, ōcŭlu > ogulu.
(6) Simplificación de las consonantes dobles y de otros
grupos análogos por asimilación: gŭtta > gǫta, sĕpte >
sęte, gypsu > yesu, ŭrsu > ǫsu.
(7) Pérdida latina de las vocales protónicas y postónicas,
desde principios del latín vulgar, según la posición de
la sílaba y según la consonante adyacente a la vocal
(§§23-26).

4.8.2 Epoca de transición entre latín y romance

(1) Diptongación de ǫ, ę tónicas: nǫvu > nuevu, fęsta >
fiesta.
(2) Desaparición de la yod en c(˘)l, lY, y en los grupos
nasales: olyu > olu, anyu > añu.
(3) Desaparición de la yod en gY, dY: fŭgĭo, vĭdĕo.

4.8.3 Epoca plenamente románica

(1) Pérdida románica de las vocales protónicas y postónicas.
(2) a + yod > ey: layte > leyte.
(3) Desaparición de la yod en ct (> ch), x ([ks] > [x]),
rY, sY, pY. [La metátesis postulada en las Reglas 7,
8, 15 y 28 como paso anterior al de la desaparición de
esta yod no coincide precisamente con ningún paso
postulado por Menéndez Pidal. Véanse especialmente
sus §§9₂ᴄ, 50₁ y 63bis-16,18.]
(4) Confusión de ō y ŭ finales: "Todavía en los siglos X
y XI se conservan rastros de la distinción entre
terminŭ y terminōs." Véase también Menéndez Pidal,
Orígenes del español, §35.
(5) au > o: causa > cosa.
(6) Pérdida de la -e final: pane > pan.
(7) Reajustes de los grupos consonánticos dejados por la
pérdida de la vocal protónica o postónica: limde > linde,
cadnado > candado, nomre > nombre.

4.9 Para contestar

1. Según la evidencia ofrecida por el español, marque con
el signo (⁻) o (˘) cada vocal subrayada sin buscar las palabras en ningún sitio. Indique en cada caso cómo llegó a su
decisión.

apotheca   collocat   viride   volare   pigritia

2. Escoja la vocal que cayó en tres de las siguientes
palabras. En una palabra no hay una vocal caediza. Explique
sus respuestas.

acūcŭla   ŏrphănu   certĭtūdĭne   cĕrĕvĭsĭa

3. Explique paso por paso y en un orden lógico (si no cronológicamente preciso) el desarrollo de las siguientes palabras latinas al español. Las palabras en la última columna son las más difíciles.

fabŭlat   fīlĭa   tĕxĕre
nŏcte   nōmĭne   quadragĭnta
annĭcŭlu   solĭtārĭu   *cŭmĭnĭtĭāre

4. ¿En cuáles de las siguientes palabras se generó una yod? Explique sus contestaciones.

cantāvī   palĕa   nomĭnat   cŭrrēbāmus
lacte   librārĭu   fabŭlat   recĭtāre

5. Las siguientes palabras latinas sólo dieron cultismos en español. Si se hubieran desarrollado normalmente, ¿qué derivado habría resultado en cada caso?

apĭu   cŭrrĭcŭlu   doctōre
jūnĭu   cĭrcŭlu

6. Las siguientes "palabras" no existieron en latín. Si hubieran existido, ¿qué derivados españoles habrían resultado de su desarrollo normal?

cŭtra   foetēccăt   nactŏjāre
dĕcō   clūmĭne   jŭpŏssĭt
ănt   gĕtāce

Notas

1. Para la preparación de los Capítulos 4 y 5 he consultado extensamente las siguientes obras: Peter Boyd-Bowman, *From Latin to Romance in Sound Charts*; Joan Corominas, *Diccionario crítco* y *Breve diccionario*; Vicente García de Diego, *Diccionario etimológico* y *Gramática histórica española*; C. H. Grandgent, *Introducción al latín vulgar*; y Ramón Menéndez Pidal, *Manual de gramática histórica española*.

2. Es decir, los que sabían escribir intentaban imitar el lenguaje de los autores clásicos. El grado de acercamiento a este ideal lingüístico dependía en cada caso de la cultura que el escritor tenía y de la proximidad de la época en que vivía a la de la Edad de Oro de la literatura romana.

Las principales fuentes de información sobre el latín vulgar son: (1) las construcciones sintácticas, formas y acepciones no clásicas, y faltas ortográficas encontradas en los documentos e inscripciones (no infrecuentemente en forma de grafitos o pasquines, aspecto de la herencia cultural de Roma muy

evidente en las ciudades hispánicas modernas); (2) la conocida
semejanza fonológica y léxica entre las dos variedades del
latín; (3) las relaciones de los gramáticos y escritores latinos,
como el *Appendix Probi*, una lista anónima de 227 voces "incorrectamente" dichas y escritas por el pueblo, con su forma correcta clásica; se publicó en el siglo I ó III como apéndice a
la gramática de Probo; (4) las escrituras hechas a partir del
tercer siglo, cuando el latín vulgar adquirió, con el empuje de
la iglesia cristiana, una nueva legitimidad como medio de expresión literaria. Finalmente, (5) nuestro concepto del latín
vulgar depende en gran parte de las lenguas romances cuya
comparación pormenorizada permite reconstruir los detalles
perdidos de la lengua madre con bastante precisión.

3. Los estudiosos del latín notarán la supresión de la -m
final del acusativo, forma de la cual provienen los sustantivos
y adjetivos españoles. La caída de la -m era evidente tanto
en la lengua clásica como en la vulgar. Muchos de los cambios
lingüísticos aquí citados tuvieron lugar antes de o durante la
formación de las lenguas romances y, por tanto, no se limitan
en sus efectos al español.

En los casos en que la raíz del nominativo difiere de la del
acusativo tanto como para impedir su reconocimiento, se incluyen las dos formas de la raíz para facilitar la búsqueda de
los cognados. Asimismo, cuando las formas del infinitivo y
del participio difieren mucho, se señalan las dos.

4. Las reglas en este capítulo pueden ser presentadas en
la clase junto con los ejemplos básicos y los cognados que el
profesor considere de mayor interés. Luego el estudiante
trabaja fuera de la clase con los Ejemplos Adicionales y veri-
fica sus respuestas en las Contestaciones a los Ejemplos Adicionales.

La organización pedagógica de las reglas es el producto de
varios años de experimentación con versiones preliminares del
texto. Se notará que los grupos de reglas alternan en su
relativa complejidad. En el Grupo A, la Regla 1 presenta un
cambio vocálico sencillo. Su propósito es el de facilitarle al
lector la introducción a la fonología diacrónica. La Regla 2
presenta una supresión vocálica que permite decidir en muchos
casos si la palabra española es cultismo o derivado. El manejo
cuidadoso de esta regla es preciso para la comprensión del
resto del capítulo. Las reglas del Grupo B tratan de las
oclusivas sordas. Puesto que son un tanto complicadas, van
seguidas de tres reglas consonánticas relativamente fáciles
(Grupo C) que proveen al estudiante la oportunidad de aplicar
las reglas aprendidas a voces adicionales.

Los grupos de reglas siguen de esta manera: las del
Grupo D exponen en algún detalle los principales trueques
vocálicos. En el Grupo E se estudian varios cambios consonánticos; éstos son, por lo general, bastante obvios y
permiten que el lector trabaje más con las vocales antes de
empezar con las difíciles reglas de la yod que integran el

Grupo F. El Grupo G consta de unas reglas cortas y fáciles que permiten que se termine el capítulo sin mucha premura. Si se desea abreviar el estudio de los cambios fonológicos con el fin de dedicar más tiempo a otros temas con estudiantes no especializados en la lingüística, es factible omitir los últimos grupos de reglas (E, F, G) sin que se le dificulte al estudiante la comprensión del resto del libro.

La ordenación de las reglas--ni alfabética ni cronológica ni lingüística--permite que el estudiante trabaje con los ejemplos en cada regla sirviéndose de la dirección inicial del profesor, pero sin el conocimiento explícito de las reglas que aún no se han estudiado. Sin embargo, el profesor debe ir explicando los principales trueques encontrados en los ejemplos aun antes de llegar a la regla correspondiente.

En un suplemento al capítulo se presenta un breve resumen de la cronología de los comienzos de los cambios más importantes, según Ramón Menéndez Pidal. Puesto que la cronología permanece como uno de los aspectos menos satisfactorios de nuestra comprensión de la historia fonológica del español, se ofrece este resumen sólo para satisfacer un poco la curiosidad del lector. El suplemento aparece en las páginas 74-75.

5. Los trueques irregulares e inconsistentes que parecen violar casi toda generalización de cambio lingüístico se deben a una multitud de factores. En el caso del desarrollo del latín al español hay que considerar, entre otros, la variación dialectal presente en todas las etapas del latín y la realidad de que la forma conocida y documentada no siempre es precisamente la que resultó en la manifestación moderna. Por otra parte, sabemos que durante su período formativo y de mayor susceptibilidad, el castellano estaba rodeado de otros dialectos romances que influyeron de manera asistemática en su desarrollo.

5

CAMBIOS GRAMATICALES

5.0 Introducción. Los cambios lingüísticos que caracterizan el desarrollo del latín antiguo al latín vulgar unificado del Imperio Romano, al latín tardío fragmentado y ya hispánico, al castellano antiguo, medieval y ahora moderno, no se limitan, desde luego, a la fonología y al léxico.

Como bien sabe todo alumno que ha estudiado la lengua de César, Cicerón, Virgilio y Horacio, el latín es gramaticalmente complicadísimo. Pero aun en la época de las grandes figuras literarias de la Edad de Oro de Roma, existían, como sabemos, distinciones entre la lengua escrita clásica y la hablada por el pueblo.

Parece haber en las lenguas indoeuropeas, y muy obviamente en las latinas, una tendencia simplificadora en los sistemas morfológicos. La reducción morfológica se compensa por el aumentado uso de la sintáxis analítica que depende más del orden e interrelación de las palabras que de su forma.

El presente capítulo se divide en dos apartados principales. En el 5.1 se presentan en forma breve algunos aspectos del desarrollo gramatical del español con la excepción de los verbos y participios. Estos son el tema del apartado 5.2. Con respecto a la simplificación morfológica, veremos, por ejemplo, cómo los tres géneros gramaticales del SUSTANTIVO latino se redujeron al masculino y femenino del español y cómo las distinciones entre los seis casos gramaticales desaparecieron. Las funciones gramaticales de los casos--éstos marcaban el sujeto, objeto, etc.--fueron asumidas en la sintaxis por las preposiciones y por el orden de las palabras.

La morfología de los ADJETIVOS ha experimentado también una tremenda simplificación. Caru tenía 38 formas en latín; su derivado español tiene cuatro--caro, cara, caros, caras. Estudiamos también cómo la morfología de los comparativos y superlativos cedió a la comparación con más. Este trueque dejó como anomalías en el sistema moderno reliquias irregulares como bueno-mejor-óptimo y entre-interior-íntimo.

Mientras que el sistema morfológico del español representa una gran reducción y economía comparado con el del latín, tal economía se halla más en los sustantivos y adjetivos que en los PRONOMBRES y ARTICULOS. El español cuenta con ciertas formas pronominales que faltaban en la lengua antigua, como los artículos y los pronombres sujetos de tercera persona. La semejanza entre el artículo el, el pronombre él y el demostrativo aquel no ha de ser sorprendente, pues todos vienen del demostrativo ĭlle 'ese'.

También procedentes de una sola raíz son los pronombres de segunda persona vos, vosotros, usted, ustedes y los antiguos vuestra merced y vuestras mercedes.

El VERBO español conserva muchas de las distinciones morfológicas del latín. Los paradigmas verbales de presente y pasado son los de la lengua antigua con un desarrollo fonológico más o menos normal. El futuro y el condicional son de formación romance; es decir, las inflexiones modernas no se derivan de las latinas sino que reemplazaron a éstas durante el período en que estaban naciendo las lenguas romances.

El PARTICIPIO español (amado, vivido) viene de uno de los participios latinos y no es en sí un tema de gran interés en un texto introductorio. Sin embargo, varios verbos latinos han llegado al español con un participio irregular cuyo uso crea dudas para el hispanohablante. (¿Se dice Han impreso los textos o Han imprimido los textos?)

Estos son los temas del capítulo. En las siguientes páginas, como hacemos en todo el libro, tratamos de contestar las preguntas ¿de dónde viene y cómo creció el español?, ¿por qué hablamos así?[1]

5.1 Cambios no verbales

5.1.1 Sustantivos

5.1.1.1 Género.
Una de las simplificaciones morfológicas que experimentó el latín en su evolución tardía fue la reducción de los tres géneros gramaticales a los dos de las lenguas romances. Casi todos los sustantivos de género neutro pasaron al masculino, debido a la semejanza de sus formas acusativas con las del masculino, que terminaban en -u(m), -u(s), a veces en -e(m). Hallamos en español los masculinos voto, tiempo, nombre, procedentes de los neutros antiguos vōtu(m), tĕmpu(s), nŏmĭne(m).[2]

En algunos casos el plural neutro pasó a ser considerado como singular femenino por su terminación en -a y por la confusión que resultó del uso antiguo del plural por el singular, y también del singular por el plural, ambos en un sentido colectivo. Del singular neutro vōtu(m) 'promesa, voto' tomamos el cultismo voto. Pero su plural vōta desarrolló

normalmente en <u>boda</u> y nos designa hoy en día la ceremonia o
el acto de los <u>votos</u> de contraer matrimonio.

He aquí otros ejemplos. Llene los espacios en blanco y
trate de describir las diferencias de sentido entre los vocablos
españoles procedentes del singular y los que vienen del plural.

SUSTANTIVO NEUTRO LATINO		SUSTANTIVO ESPAÑOL
SINGULAR	PLURAL	SINGULAR MASCULINO O FEMENINO
	arma 'armas'[3]	_____ (Se guardaba en el armario.)
brāchĭu(m)		z
	brāchĭa	_____ z 'medida equivalente a 1.67 metros'
dēbĭtu(m)		_____ u (orig. 'obligación', después 'parentesco')
	dēbĭta	u
fŏlĭu(m)		_____ (cultismo)
	fŏlĭa	h_____ (derivado)
lĭgnu(m)		_____ 'trozo de árbol'
	lĭgna	
ōpus		opus _____ (cultismo)
	ōpĕra	_____ (cultismo)
	ōpĕra	_____ (derivado)
pactu(m)		_____ (cultismo)
	pacta	pauta (cultismo) 'guía, modelo'

De la misma manera que el español cuenta con tres conjugaciones de verbos, el latín antiguo poseía un sistema complejo
de sustantivos que se dividían en cinco declinaciones. En el
latín vulgar se redujeron éstas a tres:

(1) femeninos en -a: <u>bucca</u>
(2) masculinos en <u>-u</u>: <u>filiu</u>
(3) ambiguos (no <u>marcados</u> para el género) en -<u>e</u>: <u>turre</u>
    (f.), <u>pane</u> (m.).

5.1.1.2 Casos. La lengua antigua contaba con seis casos
gramaticales para expresar la relación entre las palabras de la
frase. Este sistema fue suplantado por el uso de preposiciones y de otras modificaciones sintácticas; los casos
gramaticales ya no existen en la morfología de los sustantivos
romances.

El caso NOMINATIVO expresaba el sujeto de la frase:
<u>Antonio</u> da.

El GENITIVO expresaba posesión. Puesto que indicaba la relación entre dos sustantivos, tenía entre otras función adjetiva: el libro de César.

El DATIVO servía para indicar el complemento (objeto) indirecto: Antonio da el libro al hijo. Antonio no da al hijo, sino que le da el libro.

El ACUSATIVO expresaba el complemento (objeto) directo. En el ejemplo anterior, el equivalente latino de el libro contiene el sufijo del caso acusativo para indicar que el libro recibía directamente el efecto del verbo.

Estos cuatro casos se ilustran en la oración completa:

Antonio	da	al hijo	el libro	de César.
nominativo		dativo	acusativo	genitivo

En español las funciones de las palabras se expresan por su orden y por las preposiciones: Antonio da, no el libro da; da al hijo, no del hijo; y da el libro de César, no a César. En la frase latina, estas relaciones se expresan mediante las terminaciones de las palabras:

Antonĭus	fīlĭō	Caesarĭs	lĭbrum	dat.
nominativo	dativo	genitivo	acusativo	

El caso ABLATIVO es más difícil de caracterizar con ejemplos españoles. Se llama también el complemento circunstancial y tenía principalmente función adverbial. Expresaba entre otros muchos conceptos los de procedencia, origen, separación, modo:

Romā vĕnĭt 'Viene de Roma' (procedencia, separación u origen).
Procul ab urbē 'Lejos de la ciudad' (separación).
Curā 'Con cuidado' (modo).

El VOCATIVO era la forma antigua de tratamiento directo. Compárense las terminaciones de las palabras:

Aude, fīlī mī 'Oye, mi hijo' (vocativo).
Audĭt fīlĭus mĕus 'Mi hijo oye' (nominativo).
Audĭt fīlĭum mĕum '(El) oye a mi hijo' (acusativo).

De los seis casos de la lengua antigua, las únicas formas flexionales que se encontraban en España a fines del período vulgar eran las del nominativo y acusativo singular y plural. De estas formas, sólo las del acusativo singular y plural llegaron al español. [4]

A continuación se ve la declinación de fīlĭus en el latín antiguo con su desarrollo morfológico al latín vulgar y al español. Llene los espacios en blanco.

LATIN	> ÚLTIMO PERIODO DEL LATIN VULGAR	> ESPAÑOL ANTIGUO	> ESPAÑOL MEDIEVAL	> ESPAÑOL MODERNO
Singular				
nom. fīlĭus	filius			
gen. fīlĭī				
dat. fīlĭŏ				
acu. fīlĭum	filiu	fiyu	fižo	_____
abl. fīlĭŏ				
voc. fīlī				
Plural				
nom. fīlĭī	filii			
gen. fīlĭŏrum				
dat. fīlĭīs				
acu. fīlĭŏs	filios	fiyos	fižos	_____
abl. fīlĭīs				
voc. fīlĭī				

La ciencia lingüística no puede explicar por qué las lenguas cambian ni predecir con certeza cuáles serán los cambios del futuro. Pero podemos ver en retrospección las condiciones que han conducido a ciertos cambios y que forman parte de ellos. ¿Por qué se redujeron los seis casos a dos, con la subsecuente eliminación total del sistema casual en los sustantivos y adjetivos (pero no en los pronombres)? No se sabe, pero aun en el latín clásico había cierta tendencia al uso redundante de preposiciones junto con las inflexiones casuales. Finalmente, las preposiciones y el orden de las palabras suplantaron a los casos morfológicos.

La función del caso genitivo fue asumida por la preposición de, el vocativo se perdió debido a la semejanza de sus formas con las del nominativo en casi todas las declinaciones, y el nominativo cayó en desuso, desplazado por el acusativo.

Un conjunto de condiciones que contribuyeron a la simplificación del sistema morfológico latino se ve en los cambios fonológicos estudiados en el capítulo anterior. La declinación de fīlĭus en singular sufrió la caída de la -m final, la pérdida de las diferencias cuantitativas en las vocales y la igualación de la ŭ y la o finales. Con estos trueques el acusativo es el único de los seis casos antiguos cuya forma se conserva en romance. (Sólo en Italia y en Dacia--que incluye la Rumania moderna--se conservó el nominativo plural al lado del acusativo singular.)[5]

5.1.2 Adjetivos. La morfología de los adjetivos del latín antiguo incluye:

(1) su división en tres declinaciones o clases, (2) inflexiones para los tres grados de positivo, comparativo y superlativo, (3) concordancia con los sustantivos en (a) los seis casos gramaticales, (b) los tres géneros, (c) número singular y plural.

Un adjetivo regular como caru 'caro' tiene un total de 38 formas en los tres grados.

Los adjetivos españoles se derivan todos del acusativo. Varían morfológicamente sólo para indicar el número y género. Tienen entre dos y cinco formas:

fácil, fáciles
gran, grande, grandes
blanco, blanca, blancos, blancas
buen, bueno, buena, buenos, buenas.

Para indicar la comparación o los grados de los adjetivos españoles, agregamos generalmente la palabra más (< magis), con o sin el artículo según el grado deseado:

El Volkswagen es caro. (positivo, latín carus)
El Ford es más caro. (comparativo, latín cariŏr)
El Ferrari es el más caro de todos. (superlativo, latín carīssĭmus)

El sufijo regular -īssĭmu se conserva en la forma española -ísimo, pero no como superlativo, puesto que carísimo no significa actualmente 'el más caro' sino 'muy caro'.

En latín antiguo a veces se usaba magis para indicar el superlativo, pero se prefería expresar el grado de los adjetivos mediante la morfología.

Se conservan en español varias docenas de comparativos y superlativos que eran irregulares en latín. Como no son formas productivas en español sino reliquias de la lengua antigua, su uso crea ciertas dudas para el hispanohablante. Examine las siguientes dos listas de adjetivos latinos. En la primera lista, dé el derivado o cultismo moderno en español de aquellas palabras que han sobrevivido. Después trate de agrupar los adjetivos latinos de grado comparativo y super-lativo de la primera lista con sus respectivas formas positivas de la segunda.

(1)

COMPARATIVOS Y SUPERLATIVOS LATINOS (todos irregulares)	DERIVADO O CULTISMO ESPAÑOL
majōre	_____
maxĭmu	_____

COMPARATIVOS Y SUPERLATIVOS LATINOS	DERIVADO O CULTISMO ESPAÑOL
melĭŏre	_____
minĭmu	
mĭnŏre	_____

(La próxima palabra, de género neutro, tiene el mismo significado.)

mĭnus	_____
optĭmu	_____
pejŏre	_____
pessĭmu	_____
plūrĭmu	--
plūs	--

(2)

POSITIVO LATINO	COMPARATIVO LATINO (-ĭŏre, -jŏre)	SUPERLATIVO LATINO (-ĭmu, -ĭssĭmu)
malu	pejŏre	_____
bŏnu	_____	_____
māgnu 'grande'	_____	_____
parvu 'pequeño'	_____	_____
multu	_____	_____

¿Qué usos y significados tienen estas palabras en el español moderno? ¿Qué significaban en latín? ¿Cuáles de las palabras españolas funcionan todavía para indicar el grado del adjetivo?

Algunos comparativos y superlativos latinos se derivaron de bases raras o no usadas como adjetivo. Como se hizo con los ejemplos anteriores, examine las siguientes dos listas, escriba las correspondientes formas españolas, y trate de agrupar las palabras latinas de la primera lista con las de la segunda. ¿Qué significan y cómo se usan las palabras españolas?

(1)

COMPARATIVOS Y SUPERLATIVOS LATINOS	DERIVADO O CULTISMO ESPAÑOL
dēterĭŏre 'peor'	--
dēterrĭmu 'el peor'	--
exterĭŏre	_____
extrēmu	_____
īnferĭŏre	_____
īnfĭmu	_____
īnterĭŏre	_____
īntĭmu	_____
junĭŏre (también mĭnŏre [nātū] 'menor [nacido]')	--
posterĭŏre	_____

COMPARATIVOS Y SUPERLATIVOS LATINOS	DERIVADO O CULTISMO ESPAÑOL

postŭmu ('último' > 'último

   hijo' > 'hijo nacido después de muerto el padre' > 'trabajo
   que sale a luz después de muerto el autor'. La próxima
   palabra tiene también el primero de estos significados.)

postrēmu   --

priŏre 'anterior'   _____

prīmu ('primero'. El

   vocablo español primo viene de [consobrīnu] prīmu,
   literalmente 'primo primero', para diferenciarlo del primo
   segundo, tercero, etc.)

propiŏre 'más cercano'   --

proxĭmu 'el más cercano'   x

seniŏre (también majōre

   [nātū] 'mayor [nacido]')

superiŏre

suprēmu

   (La próxima palabra tiene el mismo significado.)

summu

ulteriŏre

ultĭmu

(2) BASE LATINA	COMPARATIVO LATINO	SUPERLATIVO LATINO
dē (prep. 'debajo')		
ĭn, ĭntra (prep. 'en')		
prae, prō (prep. 'antes')		
prope (adv. 'cerca')		
ultrā (adv. 'lejos de')		
extĕru (adj. inusado 'de fuera')		
īnfĕru (adj. inusado 'bajo')		
postĕru (adj. inusado 'siguiente')		
supĕru (adj. inusado 'elevado')		
jŭvĕne (adj. nominalizado 'joven')		minĭmu [nātū]
sene (nom. senex, adj. nominalizado 'anciano')		maxĭmu [nātū]

5.1.3 Artículos. Los artículos no existían en latín. Sólo
en el último período del latín vulgar empezaron a utilizarse los
adjetivos numerales y demostrativos con valor de artículo:

ADJETIVO
NUMERAL LATINO > ARTICULO INDEFINIDO ESPAÑOL

Ac. sg.						
masc.	ūnu(m)	un (también el pronombre indefinido uno)				
fem.	ūna(m)	una	"	"	"	"	una
Ac. pl.						
masc.	ūnōs	unos	"	"	"	"	unos
fem.	ūnās	unas	"	"	"	"	unas

El artículo definido viene de las formas del demostrativo
latino ĭlle 'ese'. Su desarrollo fonológico es interesante:

DEMOSTRATIVO LATINO		>	ARTICULO ESP. ANTIGUO	>	ARTICULO ESP. MODERNO
Nom. sg.					
masc.	ĭlle		el		el
fem.	ĭlla		ela		la, el
neutro	ĭllu(d)		elo		lo
Ac. pl.					
masc.	ĭllōs		elos		los
fem.	ĭllās		elas		las

Se explica la caída de la primera sílaba de ela, elo, elos,
elas por la relación clítica (sin acento propio) del artículo con
el sustantivo. Es decir, ninguna de las dos sílabas del artículo
era acentuada en la frase; se mantuvo la segunda sílaba, que
era la más importante porque expresaba el número y el género.
En el caso del masculino ĭlle, vemos un desarrollo fonético
normal con la retención de la primera sílaba:

ĭlle: ĭ > e: elle
ll ante -e final > l: ele
-e final cae: el

El artículo femenino moderno el, como en el agua, el alma,
no viene de ĭlle sino del femenino ĭlla: ĭlla⌣anĭma > esp. ant.
ela⌣alma > esp. moderno el alma. Se perdió la a de la segunda
sílaba debido a la yuxtaposición y asimilación de las dos
vocales. Este trueque se da sólo cuando la a inicial del sustantivo es acentuada (el arma pero la armada).

5.1.4 Contribuciones de ĭlle

5.1.4.1 Pronombres de tercera persona. También faltaban
los pronombres personales de tercera persona. Estos vienen
de los mismos demostrativos que dieron origen a los artículos
definidos, pero sin pérdida de la primera sílaba:

DEMOSTRATIVO LATINO	>	PRONOMBRE PERSONAL ESPAÑOL (FORMAS ACENTUADAS)
nom. ĭlle		él
ĭlla		ella
ĭllud		ello
ac. ĭllōs		ellos
ĭllās		ellas

Los pronombres inacentuados de tercera persona proceden de las formas acusativas y dativas de ĭlle, con pérdida de la primera sílaba:

		PRONOMBRE PERSONAL ESPAÑOL
DEMOSTRATIVO LATINO	>	(FORMAS INACENTUADAS)
Ac. sg.		
masc.	ĭllu(m)	lo
fem.	ĭlla(m)	la
neutro	ĭllu(d)	lo
Ac. pl.		
masc.	ĭllōs	los
fem.	ĭllās	las
Dat.		
sg. m.f.	ĭllī	le
pl. m.f.	ĭllīs	les

Los pronombres españoles me, te, se vienen de los acusativos mē, tē, sē. Es preciso notar que en María se baña, se no tiene nada que ver con se en construcciones como Se lo doy. Aquí se significa lo mismo que le. Al abreviar la frase Le doy el libro no decimos *Le lo doy, sino Se lo doy. Este se viene del dativo ĭllī, igual que le, pero con un desarrollo fonético alternativo.

Es decir, la combinación ĭllī más otro pronombre acusativo de la misma persona (p. ej. ĭllī-ĭllum) resultaba difícil de pronunciar. Por disimilación de las dos palatales ll en el español antiguo, la primera cambió a [ž]: [ḷeḷo] > [žeḷo], escrito gello. Esta forma se convirtió en [žélo] gelo, probablemente por influencia analógica de lo y por disimilación de las dos palatales. El proceso fue aproximadamente el siguiente: ĭllī-ĭllum > [iḷe iḷo] > [ḷeḷo] > [žeḷo] > [želo] (escrito gelo en el español antiguo). Finalmente, la primera sílaba de gelo se confundió con el reflexivo se:

[želo] > [selo] (se lo)
[žela] > [sela], etc.[6]

5.1.4.2 Demostrativo aquel. Con todo esto, ĭlle no dejó de usarse con su valor original de demostrativo, pero su debilitación semántica condujo a la combinación de ĭlle con ecc(u) 'he aquí':

DEMOSTRATIVO LATINO	DEMOSTRATIVO ESPAÑOL
Nom. sg.	
m. eccu ĭlle	aquel
f. eccu ĭlla	aquella
n. eccu ĭllu(d)	aquello
Ac. pl.	
m. eccu ĭllōs	aquellos
f. eccu ĭllās	aquellas

(Usados como pronombres, los demostrativos masculinos y femeninos se escriben con acento ortográfico.)

5.1.4.3 Resumen de ĭlle. Se ven resumidas en el siguiente cuadro todas las contribuciones al español de ĭlle y sus formas.[7]

LOS DERIVADOS ESPAÑOLES DE ĬLLE.

LATIN			ESPAÑOL			
				Pronombre personal 3ª persona		
Demostrativo ĭlle			Artículo definido	Acentuado	Inacentuado	Demostrativo
Singular:						
nom.	masc.	ĭlle	el	él		
	fem.	ĭlla	la, el	ella		
	neutro	ĭllud	lo	ello		
dat.	masc. fem.	ĭllī			le, se	
ac.	masc.	ĭllum			lo	
	fem.	ĭllam			la	
	neutro	ĭllud			lo	
Plural:						
dat.	masc. fem.	ĭllīs			les	
ac.	masc.	ĭllōs	los	ellos	los	
	fem.	ĭllās	las	ellas	las	
Con eccu:						
nom.	m.	eccu ĭlle				aquel
	f.	eccu ĭlla				aquella
	n.	eccu ĭllud				aquello
ac.	m.	eccu ĭllōs				aquellos
	f.	eccu ĭllās				aquellas

5.1.5 Pronombres personales de primera y segunda persona.
Como vimos en las Reglas, los pronombres singulares ĕgo y tū produjeron los singulares yo y tú en español. Los pronombres plurales nōs y vōs se empleaban con valor tanto singular como plural, aun en el latín clásico. El uso de la primera persona de plural como singular también se encuentra hoy en día, pero se limita a la realeza y a reflejos de modestia en estilo literario.

Vōs, originalmente plural de tū, se empleaba en el latín vulgar como pronombre singular de respeto. Este es el uso que tenía tempranamente en el español antiguo. En el *Poema*

del Cid (1140) vemos usado el pronombre vos como forma
respetuosa de tratamiento directo entre nobles y entre cónyu-
gues, mientras que tú servía más bien para dirigirse a personas
consideradas inferiores y en las oraciones. Sin embargo, había
muchos casos de vacilación en la selección de los pronombres y
de las correspondientes formas verbales, sobre todo en los
siglos XV y XVI.

En los siglos XVI y XVII vos llegó a dominar como tratamiento
para con los familiares y los inferiores en las zonas rurales, y
entre los soldados. Fue la forma traída por los Conquistadores
a gran parte del Nuevo Mundo. Al dirigir la palabra a los
indios los trataban de vos, por considerarlos como inferiores.
En España, en cambio, vos tomó otro derrotero: a partir del
siglo XVIII se estigmatizó y cayó en desuso debido al carácter
despectivo que había adquirido y como consecuencia de la
asociación con el habla de las capas más bajas de la sociedad
española.

En la actualidad el VOSEO (uso de vos y las correspondientes
formas verbales) permanece en el tratamiento familiar singular,
o exclusivamente o en competencia con el TUTEO (uso de tú),
en el sur de Sudamérica (Argentina, Bolivia, Chile, Paraguay,
Uruguay y Arequipa, Perú), en áreas del norte de Sudamérica
(partes de Colombia, Ecuador y Venezuela), en los estados
mexicanos de Chiapas y Tabasco, y en Centroamérica (Costa
Rica, Guatemala, Honduras, Nicaragua, El Salvador y las
regiones rurales de Panamá).

El tuteo (considerado por muchos como la única forma
'correcta') es de uso exclusivo solamente en tres países de
América: la República Dominicana, Puerto Rico y Cuba.
Estos son los países que más contacto tuvieron con la España
tuteante después del siglo XVI.

Con la decadencia del singular vos como forma de respeto,
se acuñó en el siglo XV la expresión vuestra merced. En el
siglo XVII se contrajo, tras varios pasos intermedios, a vuasted
y vusted. Con la pérdida de la v- tenemos el pronombre personal moderno usted. (La v se retiene en la abreviatura Vd.)
El plural de vuestra merced era vuestras mercedes, después
ustedes.

El cuadro resume los usos principales de los pronombres
personales en singular desde el siglo XII hasta la actualidad.

El pronombre vosotros, compuesto de vos más el elemento
enfático -otros, apareció a mediados del siglo XIII como
consecuencia de la confusión causada por el uso indiscriminado
de vos sin atención al número.[8] Vosotros sigue siendo el
pronombre plural familiar en el norte de España, pero no se
usa en América, excepto en el lenguaje bíblico o afectado. El
enfático -otros está documentado también en la forma nosotros
desde la misma época.

USOS PRINCIPALES DE VOS, TU, VUESTRA MERCED, USTED

Siglos:	XII-XIV	XV-XVI	XVI-XVII	XVIII-XX	
				ESPAÑA	AMERICA
vos	respeto	confusión	principalmente rural y rústico, familiaridad y con inferiores, y entre soldados	...	familiaridad (algunas regiones y clases sociales)
tú	familia- ridad y con in- feriores		principalmente urbano y de las clases altas, familiaridad y con inferiores	familia- ridad	familiaridad (algunas regiones y clases sociales)
			suplanta a vos en España, pero no en América		
vuestra merced ↓	...	respeto	...	...	...
usted	...	...	respeto	respeto	respeto

5.1.6 **Casos pronominales.** Los casos gramaticales latinos, perdidos en los sustantivos y adjetivos romances, permanecen en forma limitada en los pronombres personales de la lengua moderna. Llene los espacios en blanco:

PRONOMBRE PERSONAL LATINO	> PRONOMBRE PERSONAL ESPAÑOL	
Singular:		
1ª persona		
nom. ĕ(g)o	_____	sujeto
dat. mĭhĭ̄	_____	complemento acentuado (con preposición)
ac. mē	_____	complemento inacentuado (clítico)
2ª persona		
nom. tū	_____	sujeto
dat. tĭbĭ̄ > tive >	_____	complemento acentuado (con preposición)
ac. tē	_____	complemento inacentuado (clítico)

En la primera y segunda persona del singular sobrevive la forma del dativo, no en oposición al acusativo sino como varian- te acentuada de los clíticos me, te en frases preposicionales:

Clítico   Acentuado
Me ve   a mí.
Te ve   a ti.

Sólo en la tercera persona se mantiene la distinción entre complemento directo e indirecto expresada antiguamente por el acusativo y dativo:

Le escribo (a él, a ella). < ĭllī   dativo
La escribo (la carta).   < ĭllam acusativo femenino
Lo escribo (el libro).   < ĭllum acusativo masculino

Sin embargo, hay hispanohablantes que no distinguen entre estas funciones, y se oyen indistintamente la escribo (a ella) y la escribo (la carta). En otras regiones el complemento indirecto se mantiene en casos muy claros como le escribo (a ella) versus la escribo (la carta), pero hay vacilación del tipo le veo, lo veo, en que le y lo tienen el mismo significado y función. Es decir, de los cinco casos antiguos expresados en la declinación de ĭlle, se conservan tres en algunas partes del mundo hispánico (él, le, lo-la). En otras regiones se conservan sólo dos (él, le=lo-la). Y para mucha gente la distinción no siempre es clara (le veo alterna con lo veo, pero le escribo no es lo mismo que lo escribo). Al contestar la pregunta ¿Invitaste a José? ¿dice Vd. Sí, lo invité o Sí, le invité?

El hispanohablante puede descubrir fácilmente si el objeto (complemento) de un verbo es directo o indirecto: si la frase se puede transformar en pasiva, el objeto tiene que ser directo.

Invitaron a María a la fiesta. → María fue invitada a la fiesta.
(objeto directo transformado en pasiva)
La invitaron a la fiesta.

Escribieron una carta a María. → *María fue escrita una carta.
(objeto indirecto--no se puede transformar en pasiva)
Le escribieron una carta.

Muchos dignatarios saludaron a María. → María fue saludada por muchos dignatarios.
(objeto directo transformado en pasiva)
La saludaron.

¿Esta Vd. de acuerdo con el uso de le/la en estos ejemplos? Sustituya un nombre masculino por el de María para ver si Vd. prefiere le o lo en cada caso.

En fin, hay tres soluciones al problema de la distinción entre objeto directo e indirecto en los pronombres personales de tercera persona del español moderno:

(1) Distinción consistente y según las normas académicas en la que le y les son siempre pronombres de objeto indirecto y lo, los, la, las de objeto directo.

(2) LEÍSMO: Uso de le (y quizás les en plural) para expresar el objeto directo cuando éste se refiere a una persona masculina. Cuando el objeto directo no es una persona masculina los correspondientes pronombres son lo, los, la, las. En muchas regiones hay una falta de consistencia en el uso de le o lo como objeto directo, o, sea, un leísmo parcial. El objeto indirecto siempre es le(s). La Academia admite el leísmo en singular (pero no con les) como "correcto."

(3) LOÍSMO Y LAÍSMO: Estos "vicios" se refieren a la falta de distinción entre los casos gramaticales de objeto directo e indirecto en los pronombres personales. Se usan lo y los (loísmo) y la y las (laísmo) para los dos casos.

Podemos resumir el destino de los casos latinos en español de la siguiente manera.

(1) Las antiguas distinciones casuales han desaparecido totalmente en los sustantivos y adjetivos españoles.

(2) Tres de los casos, el nominativo, dativo y acusativo, han sobrevivido en su forma pero no en su función en los pronombres de primera y segunda persona.

(3) El nominativo, dativo y acusativo han sobrevivido tanto en su forma como en su función en los pronombres de tercera persona. Sin embargo, las distinciones funcionales entre el dativo y el acusativo se han ido borrando en muchas regiones y posiblemente en la lengua general.

5.2 Verbos. A diferencia de los sustantivos y adjetivos, el verbo español conserva una gran parte de la morfología del verbo latino. No se han perdido los conceptos de persona y número, tiempo y aspecto, modo y voz, como sucedió con los casos gramaticales. El español mantiene la distinción del latín entre primera, segunda y tercera persona y también entre los números singular y plural.[9] Examinaremos ahora las formas verbales heredadas directamente del latín.

5.2.1 Presente. Todo estudiante de latín aprende a recitar la FLEXION (serie de formas verbales) del presente de indicativo de ămāre, que es el verbo modelo de la primera conjugación. Con los cambios fonéticos normales se derivan las formas españolas. Llene los espacios en blanco:

PRESENTE DE INDICATIVO: PRIMERA CONJUGACIÓN		
LATIN	>	ESPAÑOL

Singular:		
1ª amō	_____	(-ō > _____)
2ª amās	_____	(-s > _____)
3ª amăt	_____	(-t > _____)
Plural:		
1ª amāmŭs	_____	(ŭ > _____)
2ª amātĭs > amades > amaes >	_____	(-t- > d > ∅, como cambio secundario)
3ª amănt	_____	(-t > _____)

Hay una gran variedad de irregularidades en las formas del presente en español. Sus causas y fuentes son muchas.[10]

5.2.2 Pasado

5.2.2.1 Imperfecto. Como en el caso del presente, se conservan relativamente intactos el PRETERITO IMPERFECTO y el PRETERITO PERFECTO SIMPLE.[11] El pretérito imperfecto, llamado también el IMPERFECTO, tenía en latín la característica -ba- en las cuatro conjugaciones. Así es que amāre se conjugaba en el imperfecto de la siguiente manera: (Llene los espacios en blanco.)

IMPERFECTO		
LATIN	>	ESPAÑOL
amābam		_____
amābās		_____
amābat		_____
amābāmŭs		_____
amābātĭs		_____
amābant		_____

¿Cuáles de las personas se confundieron en el imperfecto español? ¿Por qué? ¿Cuál es el cambio fonológico irregular que tuvo lugar en español en dos de las formas del imperfecto por analogía con las demás personas?

En las otras conjugaciones -ba- estaba en contacto con ē o ī:

2ª habēbam (de habēre)
3ª faciēbam y *facēbam (de facĕre)
4ª audiēbam y *audībam (de audīre)

En esta posición, la b cayó, dejando la a en contacto con ē o ī, posición en que ambas vocales resultaron en í española (Regla 13):

habēbam > *habḝa > había
*facēbam > *fazḝa > hacía
*audībam > *audía > oía

Pero la í, como si fuera una yod, tendió a hacer subir la
a a e. La terminación del imperfecto se convirtió en -íe o -ié
en todas las personas menos en la primera. Estas formas se
usaron al lado de las formas en -ía desde el siglo XII. En el
Poema de Mio Cid, escrito anónimamente a mediados del siglo
XII, se ven las variantes del imperfecto en las tres conjugaciones. Los verbos en el imperfecto van subrayados:[12]

    Mio Cid Roy Díaz por Burgos entróve,*   *entró*
En sue conpaña sessaenta pendones;*   *seguidores*
exien* lo veer mugieres e varones,   *salían*
burgeses e burgesas por las finiestras sone,* *ventanas están*
plorando de los ojos, tanto avien* el dolore. *tenían (habían)*
De las sus bocas todos dizían* una razóne *decían*
"Dios, qué buen vassallo, si oviesse* buen *tuviese*
señore!"   *(hubiese)*

En los siglos XV y XVI se restableció -ía como la única característica del imperfecto castellano en la segunda y tercera conjugacion.
Son irregulares en las formas del imperfecto solamente tres
verbos modernos y sus compuestos: ir, ver, ser. El imperfecto iba de ir resulta de la retención de la b de la desinencia
latina (ībam, ībās, ībāt, etc.). En veía se conserva la e de
la raíz ve- del español antiguo veer (< vidēre).[13] Era como
imperfecto de ser es la continuación del imperfecto irregular
ĕram, del antiguo ĕsse 'ser, estar'.[14]

5.2.2.2 Pretérito.

El PRETERITO PERFECTO SIMPLE del
español, mejor llamado el PRETERITO, deriva directamente del
perfecto latino. La característica del perfecto latino era la
sílaba -vī- en la primera y cuarta conjugación. La v tendió
a perderse en la lengua antigua. En el habla vulgar se completó esta pérdida y se produjo la subsecuente contracción de
las terminaciones verbales:

PRIMERA CONJUGACION		
PERFECTO LATINO	>	PRETERITO
LATIN >	LATIN VULGAR >	ESPAÑOL
amāvī	amai	
amāvĭstī, amāstī	amasti	
amāvĭt	amaut (amāv(ĭ)t >	
	amavt > amaut)	
amāvĭmŭs	amamus	
amāvĭstĭs, amāstĭs	amastes	
amāvērŭnt, amārŭnt	amarunt	

CUARTA CONJUGACION			
PERFECTO LATINO		>	PRETERITO
LATIN	>	LATIN VULGAR >	ESPAÑOL
partívī, partiī́		partíi	_____
partívĭstī, partīstī		partisti	_____
partīvĭt, partiit		partíut (< partív(ĭ)t)	_____
(No se generalizó en romance partiit.)			
partívĭmŭs, partiī́mŭs		partimus	_____
partívĭstĭs, partīstĭs		partistes	_____
partīvḗrŭnt, partiḗrŭnt		partierunt	_____

En la segunda y tercera conjugacion el perfecto tenía las características -ŭi y -sī, respectivamente, como en dolŭi 'sufrí dolor' y dīxī (raíz dīc- + -sī) 'dije'. Como parte de la tendencia a reducir el número de terminaciones distintas y a hacer uniformes las conjugaciones, las formas de la cuarta conjugación se extendieron a la segunda y la tercera.

Las irregularidades en el pretérito español son muchas. Algunas, como dije < dīxī, conduje < condūxī y di < dēdī, son formas heredadas directamente del latín y que no se conformaron al molde regularizador del romance. Algunas irregularidades son de formación tardía vulgar o española (tuve, anduve). Otros casos representan procesos analógicos sólo parcialmente de naturaleza regularizadora. Por analogía con la i etimológica de la primera persona hice (< fēcī, Regla 12), tenemos una i no etimológica en la raíz de hiciste, hizo, hicimos, hicisteis, hicieron. Sin embargo, la analogía no sirvió para regularizar estas formas con el infinitivo hacer, según el modelo general, en *hací, *haciste, *hació, como ha pasado modernamente en verbos como traducí, traduciste por traduje, tradujiste, y traíste por trajiste, en el habla de muchas personas.[15]

5.2.3 Participios. El participio español, normalmente en -ado, -ido más sus variaciones de femenino y plural, viene del participio perfecto pasivo -ātu,-ītu y es el único rastro morfológico de la antigua voz pasiva.

En español la voz pasiva se expresa no mediante la morfología del verbo sino mediante construcciones sintácticas, como en los siguientes ejemplos:

(1) El español es hablado por millones de personas en todo el mundo. (verbo ser + participio)

(2) El español se habla por millones de personas en todo el mundo. (construcción llamada PASIVA REFLEJA)

Con la excepción del participio, la antigua voz pasiva no llegó al sistema verbal español. Sólo existe como reliquia en

algunos sustantivos y adjetivos provenientes de formas
verbales, como el nombre Amanda 'para ser amada' y en la
frase la clase graduanda. Un graduando (del antiguo participio
pasivo de futuro, distinto en su función del gerundio) es
alguien que está próximo a graduarse. Al recibir su título
ya es un graduado (del participio pasivo de perfecto). O sea,
el graduando se graduará, pero el graduado ya se graduó.
(Otras palabras españolas terminadas en -ando o -endo son
sumando, multiplicando, sustraendo, dividendo y reverendo.
Recientemente se agregó a esta lista memorando, que antes se
escribía más bien en su forma latina memorandum.)

5.2.3.1 Participios irregulares. Son irregulares en español
muchos participios. He aquí algunos verbos que tienen un
participio irregular que se usa también como adjetivo. Llene
los espacios en blanco según el modelo:

INFINITIVO	PARTICIPIO IRREGULAR
abrir	abierto
cubrir	_____
decir	_____
escribir	_____
hacer	_____
morir	_____
poner	_____
satisfacer	_____
ver	_____
volver	_____

Todos estos participios irregulares terminan en -to menos
dicho y hecho y sus compuestos. ¿Cuál es la fuente de la ch
en estas dos palabras?

5.2.3.2 Participios irregulares en proceso de adjetivarse.
Los verbos que aparecen a continuación llegaron al español
con dos participios, uno regular y otro irregular, condición
que causa no poca confusión para el que pretende hablar y
escribir reuniendo las mejores normas del uso del español.
En casi todos los casos, el participio regular es el que se
emplea para la formación de los tiempos compuestos y en las
construcciones pasivas, mientras que el otro participio,
históricamente irregular, se emplea en la lengua moderna
solamente como adjetivo o sustantivo:

infinitivo: convertir
participio regular: convertido
    en tiempo compuesto: Han convertido a muchos moros al
                              cristianismo.
    en construcción pasiva: Fueron convertidos al cristianismo
                              durante la Reconquista.
participio irregular: converso

usado como adjetivo: <u>Los moros conversos</u> no fueron <u>expulsados</u> de España.

usado como sustantivo: <u>Los conversos</u> pudieron quedarse.

Sin embargo, hay casos de vacilación en el habla de mucha gente. ¿Cuál es la palabra más corriente en los siguientes ejemplos? Si las dos son posibles, ¿significan exactamente lo mismo?

<u>freír</u>: freído/frito

Han _____ el pescado. (tiempo compuesto)
El pescado no fue _____ a tiempo. (voz pasiva)
El pescado _____ es sabroso. (adjetivo)
(Fritar, de uso en algunos países, es un derivado moderno de frito.)

<u>imprimir</u>: imprimido/impreso

Han _____ 2000 ejemplares del libro.
2000 ejemplares fueron _____.
Los _____ van por tarifa especial. (sustantivo)

<u>matar</u>: matado/muerto

Un asesino desconocido ha _____ al Presidente.
El presidente fue _____ por un asesino desconocido.
El _____ fue sepultado ayer. (El participio de <u>morir</u> también es <u>muerto</u>. ¿A qué verbo corresponde <u>muerto</u> en la última oración?)

<u>proveer</u>: proveído/provisto

El gobierno ha _____ comida y vivienda a las víctimas del desastre.
Las víctimas fueron _____ por el gobierno de todo lo que necesitaban.
La acción oportuna del gobierno aseguró que las víctimas estuvieran _____ de todas sus necesidades inmediatas.

5.2.3.3 Adjetivos y sustantivos modernos de participios históricos irregulares. He aquí algunos verbos cuyo participio histórico irregular ya no se usa como tal sino solamente como adjetivo o sustantivo. Sólo el participio regular, de formación romance, aparece en construcciones verbales: lo que <u>ha sido corregido</u> está <u>correcto</u>, y lo que <u>se ha producido</u> es el <u>producto</u>. A diferencia de los participios adjetivados como <u>converso</u> y <u>frito</u>, las palabras que aparecen a continuación ya no se relacionan con el correspondiente verbo en la mente del hispanohablante. Llene los espacios en blanco.

	PARTICIPIO HISTORICO		PARTICIPIO HISTORICO	
VERBO	IRREGULAR	VERBO	IRREGULAR	
bendecir	_____	incluir	_____	
contentar	_____	invertir	_____	
despertar	_____	prender	_____	
elegir	_____	recluir	_____	
extinguir	_____	prefijar	_____	(< praefixu)
prostituir	_____	descalzar	_____	(< *discalceu)
sustituir	_____	salvar	_____	(< salvu)
teñir	_____	sancochar	_____	(< semicoctu)
torcer	_____			

La tendencia de la lengua ha sido, pues, hacia la regularización morfológica en el sistema verbal. En los casos de
verbos con dos participios, el participio regular es generalmente de formación romance. Sólo los participios irregulares
más comunes resisten por su uso frecuente la fuerza regularizadora de la lengua. La mayoría de los antiguos participios
irregulares se mantienen sólo en sus funciones de adjetivo y
adjetivo nominalizado (usado como sustantivo). De hecho, el
hispanohablante no tiene conciencia de la relación histórica
entre estos adjetivos y los verbos de los cuales proceden.

5.2.4 Otras formas verbales procedentes del latín. Hasta
aquí hemos examinado las formas de algunos verbos en el
presente de indicativo, imperfecto, pretérito y participio.
También heredados directamente del latín, el español tiene:

(1) el presente de subjuntivo: ame, digas.
(2) el pretérito imperfecto de subjuntivo: amara, amase,
     dijera, dijese.
(3) el imperativo: ama, amad, di, decid.
(4) el infinitivo: -ar, -er, -ir, del presente activo de
     infinitivo latino -āre, -ēre, -ĕre, -īre.
(5) el gerundio: -ando, -iendo < -andō, -ĕndō.

Las demás desinencias verbales latinas, y había muchas, no
llegaron al español.

5.2.5 Tiempos de formación romance. Los otros tiempos
verbales del español se formaron en el último período del latín
vulgar hispánico o en la época de los comienzos de las lenguas
romances. Esto significa que el futuro (hablaré), el condicional (hablaría) y los tiempos compuestos (he hablado, había
hablado, habré hablado, etc.) no provienen de formas equivalentes latinas. Se crearon todos a base de habēre.

5.2.5.1 Futuro. El futuro latino de la primera persona se
formaba agregando a la base del verbo la terminación -bō o
-am, según la conjugación del verbo (amābō 'amaré', dīcam

'diré'). Los romanos se servían también de varias circunlocuciones, o EXPRESIONES PERIFRASTICAS. Con valor de futuro, se sustituían perífrasis como:

(1) el presente de indicativo: Nōn ēo 'No voy' (mañana)
(2) las formas de īre más el infinitivo, equivalente a voy a más el infinitivo en español
(3) el infinitivo seguido de las formas de habere en latín vulgar: dícere hábeo.

La expresión de tiempo futuro que más se generalizó y que sirvió de base para el futuro morfológico del español fue la del (3).

FUTURO

LATIN HISPANICO TARDIO	ESPAÑOL	ORTOGRAFIA MODERNA
cantare hábeo	cantar he	
cantare hábes	cantar has	
cantare hábet	cantar ha	
cantare habémus	cantar hemos	
cantare habétis	cantar heis	
cantare hábent	cantar han	

El español cuenta también con sustituciones y perífrasis frecuentes con las que se evita el uso del futuro morfológico. Para acciones o condiciones cercanas o seguras son corrientes el uso del presente de indicativo, como en el (1), Te llamo mañana, y el uso de ir más el infinitivo, como en el (2), Dice que el Congreso no va a aprobar el proyecto de ley.[16]

5.2.5.2 **Condicional.** La combinación del infinitivo con el imperfecto de indicativo de habere dio lugar a otro tiempo romance. Así como en las formas del futuro, las dos palabras se funden en una; de las formas contractas de haber sólo queda ía (< ęa) más las terminaciones de persona:

CONDICIONAL

LATIN HISPANICO TARDIO		ESPAÑOL	ORTOGRAFIA MODERNA
cantare habebam	[abéa]	cantar ía	
cantare habebas	[abéas]	cantar ías	
cantare habebat	[abéat]	cantar ía	
cantare habebamus	[abéamus]	cantar íamos	
cantare habebatis	[abéates]	cantar íais	
cantare habebant	[abéant]	cantar ían	

El nombre CONDICIONAL de este tiempo verbal se debe a su uso en oraciones que expresan una condición: Iríamos si

tuvieramos tiempo. Entre las funciones del condicional figura
también la de expresar el futuro desde el punto de vista del
pasado. Compare las siguientes dos frases. En ambas, la
acción del segundo verbo tendrá lugar en el futuro; el locutor
selecciona Dice que ... cantará o Dijo que ... cantaría de
acuerdo con la perspectiva de presente o pasado que quiera
dar a la oración:

(1) Dice que su hija cantará mañana.
(2) Dijo que su hija cantaría mañana.[17]

5.2.5.3 Verbos irregulares en futuro y condicional. Doce

verbos y sus compuestos son irregulares en el futuro y en el
condicional. Todos pertenecen a la segunda y tercera conjugación. De los siglos XII al XVI muchos verbos perdieron la
e o i del infinitivo en construcción con las formas de haber.
La vocal tendió a caer en posición protónica, proceso éste
análogo al que tuvo lugar en latín (Regla 2). Llene los
espacios en blanco:

br: caberé, -ía   > cabré, -ía
    haberé   habré
    saberé
dr: poderé   _____
rr: quereré   _____
zr: diziré > dizré > _____

A los resultantes grupos lr y nr se les intercaló una d para
facilitar la pronunciación:

lr: saliré   > _____
    valeré   _____
nr: poneré   _____
    teneré   _____
    veniré   _____

La pérdida de e o i tuvo lugar dondequiera que la lengua
tolerara el resultante grupo consonántico. Se produjeron así
muchos futuros y condicionales de infinitivo contracto, como
recibré, vivré, perdré, pero la fuerza regularizadora de la
lengua hizo que casi todos recuperaran la vocal perdida a
partir del siglo XVI, dejando como irregulares sólo los arriba
mencionados, sus compuestos y uno más: haré.
    Aunque sería fácil suponer que haré deriva de hacer + he
con la pérdida de la vocal del infinitivo (*hac(e)ré) y la
subsecuente caída de la c (ha(c)ré), ésta sería una etimología
falsa. Resulta que en latín vulgar existía al lado de facĕre
una variante *fare (también de fa(cĕ)re) que dio el infinitivo
far en el español antiguo. Far sobrevive, con el trueque
f > h, solamente en el futuro y condicional.

5.2.5.4 Tiempos compuestos. Los tiempos compuestos
españoles se componen del participio del verbo precedido de
una forma de haber. Al igual que el futuro y el condicional,
los tiempos compuestos son de formación vulgar, aunque
continúan tendencias ya existentes en latín. El español
cuenta con los siguientes compuestos:

haber hablado	he hablado	haya hablado
habiendo hablado	había hablado	hubiera hablado
	hube hablado	hubiese hablado
	habré hablado	(hubiere hablado)
	habría hablado	

No todos los matices incorporados en los compuestos con
haber se distinguían en latín, que generalmente expresaba
estos conceptos mediante desinencias verbales simples. El
llamado perfecto latino, antecedente del pretérito perfecto
español (amāvī > amai > amé), incluía los sentidos que hoy en
día comparten amé y he amado.
Generalmente, ambos tiempos españoles se refieren al pasado.
La diferencia se basa en la relación con el presente que el
locutor quiera dar a lo que dice. En gran parte de Latinoamérica, Te quise como a ningún otro indica una relación
terminada desde hace tiempo, mientras que Te he querido
como a ningún otro divulga que no todo se ha perdido. Sin
embargo, el uso de estos tiempos no es igual en todo el mundo
hispánico; para muchos españoles, se intercambian o se igualan
los sentidos de estas dos oraciones.

5.3 Para contestar

5.3.1 Sustantivos
1. Al perderse el género neutro en los sustantivos, ¿cómo
se alinearon los restantes dos géneros con respecto a los
neutros en singular? ¿Cuál fue la confusión que tuvo lugar
en el neutro plural de algunas palabras?
2. ¿Qué funciones tenían los seis casos latinos? ¿Cómo
expresamos estas funciones en español? ¿De qué caso vienen
casi todos los sustantivos españoles? ¿De dónde viene el
plural español?
3. ¿Qué tendencia sintáctica del latín contribuyó a la caída
del sistema casual? ¿Qué condiciones de cambio fonológico
contribuyeron también a la reducción de los seis casos antiguos?
Con respecto al uso de los casos gramaticales, ¿qué tendencia
general se exhibe en las lenguas indoeuropeas?

5.3.2 Adjetivos
1. ¿Cuáles son las cinco categorías inflexionales de los
adjetivos latinos? ¿Cuáles son las del adjetivo español?
2. ¿Cuáles son los grados del adjetivo? ¿Cómo se indican
normalmente en español? En general, ¿cúal ha sido el

destino en español de los antiguos comparativos y superlativos irregulares?

5.3.3 Artículos y pronombres
1. ¿Con cuántos artículos contaba el latín? ¿Cuál es la fuente del artículo indefinido del español?
2. Explique el desarrollo fonológico de ĭlle en los artículos, en los pronombres y en el demostrativo. ¿Cómo se originaron la y el como variantes del artículo femenino? ¿Por qué tiene ella dos sílabas, mientras que la tiene una? Explique la semejanza de forma y la diferencia de función de las palabras se en Se levantó y Se lo doy.
3. Trace la evolución semántica de vos, tú, usted. ¿Por qué es común el voseo en gran parte de América pero no en España? ¿De dónde vienen usted, vosotros, nosotros?
4. ¿Cuáles de los casos latinos sobreviven en las formas de los pronombres españoles? ¿Qué función tienen actualmente en los pronombres de primera y segunda persona? ¿En los de tercera persona? ¿Qué variaciones dialectales e individuales se encuentran en el uso de le/lo/la?

5.3.4 Tiempos verbales procedentes del latín
1. ¿De qué formas verbales latinas viene el presente de indicativo español? Trate de explicar las 'irregularidades' de verbos como pensar-pienso y dormir-duermo. Trate de explicar la 'irregularidad' de caber-quepa y saber-sepa en el presente de subjuntivo (Regla 27).
2. ¿Qué significan 'tiempo' y 'aspecto'?
3. ¿Cuál es la característica latina del imperfecto? Explique su desarrollo fonológico al español en las tres conjugaciones. ¿Qué características del imperfecto se encuentran en el español medieval? Explique la forma de los tres verbos modernos que son irregulares en el imperfecto.
4. ¿De qué formas latinas vienen amé y partí? ¿De dónde vienen dije y la primera i de hiciste?

5.3.5 Participios
1. ¿De dónde vienen los participios españoles? ¿Qué significa graduanda?
2. ¿Qué formas tienen los participios regulares en español? ¿Los irregulares?
3. ¿Cuáles son las funciones de los participios históricos regulares e irregulares de (a) los verbos modernos que tienen un solo participio y (b) los verbos modernos que tienen dos participios? ¿Cuáles de los participios históricos irregulares han dejado de funcionar como tales y cuáles se han mantenido en esa función?

5.3.6 Tiempos verbales de formación romance o vulgar
1. ¿Cuáles son los tiempos verbales de formación romance o vulgar? ¿Qué significa 'de formación romance o vulgar'?

2. ¿Cómo se originaron las formas del futuro y del condicional españoles? ¿Qué relación temporal tiene el futuro con el condicional?

3. ¿Cuál es la fuente del futuro y del condicional irregulares de hacer? ¿Cómo se originaron los demás futuros irregulares del español?

4. ¿Cómo se forman los tiempos compuestos en español?

Notas

1. El lector notará que este capítulo se dedica casi exclusivamente al estudio de los cambios morfológicos. Los cambios sintácticos ocurridos en romance y en español aún no se han descrito sistemáticamente. Apenas se tratan en las clásicas obras de autores como Menéndez Pidal, Amado Alonso, Vicente García de Diego y otros. Rafael Lapesa dedica apenas quince páginas (a saber, págs. 110, 151-156, 255-262) a la mención de fenómenos sintácticos en su *Historia de la lengua española*. El único tratamiento global de la sintaxis histórica del español es el de Martín Alonso, *Evolución sintactica del español*, pero esta obra se limita generalmente al analisis y explicación del lenguaje de los textos antiguos sin que el autor haga hincapié en la sistematización de las observaciones hechas.

La falta de información en la presente obra refleja, desgraciadamente, el status actual de nuestros conocimientos sistemáticos sobre el desarrollo de la sintaxis española. Se le recomienda al lector el estudio de la literatura antigua como el medio más adecuado de aumentar sus conocimientos en esta área.

El desarrollo de la sintaxis de los verbos tener, haber, ser y estar se analiza brevemente en el apartado 6.2.2.5.

2. En los capítulos anteriores la -m final caduca del acusativo fue omitida para simplificar la presentación de los cambios fonológicos. Por razones de claridad se incluye en muchos de los ejemplos del presente capítulo.

3. No hay singular del latín arma.

4. Se exceptúan algunos cultismos de entrada tardía y varios nombres propios, como crisis, cráter, vértigo, dios, Jesús, Carlos, Félix.

5. Las explicaciones históricas nos ayudan a comprender algo de los procesos de cambio lingüístico, pero no nos dicen por qué fueron éstos los cambios que tuvieron lugar. La pérdida de distinciones morfológicas en los sustantivos latinos corresponde a una tendencia general en las lenguas indoeuropeas. Va acompañada, desde luego, de una mayor dependencia de las estructuras sintácticas. Sin embargo, la morfología del verbo español no es mucho menos complicada que la de sus antecesores latinos, lo que constituye otro rasgo común indoeuropeo. La explicación de los cambios lingüísticos internos es uno de los temas del próximo capítulo.

6. R. Menéndez Pidal, *Manual de gramática histórica española*, §94$_3$.

7. Eccu se combinó también con hīc 'este' y su variante hāc: eccu hī(c) > aquí; eccu hā(c) > acá.

8. El inglés está experimentando un proceso paralelo en su pronombre you 'tú, vos, vosotros, usted, ustedes', forma moderna de ye. En el siglo XIII ye perdió su valor plural y se usaba como pronombre singular para indicar respeto, y después al hablar con cualquier persona.

Muy arraigado en el inglés del sur de los Estados Unidos desde la segunda mitad del siglo pasado, pero ya extendido a otras partes de la nación, es el pronombre plural you-all (pronunciado y'all [yǫl]). Al igual que -otros de nosotros, vosotros, que es un elemento intensivo y no significa 'otros' en estas palabras, all en you-all no significa 'todos' sino que sirve para establecer la pluralidad de you.

De que la historia se repite no debe caber duda: ¡ya está documentado en el sur de los Estados Unidos el uso de you-all como pronombre singular de respeto! (H. L. Mencken, *The American Language: Supplement II*, págs. 375-382.)

9. La distinción binaria entre singular y plural no es universal entre las lenguas del mundo. En el griego clásico se hacía la distinción entre singular, dual y plural (tres o más).

10. Se puede definir como verbo irregular en español aquél cuyas formas conjugadas no corresponden a las del paradigma modelo de verbos de la misma conjugación. Tales irregularidades afectan generalmente la raíz verbal, a veces las terminaciones.

Podemos señalar como fuente de algunas irregularidades:

(1) Un desarrollo fonético normal, como en (a) la alternancia de las consonantes en decir-digo < dīcĕre-dīcō y de las vocales en sentir-sientes < sĕntīre-sĕntis, y (b) los efectos de la yod en la i de sintamos < sĕntĭāmus y en la p de quepa, sepa < capĭat, sapĭat al lado de las formas con b, como cabe, sabe < capĭt, sapĭt.

(2) Inconstancias en los cambios fonológicos producidos por la yod. La yod no siempre se comportaba en las formas verbales como en otros casos. El grupo ng de tengo, vengo < tĕnĕō, vĕnĭō no es el resultado normal de nY, aunque sí muestra el influjo de la yod.

(3) Analogías que influyeron de manera asistemática en la conjugación de algunos verbos. La g proveniente de yod, como en tengo, vengo, ejerció un efecto análogo en el desarrollo de otros verbos, de manera que éstos agregaran una g no etimológica: pongo < pōnō, caigo < cadō, traigo < trahō. También, con yod que no debía dar g, valgo (por *vajo) < valĭō, salgo (por *sajo) < salĭō, oigo (por *oyo) < audĭō, y la forma "arcaica" de subjuntivo haiga por haya < habĕam.

(4) Las formas del presente de īre > ir (voy, vas, va, etc.) vienen de otro verbo con el mismo significado, vadĕre

(cfr. invadir). Las formas del pretérito perfecto simple de ir (fui, fuiste, fue, etc.) se tomaron de las de ser. Ser las tomó de ĕsse, y ĕsse las recibió de otro verbo ya perdido.

Para un tratamiento completo de éstos y muchos más ejemplos y patrones de irregularidades en el presente, véase R. Menéndez Pidal, *Manual*, §§103-115.

11. En su función más básica, ambos expresan una acción o condición en el pasado. Queda fuera del alcance de este libro un tratamiento a fondo de la distinción entre TIEMPO (época en que sucede la acción o condición expresada por el verbo) y ASPECTO (la consideración de la duración y estado de terminación de la acción o condición expresada por el verbo). De hecho, el concepto del aspecto se extiende por todo el sistema verbal español; sólo en el pasado se hace la distinción obligatoria entre aspecto IMPERFECTIVO (no acabado) y PERFECTIVO (acabado) mediante las formas del pretérito imperfecto y pretérito perfecto simple, respectivamente (< latín praeteritu < praeter + itu 'previamente ido').

Ha habido mucha confusión sobre los nombres de los dos aspectos del pasado. La Real Academia Española los denominaba 'pretérito imperfecto' y 'pretérito indefinido' hasta la publicación de su *Esbozo de una nueva gramática de la lengua española* en 1974. En esa obra 'pretérito indefinido' fue reemplazado por 'pretérito perfecto simple' para distinguirlo mejor del 'pretérito imperfecto'. La nueva terminología pone de manifiesto la distinción aspectual, pero causa confusión con formas como he hablado, antes denominadas 'pretérito perfecto', ahora 'pretérito perfecto compuesto'. El término 'pretérito' sigue formando parte del nombre de cinco de los tiempos y aspectos reconocidos por la Academia, a pesar de que ellos no siempre se refieren al pasado. Aquí usaremos la terminología popular: 'pretérito' vs. 'imperfecto'. Por lo que respecta a los tiempos compuestos, la designación 'perfecto' parece innecesaria. En la terminología de Andrés Bello, vigente en algunos países americanos, el imperfecto y perfecto se designan 'co-pretérito' y 'pretérito', respectivamente (Andrés Bello y Rufino Cuervo, *Gramática de la lengua castellana*).

Para más información sobre el aspecto en español, se pueden consultar las gramáticas españolas, y William Bull, *Time, Tense, and the Verb*, Charles Rallides, *The Tense-Aspect System of the Spanish Verb*, y Lucía Tobén de Castro y Jaime Rodríguez Rondón, "El aspecto verbal en español." Véase también la Nota 17.

12. Edición de Ramón Menéndez Pidal, *Cantar de Mio Cid*, III, pág. 1022.

13. La e permanece también en veo, no *vo. Al lado de ver y ser (<sĕdĕre), con supresión de una e, la vocal doble se mantiene en proveer < provīdĕre, leer < lĕgĕre, y creer < crēdĕre.

14. Ĕram es reflejo de un trueque latino muy temprano en que [z] intervocálica, escrita s, se convirtió en [r]. Tal cambio se llama ROTACISMO, por la letra griega rho. Compárense con ĕram, ĕras, etc., la formas no rotacizadas del mismo verbo, como ĕsse, ĕs, ĕst, ĕstĭs, sin [z] intervocálica. También existen muchas alternancias como genus-genĕris 'género'.

15. Las irregularidades en el pretérito presentan un cuadro sumamente complicado. Para más información, véanse, por ejemplo, V. García de Diego, *Gramática*, págs. 229-230 y 247-251; C. H. Grandgent, *Introducción al latín vulgar*, §§ 422-431; R. Lapesa, *Historia*, págs. 150, 185; S. Lazzati, *Diccionario del verbo castellano*, págs. 58-74; y R. Menéndez Pidal, *Manual*, §§104-106.

16. El futuro de subjuntivo (del futuro de subjuntivo latino y no de formación romance) sólo se encuentra en el lenguaje jurídico, en ciertos modismos (Sea lo que fuere) y en la literatura antigua, ya que ha sido desplazado desde el siglo XVIII por el presente de subjuntivo.

Entre "los consejos que dio don Quijote a Sancho Panza antes que fuese a gobernar la ínsula" Barataria se leen los siguientes:

Al culpado que cayere debajo de tu jurisdicción ..., múestratele piadoso y clemente.

Si acaso doblares la vara de la justicia, no sea con el peso de la dádiva, sino con el de la misericordia.

(Miguel de Cervantes Saavedra, *Don Quijote de la Mancha*, Parte II, Capítulo XLII.)

17. Según la perspectiva del locutor y el nivel de formalidad en el estilo, son posibles algunas variantes. En lugar de la oración (1) se puede decir Dice que su hija canta mañana o Dice que su hija va a cantar mañana, pero no *Dice que su hija cantaría mañana, a no ser que a ésta le siga otra oración subordinada como en Dice que su hija cantaría mañana si sólo tuviera tiempo.

Por la oración (2) se puede decir también Dijo que su hija cantaba mañana. Aquí el llamado 'pretérito' imperfecto puede sustituir al condicional porque expresa el mismo aspecto; los dos son imperfectivos y denotan una acción o condición no acabada, bien sea en el pasado, presente o futuro. En el habla coloquial es posible Dijo que su hija cantará mañana; aquí prevalece el concepto de la acción en el futuro, y no la perspectiva de cuándo se dijo. También se oye Dijo que su hija canta mañana; en esta oración, como en las otras, canta denota un futuro imperfectivo por no haberse completado todavía la acción.

Aunque se dice corrientemente Dijo que su hija cantaba mañana, con el llamado 'pretérito' imperfecto, no tiene sentido decir *Dijo que su hija cantó mañana, ya que cantó denota siempre aspecto perfectivo y por eso no puede referirse a una acción que aún no se ha llevado a cabo.

Hay condiciones en que el concepto del aspecto prevalece sobre el del tiempo en la selección de las formas verbales españolas.

6

HISTORIA Y DIALECTOLOGIA

6.1 La formación de los dialectos principales del castellano.
El único aspecto del lenguaje que nunca cambia es el hecho de
que las lenguas nunca dejan de cambiar. La evolución de una
lengua no es, sin embargo, idéntica en todas partes. Hemos
visto que el idioma protoindoeuropeo se fragmentó. Uno de
sus descendientes, el latín del Imperio Romano, también se
fragmentó y resultó en hablas románicas ya no mutuamente
comprensibles. Entre estos figuraban los DIALECTOS romances de España, que cedieron ante la hegemonía militar y
cultural de uno de ellos, el castellano, como lengua nacional
y de expansión colonial.[1] El proceso de cambio lingüístico
continúa: el bonaerense no habla el mismo castellano que el
madrileño y el venezolano no pasa por mexicano, aunque todos
se entienden.

Examinemos ahora el desarrollo histórico de un conjunto de
rasgos fonológicos que hoy en día ayudan a diferenciar entre:

(1) el español del norte y el del sur de España,
(2) el español de España y el de América,
(3) el español de las costas y el de las sierras americanas.

6.1.1 Sibilantes. En 1492 la lengua castellana tenía tres
series de SIBILANTES, como se ve en las primeras cinco
columnas del siguiente cuadro.[2] En la época del descubrimiento de América (Columna V), la palabra çinco aún no se
pronunciaba con la /θ/ moderna del norte de España, sino
con /ç/, sonido parecido a la /s/ moderna (llamada S
ANDALUZA) del sur de España y de la mayor parte de
América, o tal vez con la antigua africada /tç/. Dezir se
pronunciaba con /z/, o sea con ç sonora, como en inglés
reason, francés raison, o tal vez con /dz/.

En 1492 classe se decía en toda España con la misma /ś/
(llamada S CASTELLANA, sibilante apicoalveolar cóncava) que
se da hoy solamente en el norte. Esta /ś/ se diferenciaba
de manera sistemática de la /ç/ de çinco. Además,

109

EL DESARROLLO DE LAS SIBILANTES ESPAÑOLAS

I	II > ESPAÑOL ANTIGUO siglos XII-XIV	III ESCRITO	IV COMO EN	V PARA 1492	VI PARA 1550	VII SUR DE ESPAÑA PARA 1650	VIII NORTE DE ESPAÑA	IX SUR DE ESPAÑA PARA 1700
LATIN								
quinque	tɕ	ç	çinco	ç (o tç)	ç		θ	s inicial
dīcĕre	dz	z	dezir	z (o dz)				{ s / h / ø } finales
classe	ŝ	ss	classe	ŝ	ŝ	s	ŝ	
causa	ž	s	cosa	ž				
dīxī	ŝ	x	dixe	ŝ	ŝ	x > h	x	h
{ jūrāre / ŏcŭlu	ž	j (i)	jurar / ojo	ž				

la /ź/ de cosa tenía la misma articulación que la /ś/, pero era
sonora. Este sonido existe todavía, principalmente en el norte
de España, pero solamente ante otra consonante sonora, en
palabras como desde, mismo, y no como fonema aparte.
En las dos últimas filas de la Columna V, vemos que en 1492
dixe se pronunciaba /diše/ (Regla 8) y que jurar y ojo tenían
/ž/ (Reglas 7, 23, 24).

Había, pues, en el español llevado al Nuevo Mundo en las
primeras embarcaciones, seis fonemas sibilantes--seis 'eses'
funcionalmente distintas. Dos rasgos lingüísticos servían para
distinguir entre las sibilantes antiguas. Estos eran su LUGAR
DE ARTICULACION en la boca (/ç z/ vs. /ś ź/ vs. /š ž/) y
su SONORIDAD (/ç ś š/ vs. /z ź ž/). En menos de cincuenta
años, tal vez en no más de treinta, la norma popular para la
pronunciación de las sibilantes cambió y produjo la pérdida de
la distinción entre sibilante sorda y sonora. Ya no se hacía
diferencia sistemática entre /ç/ y /z/, /ś/ y /ź/, /š/ y /ž/.
Las seis sibilantes quedaron reducidas a tres, como se ve en
la Columna VI.[3]

La COALESCENCIA o NIVELACION de las sibilantes sordas y
sonoras se efectuó tan rápidamente en toda la Península que
no dejó que las sonoras se arraigaran en el Nuevo Mundo,
donde apenas había comenzado la colonización y la introducción
de la lengua española. Por otra parte, los sefardíes, expulsados de España en 1492, retienen hasta en el judeoespañol
moderno la distinción antigua entre sibilantes sordas y sonoras
(/ś-ź/, /š-ž/).

Para 1650, en el sur (Columna VII), la /ç/ de çinco, dezir
se combinó con la /ś/ de classe, cosa; los dos fonemas se
nivelaron en /s/. En el norte no hubo nivelación (Columna
VIII); la /ś/ permaneció como /ś/, pero la /ç/ perdió su
cualidad de sibilante y se convirtió en /θ/. Es decir, la
oposición actual en el español del norte de España no es entre
/θ/ y /s/ sino entre /θ/ y /ś/. La antigua /ç/ sobrevivió
(como /s/) sólo en el sur; su articulación moderna es dental
(como lo era antiguamente) o alveolar. El fenómeno de la
nivelación de /ç/ y /ś/ se llama SESEO; el seseo es la norma
en Andalucía y en América.[4]

Según la cronología conocida respecto a la pérdida de las
sibilantes sonoras, éstas deben haber llegado al Nuevo Mundo.
Sin embargo, no tuvieron tiempo suficiente para arraigarse,
debido a su desaparición en la lengua de la Madre Patria
antes del establecimiento de colonias permanentes en América.
Pero, ¿por qué es desconocida en el habla natural de América
la distinción entre /θ/ y /ś/?

Según una teoría, la respuesta es muy sencilla: la distinción se daba sólo en el norte de España y no en Andalucía ni
en Canarias, zonas de donde procedió una gran parte de los
colonizadores. La TEORIA DEL ORIGEN ANDALUZ DEL
ESPAÑOL AMERICANO sostiene que la lengua de América no
procede directamente del castellano de Castilla sino del de

Andalucía, adonde el castellano había sido llevado en el último período de la Reconquista. Puesto que la /θ/ no formaba parte del habla del grupo predominante de colonizadores andaluces (y no existía antes del siglo XVII), la distinción entre los dos fonemas no pertenece al español de América.

Es evidente a los lingüistas que la lengua de América se parece en su fonología mucho más al castellano de Andalucía que al castellano de Castilla. Sigue aún una larga polémica que abarca varias generaciones de lingüistas e historiadores sobre los orígenes del español americano. Muchos lingüistas creen que el español de América es una continuación del español andaluz. Basan la teoría del origen andaluz del español americano en las observadas semejanzas lingüísticas (casi todas fonológicas--se estudian a continuación) y en los análisis de los documentos históricos que demuestran la procedencia andaluza de un porcentaje muy alto de los colonizadores de América. [5]

Los que se oponen a la teoría del andalucismo americano señalan los numerosos rasgos del español americano que no se encuentran en Andalucía y también los rasgos andaluces que no se dan en muchas partes de América. Alegan además que hay defectos metodológicos en los análisis estadísticos de la procedencia de los colonizadores tempranos (cuestiones del tamaño de la muestra estudiada). Estos investigadores mantienen que hay un desarrollo paralelo e independiente de las dos variedades del castellano.

No cabe duda de que el español de América comparte muchos rasgos con el de Andalucía (y Canarias) que lo diferencian del español del norte de España; queda aún determinar por qué. [6] El tratamiento de varios fenómenos en este capítulo se basa en la teoría del andalucismo americano.

Rasgo importante del español de Andalucía a partir del siglo XVIII es la pérdida o aspiración de la /s/ final de palabra o de sílaba (Columna IX). La pronunciación de estas mesas vacila entre, por ejemplo, [éstas mésas], [éhtah mésa] y [ésta mésa]. En el norte de España también existen estos tratamientos de la /s/ final, pero están más arraigados en el sur. Dado que la población colonial americana provino principalmente de Andalucía, es tal vez natural que se encuentre en regiones de América los mismos tratamientos de la /s/. Y éstas son las regiones que más contacto tuvieron con Andalucía a partir del siglo XVIII.

Es decir, los colonos que habitaron en las costas americanas mantuvieron a través de las rutas marítimas el contacto contínuo con el español cambiante del sur de la Madre Patria. Según la teoría del andalucismo del español americano, las últimas modalidades del habla andaluza, como la aspiración de la /s/, no tardaban sino un par de meses en llegar a las orillas del Nuevo Mundo.

Por otra parte, los colonizadores que se establecieron en las regiones montañosas de México, Centroamérica y la América del

Sur permanecieron allí relativamente aislados de España y de
sus cambiantes condiciones lingüísticas. La retención de la
/s/ final en Lima, Bogotá, San José y México (por ejemplo)
representa la conservación de un rasgo arcaico en regiones
de América que son, por lo tanto, lingüísticamente conserva-
doras.

Así es que en el siglo XX se pierde o se aspira con cierta
regularidad la /s/ final en casi todas las comarcas costeñas y
antillanas de América, mientras que se conserva con regularidad en casi toda la sierra. Los datos sobre la cronología y
geografía de estos cambios históricos y de los que se estudian
a continuación contribuyen a nuestra comprensión del desarrollo
de las variaciones dialectales en los dos continentes.

6.1.2 La jota. Después de las sibilantes, la 'jota' es uno
de los rasgos más sobresalientes que caracterizan las varias
modalidades del español peninsular y americano. Como indica
el cuadro de las sibilantes, la jota, como en <u>jurar</u>, <u>ojo</u>, tiene
pronunciación velar [x] en el norte de España; en Andalucía
su desarrollo siguió y resultó en [h]. En América también
se encuentran las dos pronunciaciones; la que predomina en
la zona del Caribe y en las costas norteñas es la [h]
(¿andaluza?). Todo el sur de Sudamérica y algunas partes
de la sierra en el resto de Latinoamérica pronuncian variedades
de la [x].

6.1.3 Lleísmo y yeísmo. Otro rasgo fonológico de suma
importancia para el estudio de la dialectología hispánica moderna
es la pronunciación de los sonidos que corresponden a las
letras <u>ll</u> y <u>y</u>. En algunas comarcas de los dos continentes la
<u>ll</u> y la <u>y</u> representan sonidos distintos, y se distinguen en la
pronunciación de frases como <u>Juan se calló</u> y <u>Juan se cayó</u>
([kaʎó] vs. [kayó], [kaʎó] vs. kaŷó], [kažó], vs. [kayó], o
[kažó] vs. [kaŷó]). En muchas regiones, notablemente el
sur de España y partes del norte, además de todas las costas
americanas y la mayor parte del interior, ll y y suenan igual:
([kažó], [kašó], [kaŷó], [kayó], o [kaʎó]). Las áreas de
distinción se llaman LLEISTAS; las de nivelación son YEISTAS.

El tratamiento de las sibilantes (incluyendo la /s/ final), la
pronunciación de la 'jota', y el LLEISMO o YEISMO figuran
entre los muchos rasgos lingüísticos que unen y a la vez
diferencian los dialectos de la lengua española en los dos continentes. Parecen corresponder en gran medida a etapas en
la evolución del español andaluz de los siglos XVI, XVII y
XVIII y a la accesibilidad de cada región americana a las influencias de la Madre Patria.[7]

6.1.4 **Influencia indígena.** La pronunciación del español americano ha sido objeto de intenso estudio desde fines del siglo XIX. En los últimos años de ese siglo, el alemán Rodolfo Lenz llegó a Chile y se puso a describir las características principales--y, para él, peculiares--del español chileno. Dada la escasez de estudios dialectales del español americano y peninsular y la formación académica europea de Lenz, era tal vez natural que él buscara las fuentes de las pronunciaciones divergentes chilenas en la principal lengua indígena de ese país, el araucano. Lenz escribió que el habla de las clases bajas de Chile "es principalmente español con sonidos araucanos."[8] Lo que Lenz no sabía era que las mismas pronunciaciones de las consonantes españolas se oían no sólo en Chile sino en diversas regiones de América, lejos de Chile y de toda influencia araucana. Aún más importante es el hecho de que todas las pronunciaciones americanas de las consonantes y vocales españolas se encuentran también en alguna que otra comarca de España.[9]

A la luz de tales descubrimientos sobre la pronunciación del español, la teoría indigenista de Lenz ha ido desmoronándose casi desde su publicación. Sin embargo, la cuestión del posible sustrato indígena en la pronunciación del español americano sigue llamando la atención, pues hay que explicar individualmente cada caso "sospechoso" de semejanza entre la pronunciación del español de una determinada región y los sonidos de la lengua indígena. Tal vez en la entonación se encuentre algún caso incontrovertible de influencia indígena.[10]

6.2 **El cambio lingüístico**

6.2.1 **Tipos de cambio.** Podemos dividir los cambios lingüísticos en tres categorías según la fuente del cambio.

6.2.1.1 **Cambios de origen extranjero.** Se presentaron muchos ejemplos en el Capítulo Dos. Además de los cambios fonológicos mencionados en aquel capítulo como posibles o probables resultados del influjo vasco, cabe mencionar que algunos lingüistas sostienen que el influjo fonológico del vasco fue enorme. André Martinet señala que,

Entre las lenguas románicas actuales, sorprende el español por la extraordinaria sencillez de su sistema fonológico. No hay entre ellas ninguna otra que se contente con sólo cinco vocales y que tenga menos fonemas que letras presenta el alfabeto latino.

Martinet procura demostrar que,

Durante toda la Edad Media, el castellano ... parece haber seguido la vía común [de las lenguas romances occidentales] .... Al comienzo de los tiempos modernos, se ponen de

manifiesto cierto número de cambios fonéticos. Primeramente
fue la substitución generalizada de f por h. Después, en
la segunda mitad del siglo XVI y primeras décadas del siglo
XVII, una serie de cambios revolucionarios: b y v dejan de
distinguirse, tres fonemas sonoros se confunden con los
sordos correspondientes, y el sistema fricativo es objeto
de una reorganización radical. En menos de un siglo, el
sistema consonántico de la lengua parece haber sufrido
cambios más profundos que en el curso del milenio precedente.... Tales cambios desvían a dicha lengua de manera
violenta, y súbita al parecer, de la línea románica tradicional.... Una confusión de fonemas sonoros y sordos no
limitada a la posición final de palabra es un fenómeno
bastante extraordinario en romance.... Habremos de expli-
carlo sin duda como el resultado de tendencias idénticas ...
en [los dos lados] de los Pirineos.[11]

6.2.1.2 Cambios debidos a factores sociales. Vimos (5.1.5)
un ejemplo importante de la estigmatización en el desarrollo de
los pronombres de tratamiento directo tú, vos, usted y ustedes.
En este caso una forma se desfavoreció y fue suplantada por
otra cuando se asoció con las clases más humildes de la sociedad
española y marcó al locutor como miembro de ese grupo.
De igual modo, un cambio puede extenderse con gran rapidez
de un pequeño grupo de hablantes a las otras capas sociales
sobre todo si el grupo que originó el cambio goza de gran
prestigio o influencia social. La popularización del ensordecimiento y de la coalescencia de los fonemas sibilantes, cambios
tan radicales en el sistema fonológico, se efectuó con gran
rapidez una vez fueron aceptadas como la norma en las cortes
de Madrid y de Toledo.[12]
La diseminación de los cambios se entiende mejor a la luz de
la siguiente explicación de los cambios rápidos que propone
William Labov:

Se sugiere que un cambio lingüístico empieza cuando uno
de los muchos rasgos característicos de la variación en el
habla se extiende a través de un subgrupo específico de la
comunidad lingüística. Entonces este rasgo lingüístico
asume cierta significación social que simboliza los valores
sociales pertenecientes a ese grupo.... A la larga la con-
sumación del cambio y la mudanza de la variable al status
de una constante se acompañan por la pérdida de cualquier
significación social que el rasgo poseyera.[13]

Otros trueques resultan de tendencias (inglés drift) que
parecen llevarse a cabo poco a poco y abarcan muchas
generaciones en el proceso de generalizarse.
La influencia del alfabetismo y de las academias de la lengua
es en realidad poquísima, aunque sirve en ciertos casos como

fuerza conservadora que retarda algunos cambios superficiales en la lengua culta. Hablaremos de la resistencia natural a los cambios más abajo en la sección sobre Impedimentos al cambio; la influencia de la Real Academia Española se discutirá en el Capítulo 7.

6.2.1.3 Cambios internos. Esta es la evolución propia del idioma dentro de los individuos que lo hablan, aunque, como veremos, no siempre es posible distinguir nítidamente entre las posibles fuentes de un cambio. Los cambios internos son el tema de la próxima sección.

6.2.2 Cambios internos. Como hemos insistido ya varias veces, los lingüistas no saben con seguridad cuáles son los procesos internos que hacen que las lenguas cambien continuamente ni cuáles serán los derroteros de los cambios futuros. En esta sección examinaremos varios ejemplos de la evolución lingüística del español a la luz de unos conceptos modernos del cambio interno.

6.2.2.1 Cambios introducidos por el niño en el aprendizaje de la lengua. El estudio de los procesos y mecanismos del cambio lingüístico constituye un tema de gran interés por la luz que pueda arrojar sobre el fenómeno del lenguaje en general y sobre el aprendizaje del lenguaje en particular.

Muchos lingüistas relacionan los cambios lingüísticos con el hecho de que las lenguas tienen que ser aprendidas nuevamente por cada generación. El lingüista puede observar pequeñas diferencias en el habla de una generación a otra, diferencias que normalmente no impiden la comunicación. Tradicionalmente se creía que el mecanismo de muchos cambios tenía que ver con la imitación imperfecta del habla de una generación por los niños de la próxima. Ultimamente este concepto ha sido modificado para concordar mejor con las nociones actuales sobre la naturaleza del lenguaje y de su adquisición por los niños.

La lingüística moderna tiene como tesis fundamental que el niño no aprende su lengua meramente imitando a los que él oye, sino que usa los datos lingüísticos oídos para formular "hipótesis" sobre la estructura de la lengua. Las hipótesis, se cree, toman la forma de "reglas lingüísticas." Hay mucha evidencia para apoyar esta teoría. Oímos a un niño de dos o tres años decir, por ejemplo, *yo cabo. Si el niño aprendiera principalmente por imitación, entonces diría yo quepo, como lo dicen los adultos que lo rodean. Sin embargo, el niño dice *cabo por la abrumadora evidencia de otras formas verbales que lo llevan a pensar que la raíz de este verbo es cab-, a la cual se le agrega -o para hablar de sí mismo. (Tradicionalmente se dice que el niño produce *cabo por analogía con las formas regulares.) El niño formula su hipótesis en base a los

datos que oye y a la necesidad humana de buscar orden y
estructura en el aparente caos de la producción verbal de sus
interlocutores. Mediante sus hipótesis, el niño formula reglas
que producen la forma lingüística regularizada *cabo y de-
muestra sus "conocimientos" parciales del sistema morfológico
de la lengua. Y no importa cuántas veces la gente le corrija
su palabra juvenil, el niño no la suelta hasta que se convence
de que su hipótesis está al menos parcialmente errónea y de
que tiene que formular una o más reglas aparte para producir
la forma anómala quepo.

Ahora bien, vamos a suponer que en alguna futura generación los adultos no insisten tanto en la forma "correcta" y que
los niños llegan a ser adultos que dicen cabo en situaciones
familiares. Sabrán como adultos que la forma tradicional y la
usada por los "ancianos" es quepo y la usarán en las circunstancias consideradas como apropiadas para la forma tradicional
(al escribir o al hablar en ciertas ocasiones). Diríamos que en
esta generación los hablantes tienen en su gramática personal
dos reglas (o dos juegos de reglas) que les permiten producir
la forma adecuada de la primera persona singular del presente
de indicativo de caber--quepo o cabo--según el nivel de uso.

Pero esta generación no se molesta con corregir a sus hijos
cuando éstos dicen cabo, porque ya no "suena mal." Los
hijos tendrán que aprender a usar quepo en la escuela porque
no se oye mucho fuera de ella.

En la siguiente generación la distinción entre quepo y cabo
es considerada como un arcaísmo. Ya no se enseña ni en la
escuela. En una futura generación se olvida de quepo; el
cambio lingüístico está completo.

Muchos lingüistas sostienen que el cambio no está en las
palabras cabo o quepo en sí. El cambio donde ha tenido lugar
es dentro de los hablantes de la lengua. La primera generación tiene una regla especial para la producción de quepo e
intenta suprimir el proceso natural de los niños de sobre-
generalizar y tratar de simplificar su gramática personal.
Las siguientes generaciones tienen dos reglas; éstas se aplican
según el nivel de uso. El cambio se completa cuando quepo
está olvidado y los de las futuras generaciones necesitan una
sola regla para generar cabo como la única forma posible.

Cabe mencionar que si el cambio empieza o se acaba en un
grupo de hablantes primero que en otro, resulta una diferencia
dialectal en la lengua. Los dialectos pueden tener, pues, una
base generacional, social, geográfica, ocupacional, de sexo,
etc. ¿Conoce Vd. alguna persona que diga haiga por haya:
Dudo que él haiga llegado? ¿Será una persona de edad muy
avanzada o que venga de una región rural? ¿En qué generación está Vd. con referencia a haiga? Si acaba de aprender
esta forma, no deje de marcarla en su gramática como de uso
[rústico] y [arcaico]. ¿Qué otras formas reconoce Vd. como
arcaismos en el habla de la gente mayor? Y ¿qué opinarán
los bisnietos de nuestro quepo? ¿Rechazarán nuestro trajiste

con el mismo criterio de modernismo que nosotros aplicamos al trujiste de los que nos precedieron?

Los cambios introducidos por los niños no son, pues, meras imperfecciones en el aprendizaje de una lengua. En muchos casos hay una simplificación o regularización en las reglas fonológicas o morfosintácticas. En el caso de cabo se elimina una anomalía morfológica mediante la simplificación de reglas. Con estos antecedentes, trate Vd. de explicar por qué dicen muchos niños *dicir por decir. ¿Qué le sugiere la explicación en cuanto a la relativa importancia del infinitivo y de las formas conjugadas para la adquisición de la alternancia vocálica en la raíz de este verbo?

6.2.2.2 La reestructuración. Veremos ahora otra simplificación, esta vez fonológica, del tipo considerado por muchos lingüistas como el cambio más básico en la evolución interna de las lenguas. Este cambio influye en la "representación fonológica" de todas las palabras que tienen los sonidos afectados. Hay tres estadios: (1) la adición de una regla, (2) la pérdida de reglas y (3) la reestructuración de la representación fonológica de las palabras en la gramática personal de los miembros de la próxima generación.[14]

Hacia 1492 el español tenía seis fonemas sibilantes (6.1.1). Para caracterizar la manera en que se distinguía entre las palabras con una sibilante sorda y las que tenían una sibilante sonora, decimos que los hablantes del español se servían de una regla en su gramática que "marcaba" las palabras que tenían una sibilante sonora con un rasgo distintivo [+ sonora]:

oso (del verbo osar 'atreverse') vs. osso ('oso, animal grande')
    [óźo]   [óšo]
$$\begin{bmatrix} + \text{ sibilante} \\ + \text{ sonora} \end{bmatrix} \qquad\qquad [+ \text{ sibilante}]^{15}$$

Después, cuando la diferencia entre sibilante sorda y sonora estaba ya en proceso de desaparecer, estos mismos hablantes adquirieron una regla que modificó las palabras con la sonora para hacerlas iguales a las palabras con la sorda original.

Es decir, el individuo no pierde la regla original que agregaba la sonoridad a todas las palabras con la sibilante sonora, sino que, creemos, necesita agregar otra regla a su gramática para cancelar los efectos de la primera. Podemos decir, pues, que este individuo, un adulto, ya tiene en su gramática complicaciones innecesarias (o sea, una regla que cancela los efectos de otra). La sibilante ya sorda en oso se puede representar ahora en dos pasos:

[óšo]

(1) $\begin{bmatrix} + \text{ sibilante} \\ + \text{ sonora} \end{bmatrix}$ (producto de la regla original que marcaba la sonoridad)

(2) [- sonora] (producto de la regla agregada para quitar
la sonoridad).

Pero la próxima generación no sabe de las antiguas sibilantes
sonoras; no tiene ni la regla original que producía la sonoridad
en miles de palabras ni la regla que se la quitaba, puesto que
todas las sibilantes ya son sordas. Su gramática es, en este
respecto, óptima por su sencillez. Se dice que la gramática
de esta generación ha experimentado una REESTRUCTURACION.
Esto significa que las palabras que los niños aprenden tienen
una "representación fonológica" diferente a la que tenían para
las generaciones anteriores y que las reglas que especifican la
forma fonológica de la palabra no son las mismas de antes.
El tipo de cambio que resulta en la reestructuración y simplificación se considera como un tipo de cambio básico e importante en las lenguas del mundo. No se debe creer, sin embargo, que la gramática personal de una generación sea
necesariamente más sencilla que la de la generación anterior,
pues ya para cuando los niños sean adultos habrán tenido que
acomodar a su gramática los cambios ocurridos durante su vida.
El habla de una comunidad lingüística no es uniforme; representa más bien un mosaico inestable de patrones confluyentes.
Las lenguas vivas, recordemos, nunca dejan de evolucionar.
Además, la simplificación en un área como la morfología puede
conllevar complicaciones compensatorias en otra área como la
sintaxis.[16]
Debemos notar también que en realidad puede ser imposible
distinguir entre las fuentes extranjeras, sociales e internas de
los cambios lingüísticos. El ensordecimiento de las sibilantes
tuvo sus orígenes en Castilla la Vieja y se completó allá en la
primera mitad del siglo XVI. Martinet, como ya señalamos,
concluye, después de llevar a cabo una comparación del sistema
de sibilantes del vasco con el del castellano, que el ensordecimiento de las sibilantes españolas se debe al influjo del
sustrato vasco.
Fuera en primer lugar de origen interno o extranjero, el
ensordecimiento de las sibilantes llegó a ser la norma en las
cortes de Madrid y de Toledo en el último tercio del siglo XVI.
Con el ímpetu social del prestigio de la corte, el cambio se
diseminó en el mismo siglo al resto de España y a América.[17]

6.2.2.3 **Campos de dispersión.** En la obra ya citada,
Martinet sostiene que muchos cambios internos se deben a que
cada fonema (sonido distintivo) tiene alrededor de él un
CAMPO DE DISPERSION--su territorio, si quiere, o el blanco
al que los sonidos tienen que dar en su articulación. Alrededor
de cada campo de dispersión hay un "margen de seguridad
representado por una especie de tierra de nadie" (pág. 67).
Si por algún motivo dos campos se aproximan demasiado, se
inicia un cambio en uno o ambos fonemas. Hay dos soluciones

posibles: (1) se repelen los dos fonemas, como polos mag-
néticos iguales, de modo que uno de los fonemas cambie y se
reduzca la semejanza entre ellos, o (2) se combinan los dos
fonemas en uno.

Usaremos el modelo de Martinet para explicar (en términos
muy generales) por qué la /ç/ se convirtió en /θ/ en el norte
de España y por qué la /ç/ se combinó con la /ś/ en el sur.
(El cambio no tiene que ver con ningún rey de España que
ciceara ni con que sus súbditos lo imitaran como seña de
respeto; ese cuento es un cuento, nada más.)

Antiguamente, la sibilante en çinco se pronunciaba como
africada dental; es decir, çinco era /tçínko/. /tç/ se
articulaba colocando el ápice de la lengua contra los dientes
superiores. Después se prescindió del elemento oclusivo [t]
y /tç/ dio /ç/, como en /çínko/.[18]

La pérdida del elemento oclusivo hizo que se acercaran
demasiado los campos de dispersión--las dentales habían
perdido el indicio principal que antes servía para distinguirlas
claramente de las alveolares. La diferencia en el lugar de
articulación (dental vs. alveolar) no era suficiente para
mantener aparte los dos fonemas.

La intrusión de /tç/ > /ç/ en el campo de dispersión de /ś/
resultó intolerable para el sistema fonológico de la lengua. En
el norte de España la /ç/ se hizo /θ/ ciceada (perdió su sibi-
lancia), distándose lo suficientemente de la /ś/ para mantener
y fortalecer la separación de los dos fonemas. Esta es la
primera solución indicada más arriba.

En el sur de España, la /ç/ y la /ś/ tampoco pudieron
mantenerse, pero aquí se realizó la segunda solución: se
combinaron los dos fonemas en uno, /s/.

6.2.2.4 La fuerza fonológica.

Recientemente James Foley ha
usado el concepto de la fuerza fonológica para explicar de un
golpe una gran variedad de cambios en muchas lenguas del
mundo.[19] Examinaremos a continuación unos elementos de la
explicación de Foley de los cambios principales que afectan a
p, t, k, b, d, g entre vocales, del latín hasta el español
moderno.

En la Regla 11 vimos que en la serie de oclusivas sonoras
latinas b, d, g, el lugar de articulación parece ser un factor
en la retención o pérdida de estas consonantes: entre más
avanzado el lugar de articulación de la consonante, más
posibilidad hay de que se conserve en español.

Es decir, g, con mayor propensidad a perderse al pasar
del latín al español, es, según Foley, más débil fonológicamente que b:

```
g        d        b
———————————————————▶
fuerza fonológica
relativa
```

El concepto se aplica no sólo al español sino a otras lenguas
no relacionadas que tienen fenómenos de debilitamiento de g̲,
d̲, b̲ parecidos.
Continuando, sabemos que (1) las consonantes dobles latinas
se simplificaron (Regla 9):

| | kk | tt | pp | latinas (bŭcca, mĭttĕre, cŭppa) |
| dieron | k | t | p | españolas (boca, meter, copa) |

El proceso de cambio de consonante reforzada (en el caso del
latín, consonante doble) a consonante sencilla ejemplifica un
proceso de debilitamiento histórico en el que participan muchas
lenguas del mundo (no sólo las románicas o indoeuropeas).
Sabemos también que (2) las oclusivas sordas se sonorizaron
entre vocales:

| | k | t | p | latinas (amīca, vīta, sapĕre) |
| dieron | g | d | b | españolas (amiga, vida, saber). |

La sonorización de las consonantes sordas representa otro
debilitamiento histórico bastante común en las lenguas del
mundo.
Hemos visto que las dos consonantes en bebo no suenan
igual en español. Tampoco suenan igual las de dedo ni las
de gago (3.2.1). La primera consonante en cada palabra es
oclusiva--se interrumpe totalmente el flujo del aire en la boca.
La segunda consonante, en posición intervocálica, es fricativa
--el aire se obstruye pero sigue fluyendo de la boca.
Ahora bien, hay una regla en el español (no estudiada
anteriormente) que dice que (3) las oclusivas sonoras españolas
se hacen fricativas entre vocales:

| | g | d | b | españolas (amiga, vida, saber) |
| se pronuncian | γ | δ | β | españolas (amiγa, viδa, saβer) |

Como cada serie representa el debilitamiento de las consonantes de la serie anterior, podemos ordenar estas consonantes
en una pequeña tabla. Las flechas y los números indican la
fuerza fonológica relativa de las consonantes: pp es más
fuerte fonológicamente que tt en la escala horizontal, b̲ es
más fuerte que β en la escala vertical, etc.

4	kk	tt	pp
3	k	t	p
2	g	d	b
1	γ	δ	β
	1	2	3

La tabla sugiere la dirección de los futuros cambios en las
oclusivas: Foley asevera, por ejemplo, que si tt se debilita

en t y si la t original cambia, ésta dará d; y b no puede debilitarse en β sin que primero se hayan debilitado g y d en γ y δ, respectivamente.

Como el mismo esquema se aplica a los cambios en las oclusivas de una variedad de lenguas (aunque los cambios no van necesariamente en las mismas direcciones que en español), el concepto de la fuerza fonológica nos permite comprender todo un juego de trueques que tuvieron lugar en español en base a unos pocos principios de cambio lingüístico ampliamente difundidos, tal vez universales.

6.2.2.5 Reacción en cadena: tener → haber → ser → estar. En el español medieval tener y haber no se distinguían como hoy. Los dos indicaban posesión; haber significaba 'obtener, conseguir', mientras que tener señalaba la posesión durativa, como se ve en el romance de Rosa Fresca:

> Cuando vos tuve en mis brazos
> no vos supe servir, no,
> y agora que os serviría
> no vos puedo haber, no.[20]

En el siglo XVI tener fue haciendo incursiones en el campo semántico de haber. Se borró la diferencia entre los dos verbos transitivos. (Verbo transitivo es uno que se usa con objeto directo.) Yo he un sombrero y Yo tengo un sombrero resultaron sinónimos.

Por fin tener desplazó a haber como verbo transitivo. A haber sólo le quedaron sus antiguas funciones de verbo auxiliar. Una de esas funciones era la de verbo auxiliar en los tiempos compuestos: nos han dexado solos; han ido.

Antiguamente, haber compartía unas funciones auxiliares con ser: los dos se usaban en los tiempos compuestos de los verbos intransitivos. Se decía indistintamente han ido o son idos, has llegado o eres llegado. Ahora bien, cuando tener desplazó a haber en los usos transitivos que compartían, se formó una reacción en cadena y en los mismos siglos XVI y XVII haber desplazó a ser como verbo auxiliar en los tiempos compuestos.

Continuó la reacción en cadena. Ser y estar habían alternado como auxiliar en la voz pasiva y para expresar el estado resultante de una acción: no se distinguía sistemáticamente entre es escrito y está escrito, es hecho y está hecho. A partir de los siglos XVI y XVII, la función de auxiliar pasivo fue asumida por ser y la de expresar el estado resultante de la acción pasó exclusivamente a estar: La puerta fue cerrada por el guardia (pasiva) vs. No se puede entrar porque la puerta está cerrada (estado resultante).

Antiguamente, ser y estar alternaban también en la expresión de situación o posición local. En el Poema de Mio Cid leemos

que "burgeses y burgesas por las finiestras sone." Como otro
elemento de la reacción en cadena (es una "cadena de propulsión"), ser perdió esta función y le tocó a estar exclusivamente: Están aquí; ¿A cuántos del mes estamos?

Puesto que los cambios en los campos semánticos de estos
cuatro verbos tuvieron lugar en el mismo período, es tal vez
imposible determinar el verdadero orden de los desplazamientos.
El análisis sugerido más arriba no es el único posible. Si el
campo de ser penetró en el de estar como el primer paso,
entonces haber debió de haber rellenado el espacio dejado por
ser, lo que habría atraído a tener en una "cadena de tracción":

	tener	haber	ser	estar
movimientos	C ⟶	B ⟶	A ⟶	D

De igual modo, la reacción en cadena pudo haber empezado
con el movimiento de haber hacia ser.[21]

Como vemos en el caso de estos cuatro verbos, no todos los
cambios conducen a la simplificación; aquí se agregaron res-
tricciones sintácticas que anteriormente no existieron. Por
un lado, se cree que el hablante tiende a construir la gramática
más sencilla y económica posible, pero por otro lado el hablante
parece enfrentarse a las necesidades del interlocutor que exige
un máximo de claridad e información lingüística en el mensaje
transmitido.

6.2.3 Impedimentos al cambio

6.2.3.1 Frecuencia del uso.
Uno de los factores que im-
piden el cambio y la simplificación es la frecuencia con que
ocurre una forma irregular. Así es que los verbos más
comunes siguen siendo irregulares:

soy, eres, es, era, fue
voy, iba, fue
digo, dices, dije, dirá,
estoy, estás, estuve, etc.

Por otra parte, los verbos menos corrientes tienden a regulari-
zarse: se oye andó por anduvo, pero nadie dice *estó por
estuvo.

6.2.3.2 Resistencia y reacciones al cambio lingüístico.
No
debemos creer por un momento que el lenguaje de una comunidad sea homogéneo entre los hablantes. Ciertos individuos y
grupos son más innovadores o más conservadores que otros,
pues los cambios no proceden uniformemente. En cada comunidad existen distintas formas de la misma lengua. Las alternancias y la pluralidad de normas pueden corresponder a factores

generacionales, culturales, ocupacionales, geográficos, de sexo,
etc. Examinaremos a continuación unos ejemplos de tal hetero-
geneidad en español.

Los comienzos de un cambio se señalan por la vacilación en
el uso. ¿Dice Vd. trajiste o traíste? La segunda forma manifiesta la incipiente regularización de este verbo y es bastante
común en el español del Caribe. ¿Se tradujo la novela o se
tradució la novela? Si Vd. usa la palabra café como nombre
de color, ¿prefiere mantenerla como sustantivo, como en tiene
los ojos café, o la convierte en adjetivo con concordancia entre
ojos y café: tiene los ojos cafés? Y ¿prefiere Vd. omitir el
artículo, tiene ojos café, o bien tiene ojos cafés? ¿Sigue Vd.
las normas antiguas para la inclusión del artículo en los
topónimos: La Argentina es un país grande o Argentina es
un país grande; la China, la India, el Ecuador, los Estados
Unidos, etc., o China, India, Ecuador, Estados Unidos? Si
hay vacilación en su habla, ¿bajo qué circunstancias usaría
Vd. la forma tradicional con el artículo y cuando usaría la
forma de introducción más reciente?

En muchos casos un cambio lingüístico parece originarse en
una región en particular. En el español de las Américas, el
Caribe ha sido la región más innovadora, tanto en la sintaxis
como en la fonología. ¿Qué tal le parece el orden de las
palabras en la pregunta ¿Dónde tú vives? o en ¿Por qué
Carmen y Luz María están llorando? Fuera del Caribe, esta
estructura encuentra mucha resistencia; se burlan del caribeño
que habla así. Sin embargo, tales preguntas son naturales y
muy arraigadas en el español de esta región. [22]

¿Cómo le suena el uso del sujeto con el infinitivo en las
oraciones Tienes que arreglar el carro para yo usarlo y
Cerraron la tienda antes de yo llegar? Esta estructura también es corrientísima en el español del Caribe. No hay
ninguna evidencia de que se deba al influjo de otra lengua, a
pesar de que muchos acusan al caribeño de dejarse influir
excesivamente por el inglés. (Si este uso resultara de la
interferencia sintáctica del inglés, no se diría para yo usarlo
sino *para mí usarlo.)

Hay que advertir que no todas las vacilaciones señalan
claramente la presencia de un cambio en progreso o de un
cambio próximo a llevarse a cabo. ¿Dice Vd. Conocí a Roma
o Conocí Roma, Cortés fundó a Veracruz en 1519 o Cortés
fundó Veracruz en 1519, Visité a La Habana o Visité La Habana?
Según el Esbozo de una nueva gramática de la lengua española
de la Real Academia Española se usa la preposición a con el
complemento directo "con nombres propios que no sean de
personas o animales, cuando no lleven artículo: He visto a
Cádiz; Deseo ver a Roma; pero Atravesó el Ebro; César pasó
el Rubicón; He visto la Coruña. Sin embargo, con nombres
de países, comarcas y ciudades ha existido en todas las
épocas gran vacilación" (pág. 372).

Otro ejemplo de una vacilación de larga duración es el uso de le vs. lo como pronombre masculino de objeto directo. En España lo se usa como objeto directo, menos cuando se refiere a una persona masculina; en este caso se dice le: lo vi (el plato) pero le vi (al profesor). En el español americano la regla que especifica el uso de lo es más general y se aplica indistintamente a objeto o persona: lo vi (el plato) y lo vi (al profesor). Sin embargo, en partes de América hay mucha vacilación y alguna gente cree que le en estos ejemplos "suena más fino." El uso de le como pronombre de objeto directo representa una complicación gramatical, pues hasta el siglo XVI, lo, proveniente de los acusativos latinos 'illum y 'illud, era la norma (véanse los apartados 5.1.4 y 5.1.6). La lengua moderna se queda con dos normas consideradas como "correctas."

En muchos casos de polimorfismo (pluralidad de formas) sólo una de las normas es admitida por la Real Academia Española y por las escuelas. En la conjugación de los verbos en segunda persona singular, solamente el pretérito carece de la -s final que marca las formas de esta persona:

presente	hablas
imperfecto	hablabas
futuro	hablarás
condicional	hablarías
pretérito	hablaste

Es natural que el hablante generalice la regla que agrega la -s para eliminar la única excepción, y, a pesar de las instancias académicas en la forma histórica (y anómala) sin -s, muchísimas personas dicen hablastes, etc., y están convencidas de que ésta es la forma correcta. Quedan, en efecto, dos normas populares.

En el siglo I ó III dC se publicó una lista anónima de 227 vocablos "incorrectamente" dichos y escritos por el pueblo (es decir, 227 ejemplos del latín vulgar donde éste difería del latín clásico), junto con su forma clásica "correcta." Algunas muestras del *Appendix Probi* aparecen a continuación. ¿Puede Vd. relacionar los citados errores con los cambios lingüísticos estudiados ya en este libro?[23]

speculum non speclum	alium non aleum
masculus non masclus	mensa non mesa
vetulus non veclus	auctor non autor
baculus non vaclus	capitulum non capiclum
columna non colomna	rivus non rius
avus non aus	tolerabilis non toleravilis
calida non calda	Sirena non Serena
vinea non vinia	passim non passi
ansa non asa	pridem non pride

camera non cammara   olim non oli
oculus non oclus   idem non ide

Ahora, ¿puede Vd. contribuir con algún ejemplo moderno a un "Appendix" del español actual? No incluya los extranjerismos, sólo los cambios internos de la lengua. He aquí unas ideas; trate de analizar el "error" en cada caso:

traduje no traducí
para ti no pa ti
hincarse de rodillas no hincarse
Ellas están medio locas no Ellas están medias locas
Se venden casas no Se vende casas
La obsequió con unas flores no Le obsequió unas flores
jugar al tenis no jugar tenis
Debe de ser la verdad no Debe ser la verdad
el agua no la agua
siete u ocho no siete o ocho
hablaste no hablastes
para que yo lo use no para yo usarlo
¿Dónde vives tú? no ¿Dónde tú vives?

Compare su contribución al "Appendix" con las de sus compañeros y trate de descubrir cuál es el cambio que tuvo lugar en cada caso (esto no será fácil). ¿Qué tal le parecen las formas tradicionales y las "vulgares"? ¿Considera Vd. la una o la otra como totalmente incorrecta o vacilaría en usarlas, tal vez según las circunstancias? ¿Puede Vd. pensar en ejemplos adicionales de incipiente o posible regularización, como *cabo y traíste? En el habla de su región y grupo social y generacional, ¿se ha llevado a cabo la regularización de todos los participios estudiados en (5.2.3.2)?

6.3 Conclusión. El estudio de la historia (lingüística u otra) no debe ser el mero relato de los hechos y sucesos observados y catalogados, sino también la explicación de las relaciones internas y externas que produjeran lo observado. Sin embargo, los conocimientos actuales de la naturaleza del lenguaje no permiten insistir fielmente (ni mucho menos) en que se ofrezcan explicaciones adecuadas de todos los cambios estudiados. Pero cabe tener presente que los cambios que describimos en términos de lo observado (por ejemplo, en términos fonéticos: p, t, k se sonorizan entre vocales y dan b, d, g; las sibilantes sonoras pierden su sonoridad; etc.) se consideran por muchos lingüistas como meros reflejos de superficie de los verdaderos cambios sistemáticos subyacentes que se producen en la competencia lingüística de los hablantes. El lingüista se empeña en proceder hacia la meta de explicar todo cambio lingüístico dentro de una teoría adecuada del lenguaje (teoría que aún no existe) y no se contenta con la mera descripción de los datos observados. Vamos acercándonos hacia tal meta; pero estamos aún muy lejos de ella.

6.4 Para contestar

1. Se pueden distinguir después del siglo XV dos estadios importantes en el desarrollo de las sibilantes en el norte de España y tres estadios en el sur. ¿Cómo se caracterizan los tipos de cambios que tuvieron lugar?

2. Describa la teoría del origen andaluz del español americano. ¿Por qué se oponen muchos lingüistas a esta teoría? ¿Cómo se explica según la teoría del andalucismo (a) la falta de distinción entre /θ/ y /ś/ en el español americano y (b) la pérdida o aspiración de la /s/ final en las costas americanas pero su retención en la sierra.

3. Explique cómo se diferencian a base del desarrollo de las sibilantes los dialectos españoles (a) del norte y sur de España, (b) de España y América y (c) de las costas y sierras americanas.

4. ¿Qué factores y conceptos erróneos condujeron a Lenz a formular su teoría indigenista? ¿Por qué han sido tan controvertidos todos los esfuerzos para atribuir a la influencia del sustrato--indígena o peninsular--elementos de la pronunciación española?

5. ¿Qué opinan André Martinet y otros sobre la fuente de la sustitución generalizada de f̱ por ẖ en español? ¿Qué otros cambios se atribuyen poṟ Martiṉet a la misma fuente? ¿Cuándo tuvieron lugar estos cambios?

6. ¿Qué papel pueden desempeñar la estigmatización y el prestigio social en la diseminación de los cambios lingüísticos?

7. Se presentaron en este capítulo cinco conceptos modernos sobre los procesos y mecanismos del cambio lingüístico interno. Explique y ejemplifique estos conceptos.

8. El lenguaje de una comunidad no es homogéneo ni en la gramática personal de los hablantes ni en las normas del uso lingüístico. ¿A qué factores puede corresponder la falta de homogeneidad? ¿Qué factores pueden darle ímpetu a la diseminación de un incipiente cambio, y qué factores pueden impedir su diseminación?

9. ¿Cómo se señalan los comienzos de un cambio? Dé algunos ejemplos morfológicos y sintácticos de cambios que el español parece estar experimentando hoy día. ¿Qué región geográfica es la más innovadora? Describa dos cambios sintácticos prevalecientes en esta región.

10. ¿Por qué es importante el *Appendix Probi* para nuestra comprensión de la historia de la lengua? ¿Tuvieron éxito al publicar el *Appendix*? ¿Por qué? Describa lingüísticamente algunos de los errores citados en el *Appendix*. Describa lingüísticamente algunos "errores" comunes en el español moderno que no se deban al influjo de otra lengua.

Notas

1. Se entiende por DIALECTO cada variedad geográfica o
social de una lengua, sin juicio o evaluación alguna para con
su aceptabilidad en los distintos estratos socioculturales y
educacionales de la sociedad. Ciertos dialectos gozan de mayor
prestigio. Esto se debe a varios factores, que incluyen los
siguientes:
(1) Los accidentes políticos de la historia, como fue el caso
de la dominación del dialecto romance castellano de la España
medieval y su subsecuente expansión al Nuevo Mundo como
lengua de colonización.
(2) El influjo de las letras: la gramática de Nebrija y las
obras literarias escritas en castellano, particularmente durante
la Edad de Oro de España, le han dado mucho prestigio a este
dialecto.
(3) El poder social, educativo y político de los hablantes y
escritores del dialecto prestigioso: los directores de periódicos
y escuelas y los miembros de las academias de la lengua pro-
mulgan, naturalmente, su propio dialecto "castizo".
Aunque tal prestigio hace que un dialecto en particular
forme la base o norma de la lengua nacional y literaria, ese
dialecto sigue siendo, desde el punto de vista lingüístico, nada
más que una de las variedades de la lengua.
La DIALECTOLOGIA es el estudio de los dialectos.
2. Sigo en esto principalmente aunque no exactamente a
D. L. Canfield (véase la Bibliografía). La segunda mitad de
este capítulo tiene más información sobre las sibilantes y sobre
la controversia de su desarrollo desde los comienzos de la
lengua.
SIBILANTE se refiere a sonidos estridentes como la [s].
También se llaman 'silbantes'.
En realidad había siete fonemas sibilantes, con la africada
ch. Puesto que (1) la ch no se comporta como las demás sibilantes españolas y (2) no participa en los cambios transcen-
dentales que afectan a las sibilantes a partir del siglo XVI,
generalmente se omite de las discusiones sobre el desarrollo
histórico de las sibilantes españolas. Con el fin de no ponerle
complicaciones innecesarias a la presente discusión, hablaremos
de 'seis' sibilantes históricas.
3. Algunos lingüistas atribuyen la nivelación de las
sibilantes sordas y sonoras al influjo del sistema fonológico
del vasco, lengua que tampoco tiene tal distinción. Entre las
lenguas romances occidentales, sólo el castellano carece de un
fonema sibilante sonoro. Hablaremos de las posibles causas
de la pérdida de la sonoridad de las sibilantes en los apartados
6.2.1.1 y 6.2.2.2.
4. En partes de Andalucía la /s/ (< /ç/) se pronuncia
ciceada [θ̣], pero no en oposición a /ś/. La [θ̣] es parecida
a la [θ], pero es mucho más suave y no necesariamente tiene
el mismo lugar de articulación interdental. Caza y casa son,

pues, [kaɣa], sin distinción. El fenómeno de pronunciar
ambos fonemas como [ɵ] se llama CECEO. La norma andaluza
no es, desde luego, el ceceo sino el SESEO: ambos fonemas
se pronuncian [s], y caza y casa salen [kása], sin distinción.
Hay, en efecto, tres soluciones al fenómeno de las sibilantes,
después de la pérdida de la sonoridad:

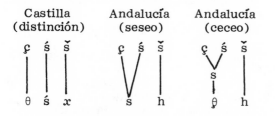

| Castilla | Andalucía | Andalucía |
| (distinción) | (seseo) | (ceceo) |

El seseo es la norma en América, aunque el ceceo sí se oye
en partes de Centroamérica, especialmente en El Salvador, y
en algunas áreas costeñas. La distinción entre /θ/ y /s/ se
da en América sólo en el habla afectada (y es "incorrecta,"
como vemos, pues la distinción en Castilla es entre /θ/ y /ś/).
   5. Según Peter Boyd-Bowman, *Indice geobiográfico de
cuarenta mil pobladores de América en el siglo XVI*, en el
período inicial de la colonización, entre los años 1493 y 1508,
los andaluces comprendieron el 60% de los inmigrantes españoles
al Nuevo Mundo, y en la década siguiente constituyeron el 37%.
   6. En su artículo titulado "El debatido andalucismo del
español de América" Angel Rosenblat presenta con claridad las
varias facetas de la teoría y de las críticas que se le han
hecho. Véase también el reciente aporte de Marcel Danesi,
"The Case for *Andalucismo* Reexamined." Otras obras se
mencionan en la Bibliografía.
   7. D. Lincoln Canfield, *La pronunciación del español en
América* y "The Diachronic Dimension of 'Synchronic' Hispanic
Dialectology."
   8. Rodolfo Lenz, "Para el conocimiento del español de
América," pág. 249.
   9. Con la probable excepción de la 'erre' velar puertorriqueña, sonido parecido o idéntico a la 'jota' velar del norte
de España. Esta pronunciación ha ganado terreno en Puerto
Rico en los últimos cincuenta años, y, aparentemente, se está
extendiendo a los otros países del Caribe. La 'erre' velar no
está documentada en el español peninsular; en el resto del
mundo luso-hispánico aparece sólo en el portugués brasileño
de Río de Janeiro.
   10. En poblaciones bilingües se documentan algunos influjos
de la lengua indígena. En el español andino del Perú y Ecuador, es evidente la transferencia del sistema trivocálico del
quechua, con la nivelación en español de /e, i/ en /i/, y
/o, u/ en /u/. La oclusión glotal que acompaña a las

consonantes sordas en el español de los indios bilingües de
Yucatán, México, se debe al influjo de su lengua maya.

11. André Martinet, *Economía de los cambios fonéticos*,
págs. 422-424.

12. Diego Catalán, "The End of the Phoneme /z/ in Spanish."

13. Uriel Weinreich, William Labov, and Marvin Herzog,
"Empirical Foundations for a Theory of Language Change,"
en Winfred Lehmann y Yakov Malkiel, compiladores, *Directions
for Historical Linguistics*, págs. 186-187.

14. Se reconocen varias clases de reglas. En la siguiente
discusión el término 'regla' se aplicará tanto a reglas inter-
pretativas (convenciones de marcadez) como a reglas fonológicas.

15. El lector perito reconocerá la insuficiencia de la representación aquí ofrecida. Se le remite al lector interesado al
Capítulo Siete de Harris, *Fonología generativa del español,* para
un tratamiento más adecuado.

Uno puede preguntar por qué la sibilante sorda se considera
como la más básica, es decir, por qué se le agrega sonoridad a
la [s] para representar la [z] en vez de quitarle la sonoridad
a la [z] para representar la [s]. La contestación es sumamente
complicada, pero tiene que ver en parte con que entre las
lenguas del mundo no hay ninguna que tenga /z/ que no
tenga también /s/, pero hay muchas que tienen /s/ sin tener
/z/. La sibilante sorda se considera la más básica; para la
sonora "se marca" la sonoridad agregada.

Había pocos pares mínimos (pares de palabras distinguidas
por la diferencia de un solo fonema) que se basaran exclusivamente en la distinción sonora-sorda de una sibilante.
Corominas afirma con respecto a las voces oso y osso que
ambas eran populares en el siglo XVI y que osso siempre se
pronunciaba con sibilante sorda. Otros pares mínimos (no
necesariamente del mismo período) son casar 'conjunto de casas'
o 'contraer matrimonio' vs. cassar 'anular, abrogar' (cfr.
fracasar); caso 'caso' vs. casso 'nulo'; ese 'nombre de letra'
vs. esse 'demostrativo' (no he visto documentación temprana
de ese); reja 'barra de metal, parte del arado' (< rēgŭla) vs.
rexa 'red de barras de metal que se pone en las ventanas' (de
origen incierto, véase Corominas); y hazes, del verbo hazer
'hacer' vs. haces, plural de haz 'porción atada de leña u otros
vegetales'. También, en el español medieval, dezir 'decir'
vs. decir 'descender'.

16. La fonología de una lengua es a la vez el vehículo de
transmisión de la lengua y una parte íntegra de ella. Los
cambios fonológicos son, pues, los más fundamentales en el
lenguaje y pueden conducir a cambios en otras partes del
sistema. Vimos en las Reglas 12-17 la pérdida de la distinción
entre vocales largas y cortas y entre ŭ y ō latinas. Estos
cambios fonológicos condujeron a reestructuraciones y además
repercutieron en el sistema morfológico, simplificándolo (apartado
5.1.1.2). Sin embargo, cualquier simplificación producida fue

contrarrestada por la adición de reglas sintácticas en el orden
de las palabras y en el uso de las preposiciones, reglas que
permitieran la transmisión y comprensión de los mismos significados que antes (apartado 5.0). Es decir, mientras que por
una parte un cambio puede representar la simplificación de una
estructura en particular, tal cambio no necesariamente resulta
en la simplificación del idioma en general.

Al hablar de simplificación tenemos que enfrentarnos al
problema de que la relativa complejidad de una estructura o
sonido en la descripción lingüística hecha por el lingüista
depende del modelo teórico en el que se basa el analisis o la
descripción. Es decir, aunque muchos lingüistas arguyen a
favor de la realidad psicológica de las descripciones basadas
en el modelo teórico por el cual ellos aboguen, la complejidad
de sus descripciones bien puede tener poco o nada que ver
con la relativa complejidad de los procesos neurológicos que
producen esa estructura o sonido en el cerebro.

17. Véanse Amado Alonso, *De la pronunciación medieval a
la moderna en español*, y la reacción y crítica de Diego
Catalán, "The End of the Phoneme /z/ in Spanish."

18. La cronología y las motivaciones del cambio no son nada
claras. Para unas opiniones y evidencias contradictorias de
la cronología, véanse, entre otras, las obras ya citadas de
Alonso y de Catalán, y D. Lincoln Canfield, *Spanish Literature in Mexican Languages as a Source for the Study of
Spanish Pronunciation*. Los resultados de este estudio están
resumidos en su libro *La pronunciación del español en América*.
Canfield generalmente pone fecha más temprana a la pérdida de
la oclusión en /tç/ y /dz/ y al ensordecimiento de las sibilantes de la que ponen Alonso y otros, basándose en el estudio
de las transcripciones de las lenguas indígenas de América en
la literatura española del período de la conquista.

/z/ tuvo una evolución parecida a la de /ç/. Dezir era
/dedzír/, después /dezír/, con la pérdida de la oclusión tal
vez mucho anterior a la pérdida de la oclusión en /tç/. Con
la coalescencia de las sibilantes sonoras y sordas, /z/ y /ç/
se igualaron en /ç/: /çínko, deçír/.

James Foley postula los siguientes pasos en el desarrollo de
la fricativa sibilante española de la oclusiva velar latina,
según principios universales: latín cera: kera > kyera (con
palatalización) > ktyera (ley de Holtzmann) > ktsyera (asibi-
lación) > tsyera (simplificación) > tsera (pérdida de yod) >
sera (lenición) (*Foundations of Theoretical Phonology*, págs.
192-193). El último paso (ts > s) es el que se discute aquí.

19. Tradicionalmente se ha hecho referencia a la relativa
fuerza de articulación de los sonidos y a la facilidad de articulación como factores en el cambio lingüístico. Sin embargo,
estos conceptos son difíciles o imposibles de definir--lo que es
"fácil" para los hablantes de una lengua resulta "imposible"
para los de otra. Foley sostiene (al criticar la teoría de la
fonología generativa en general) que "los elementos fonológicos

... se definen correctamente no en términos de sus propiedades acústicas o articulatorias, sino en términos de las reglas en las que participan" (*Foundations of Theoretical Phonology*, pág. 6).

20. Esta cita y muchos de los datos en que se basa el análisis ofrecido en la presente discusión se toman de Rafael Lapesa, *Historia de la lengua española*, págs., 255-257.

21. Para más información sobre las cadenas como un factor en el cambio lingüístico, véase André Martinet, *Economía de los cambios fonéticos*, §§ 2.13-2.15 y 2.27-2.28.

22. En el español estándar general son necesarias dos reglas para convertir la oración declarativa Carmen y Luz María están llorando a la pregunta ¿Por qué están llorando Carmen y Luz María? La primera regla es la que invierte el orden de sujeto y verbo y produce ¿Están llorando Carmen y Luz María? La segunda regla coloca por qué al principio de la oración: ¿Por qué + están llorando Carmen y Luz María?

En el español del Caribe sólo la segunda regla es obligatoria; la primera es opcional, según el nivel de uso. En el habla coloquial, no hay que invertir el orden de las palabras antes de anteponer por qué: ¿Por qué + Carmen y Luz María están llorando? En el habla cuidadosa, se aplica la regla de inversión, como en el resto del mundo hispánico.

En el español general es opcional la regla de inversión solamente en la pregunta sin interrogativo: ¿Están llorando Carmen y Luz María? o ¿Carmen y Luz María están llorando? La falta de inversión en las preguntas con interrogativo en el Caribe se puede ver como una extensión de la tendencia en el español general que permite las preguntas con el orden no invertido.

Es posible que en un lejano futuro se simplifique la estructura de las preguntas prescindiéndose totalmente de la regla de inversión, primero en las preguntas con interrogativo, luego en otras.

23. Sigo la edición de Manuel C. Díaz y Díaz, *Antología del latín vulgar*, págs. 46-53.

7

EXPANSION LEXICA

7.0 Introducción. En el Capítulo 2 estudiamos los influjos ejercidos sobre el latín vulgar y el español por las lenguas extranjeras habladas en la Península Ibérica. Los celtíberos, los celtas y los germánicos contribuyeron con elementos de su léxico al idioma latino, y los vascos y los árabes dieron miles de palabras al español antiguo y medieval.

En el presente capítulo examinamos la expansión léxica del español en contacto con lenguas y culturas extrapeninsulares desde el siglo XIII y especialmente desde 1492. También se presentan los procesos de expansión con fuentes propiamente españolas. El capítulo se organiza de la siguiente manera: (1) Indigenismos (7.1), (2) Otros extranjerismos (7.2), (3) Expansión léxica con elementos clásicos (7.3), (4) Expansión léxica con elementos hispánicos (7.4).

El léxico de una lengua cambia rápida o lentamente de acuerdo con los cambios geográficos, políticos o culturales en que los hablantes participan. La expansión colonial de España fue acompañada por la expansión léxica de su idioma. En la actualidad, la participación de los países de habla española en la economía y cultura mundial hace que se siga enriqueciendo el léxico de la lengua.

7.1 Indigenismos

7.1.1 Fuentes de indigenismos. En el léxico español de ambos continentes, la enorme contribución de las lenguas indígenas americanas es innegable. Si la Península proveyó a América su lengua, América correspondió enriqueciéndola con un vocabulario variado y exótico para nombrar la flora, la fauna y otras cosas propias del Nuevo Mundo.[1]

7.1.1.1 Lenguas antillanas. El primer americanismo que llegó a España fue la voz arahuaca canoa, escrita en 1492 por Cristóbal Colón en una carta a Luis de Santángel. La carta es famosa por ser el primer relato oficial de la gran empresa.

Canoa aparece también en el *Diario* de Colón del 26 de octubre de 1492. Por el otro lado del Atlántico, Nebrija la recoge en su *Dictionarium ex hispaniensi in latinum sermonem* en 1493 ó 1495.[2]

Los siguientes indigenismos provienen de lenguas antillanas.

7.1.1.1.1 Arahuaco.

El nombre ARAHUACO denomina una familia muy extendida de lenguas indígenas. Las lenguas arahuacas se hablaban antiguamente en varias islas de las Antillas y en el norte de Sudamérica. El contacto original de los españoles fue con el TAINO, lengua arahuaca hablada antiguamente en varias islas incluyendo Puerto Rico, Jamaica y la isla de Santo Domingo. Las contribuciones de la familia arahuaca incluyen las siguientes voces:

canoa 'bote liviano, originalmente de madera'
cayo 'isla rasa'
iguana 'especie de reptil'
güira 'árbol tropical y su fruto' y güiro 'fruto de la güira
    y un instrumento musical hecho de su fruto'
nigua 'pique, insecto parecido a la pulga y que penetra la
    piel'
comején 'termita, insecto que destruye la madera'
maíz 'planta gramínea'
yuca 'planta tropical de raíz comestible'
maní 'cacahuete'
tuna 'fruto del cacto nopal'
ají 'pimiento, chile'
barbacoa 'parrilla para asar carne'
batata 'boniato, camote'
enagua, enaguas 'prenda de ropa de mujer'
huracán 'tempestad tropical'
sabana 'llanura, pampa'
macana 'arma de madera', y su derivado macanudo 'magnífico,
    chévere', usado en Argentina
cacique 'caudillo poderoso y rico, gamonal'

Otras voces arahuacas conocidas principalmente en el Caribe son:

bohío 'choza de pencas de palma y madera'
jíbaro 'campesino'
bejuco 'liana, enredadera'

y muchas plantas y frutas, como yautía, mamey, guanábana, anón y maguey. El maguey se llama también cabuya (otra voz arahuaca), agave (de origen griego), henequén (de origen americano desconocido) y pita (también de origen desconocido, quizás americano). Del tronco de una de las variedades de esta planta se obtiene un líquido que se fermenta para preparar el pulque o se destila para producir el tequila; del hilo de las hojas, también llamado por los mismos nombres, se hacen textiles.

7.1.1.1.2 Caribe. El CARIBE era una lengua oriunda de las Antillas Menores. Se extendió por conquista a las otras islas y a las costas del continente americano. De esta lengua, ya extinta, tenemos las siguientes voces:

caribe, originalmente 'feroz, irritable'
caníbal 'antropófago'. Esta es una variante de caribe, nombre dado a los antiguos caribes por los españoles.
manatí 'vaca marina'
butaca 'asiento'
loro 'papagayo, cotorra'
colibrí 'pájaro mosca, zumbador, picaflor, papamoscas, gorrión [americano], tucusito'
caimán 'especie de reptil grande'

7.1.1.2 Lenguas mexicanas y centroamericanas. A los pocos años de su llegada al Nuevo Mundo, los conquistadores españoles descubrieron México y Centroamérica, donde encontraron civilizaciones cuya riqueza y organización social igualaban a las de su propio continente. Desde luego, aprendieron nuevos términos, sobre todo con los aztecas del centro y noroeste de México.

7.1.1.2.1 Nahuatl. El NAHUATL, lengua de los aztecas, se habla hoy día por casi un millón de personas en México. El nahuatl ha contribuido con muchas voces al español general; entre las más difundidas se pueden citar las siguientes:

tiza 'arcilla blanca usada para escribir'
hule 'goma, caucho'. No es el mismo hule 'tela impermeable' que viene del francés toile huillé 'tela pintada de óleo', de origen desconocido.
petaca 'caja grande, maleta'
coyote 'lobo americano'
ocelote 'felino montés americano'
sinsonte 'pájaro mimus polyglottus'
guajolote, guajalote 'pavo'
chocolate 'dulce hecho con semillas de cacao y azúcar'
cacao 'árbol cuyo fruto sirve para fabricar el chocolate'
chicle 'goma de mascar'
tomate 'especie de planta comestible, jitomate'
aguacate 'especie de árbol tropical y su fruto'
cacahuete, cacahuate 'maní'
tamal 'empanada de masa de harina de maíz'
jícara 'vasija pequeña'

El español mexicano y centroamericano tiene también cantidades de nahuatlismos de uso principalmente local, como los siguientes:

metate 'piedra plana usada para moler el maíz'
mecate 'soga, cordel'
pulque 'bebida alcohólica fermentada del maguey'
achiote, achote 'bija, una especie colorante'
camote 'batata, boniato'
ayote 'especie de calabaza'
chayote, tayote 'planta enredadera y su fruto comestible'
elote, jilote 'mazorca de maíz, choclo'
nopal 'chumbera, planta cactácea cuyo fruto es la tuna o
  higo chumbo'
guacamole 'ensalada hecha con aguacate'
cuate 'gemelo, compañero'

7.1.1.2.2 Otras lenguas. Las demás lenguas nativas de México y Centroamérica, entre ellas el maya, no han hecho contribuciones al léxico del español general, aunque se oyen en estas regiones muchos indigenismos locales, sobre todo en poblaciones bilingües.

7.1.1.3 Lenguas sudamericanas. Las lenguas autóctonas de América del Sur han enriquecido en algunos casos el léxico general español. Muchos antillanismos y nahuatlismos habían entrado ya en la lengua española cuando los conquistadores llegaron a Sudamérica. Estos términos competían con los de las lenguas sudamericanas para designar las cosas ya familiares que los españoles encontraban en las tierras de los incas, aimaras, tupi-guaraníes y otros pueblos.

7.1.1.3.1 Quechua. El QUECHUA, que todavía cuenta con unos siete millones de hablantes, era la lengua del imperio de los incas. Se hablaba en la época precolombina en un vasto territorio que hoy corresponde al Ecuador, Perú, Bolivia, el norte de Chile y parte de Argentina, desde las alturas de los Andes hasta la costa del Pacífico.
De origen quechua tenemos las siguientes voces. Cabe mencionar que esta lista está bastante completa, en lo que se refiere al español general de América y de España.

carpa 'toldo'
cancha, orig. 'terreno llano y yermo', después 'lugar para
  deportes'
pampa 'llanura, sabana'
papa 'tubérculo comestible, patata' (Patata es un cruce
  entre papa y el taíno batata.)
choclo 'mazorca de maíz'
coca 'planta de cuyas hojas se extrae la cocaína'

quino 'varios árboles medicinales'. De su corteza, la quina,
 se extrae la quinina.
chirimoyo 'anón, árbol frutal tropical'
mate, orig. 'calabaza'. Ahora, según la región, 'calabaza',
 'vasija hecha de calabaza que se emplea para muchos usos
 domésticos y, en particular, para servir té', 'té paraguayo
 hierba mate'.
guano 'estiércol, especialmente de las aves marinas de las
 costas del Perú y Chile'
pique 'nigua'
llama 'animal andino'
vicuña 'animal andino'
alpaca 'animal andino'
pisco 'pavo, guajolote'
cóndor 'ave de rapiña americana, también llamada buitre en
 América'

Varios nombres quechuas referentes a personas y al orden
social tienen menor difusión geográfica:

inca, orig. 'indio peruano de linaje noble', ahora 'indio de
 habla quechua'
gaucho 'natural de las pampas del Río de la Plata'
china 'mujer india o mestiza'. No es la misma voz china
 del país oriental.
guagua 'niño'. Tal vez de formación onomatopéyica. No es
 la misma palabra guagua 'autobús' usada en el Caribe y
 las Canarias, que según Corominas "quizás sea adaptación
 del ingl. waggon 'coche, vagón'."
guarango 'grosero'

7.1.1.3.2 Aimara. El quechua tiene mucho vocabulario en
común con su vecino el AIMARA, idioma hablado todavía en
Perú y Bolivia por más de medio millón de personas. Entre
los indigenismos citados del quechua, varios son comunes al
aimara. Es incierto, pues, de cuál de las dos lenguas vienen
pampa, llama, alpaca y china.

7.1.1.3.3 Araucano. Otro vecino antiguo del quechua es el
ARAUCANO o MAPUCHE, lengua autóctona principal de la
región que corresponde en la actualidad al centro de Chile.
El territorio de los incas colindaba con el de los araucanos.
El araucano se extendía desde Chile hasta casi Buenos Aires.
Según cálculos recientes, quedan unos 200,000 hablantes en
Chile y 8,000 en Argentina. Algunas palabras araucanas se
emplean en el español de Chile, pero no han pasado al español
general. (Corominas y otros desmienten la supuesta derivación
araucana de poncho 'capote sin mangas'.) Basándose en sus
estudios sobre el araucano, Rodolfo Lenz formuló su teoría
indigenista en la que trató de atribuir al sustrato araucano
elementos de la pronunciación del español en Chile.

7.1.1.3.4 **Tupí-guaraní.** Los idiomas y dialectos de la
familia TUPI-GUARANI fueron llevados desde el Amazonas hasta
la costa del Atlántico por agricultores guerreros que seguían
la inmensa red fluvial del interior de Sudamérica. El tupí-
guaraní siguió extendiéndose como lengua general; sus descendientes modernos se hablan en Brasil, Uruguay y el norte de
Chile. En el Paraguay, el guaraní es la lengua popular y,
con el español, lengua nacional. Aunque los tupiguaranismos
abundan en el léxico español de estos países, pocos han
entrado en la lengua general.

jaguar 'tigre americano'
cobayo 'conejillo de Indias'
piraña 'pez carnicero feroz'
tatú 'varias especies de armadillo'
mandioca 'tapioca, yuca' (por conducto del portugués
    brasileño)
tapioca 'mandioca, yuca, comida hecha de la raíz de la yuca'
    (por conducto del portugués brasileño)
ananá, ananás 'piña' (por conducto del portugués)
ipecacuana 'planta de cuya raíz se extrae un emético'
petunia 'planta y su flor' (por conducto del francés petun
    'tabaco')

7.1.2 **Selección y adaptación de indigenismos.** Pocos de los
cientos de lenguas y familias lingüísticas conocidas de la
América Latina han enriquecido el léxico del español general
de España y América. Fueron en primer lugar las lenguas de
aquellos pueblos antillanos y mexicanos que iniciaron a los
conquistadores en las maravillas del Nuevo Mundo: el taíno y
otras lenguas arahuacas, el caribe y, poco después, el nahuatl.
Al llegar a la costa pacífica de Sudamérica, los conquistadores
aprendieron y adoptaron asimismo algunas voces quechuas.
También enseñaron a los indios sudamericanos muchas voces
del Caribe y de México, con el resultado de que muchos
antillanismos y nahuatlismos se difundieron por la América del
Sur. En cambio, pocos quechuismos y tupiguaranismos pasaron
al español del Caribe, México, Centroamérica y España, exceptuándose las voces que designaban cosas desconocidas en
estas regiones.
    Es decir, los conquistadores encontraron en México y en
otras tierras continentales muchas cosas idénticas o muy
parecidas a las que habían conocido primero en las islas. He
aquí algunos términos con significados parecidos procedentes
de distintas regiones:

El maní taíno es el cacahuete o cacahuate nahuatl.
La batata de los taínos es el boniato (también de las
    Antillas, pero de origen desconocido) y el camote de los
    aztecas.

Las niguas de los arahuacos son los mismos piques que
molestaban a los incas.

El ají del taíno compite con el chile del nahuatl y con el
pimiento (del latín pĭgmĕnta 'colorante') para designar
las muchas variedades del género Capsicum. (Este es un
grupo de plantas completamente distintas a las del género
Piper, cuyo fruto es la pimienta.)

El maíz arahuaco, de uso universal, es también el elote
nahuatl (con su variante jilote) en México y Centroamérica
y el choclo quechua de la América del Sur.[3]

No siempre se adoptó el neologismo indígena. En algunos
casos se prefirió más bien darle a una voz española una
acepción nueva, cuando la cosa encontrada en el Nuevo Mundo
les recordaba a los conquistadores algo familiar:

Pimienta era un colorante, después un condimento y, con
cambio de género, se le aplicó la palabra al Capsicum.

El pisco quechua de partes de Colombia, Venezuela y Chile
es el guajolote nahuatl de México y los países cercanos de
Centroamérica, y es el pavo (< latín pavu 'pavo real') del
español general. Y el pavo en México y Centroamérica es
el pavo real de otras regiones.

La piña (< latín pīnĕa) les recordó a los conquistadores el
piñón, fruto del pino; pero también se llama ananá o
ananás, voz tupí-guaraní, sobre todo en los países
meridionales de Sudamérica.

El cóndor, del quechua, les recordó el buitre europeo, cuyo
nombre le dieron al ave de rapiña sudamericana.

El caimán (< caribe) 'cocodrilo carnicero tropical, yacaré'
les era parecido al inofensivo lagarto (< latín) insectívoro,
y ahora se confunden popularmente los dos nombres y el
del cocodrilo (< latín < griego), que es el que ataca
al hombre.

El jaguar tupí-guaraní cedió en muchas regiones ante el
tigre (< latín) asiático para designar al felino americano.

Basta con un ejemplo más. El hule nahuatl es el caucho
de gran parte de la América del Sur (posiblemente de
origen quechua) y es la goma (< l.v. gumma, de orígen
egipcio) de España y las Antillas.

7.2 Otros extranjerismos

7.2.1 Fuentes de extranjerismos. Hasta el final de su
período colonial, España admitió libremente a su léxico un gran
caudal de voces provenientes de otras lenguas. Desde la
desintegración del imperio español en los últimos años del
siglo pasado, vemos en los países hispanohablantes una pre-
ocupación por lo que se llama la unidad y defensa de la
lengua española. Como la nación joven e inmadura que abre
sus puertas a la inmigración mundial cuando está escasa de

pobladores, y después las cierra cortando el influjo de sangre
e ideas nuevas, los que defienden la pureza de la lengua
española intentan limitar el influjo de palabras extranjeras.
Los pueblos hispánicos, participantes de una civilización y
economía mundial, siguen sirviéndose naturalmente de extranjerismos en su léxico, según urgen la necesidad o el capricho.
Sucede esto en la época del jet lo mismo que en la de la
canoa.

Como lengua mundial el español ha tomado palabras de
fuentes diversas. Del japonés, por ejemplo, tenemos karate,
del persa pagoda, del malayo orangután y del ruso sputnik
(espútnik o espútnique). Aunque sputnik fue diseminada por
la prensa mundial en 1957, año en que los soviéticos lanzaron
la primera nave espacial, esta palabra no se registra aun en
el *Diccionario de la Real Academia Española* (DRAE) de 1970
(19ª edición).

Gozan de la sanción de la Real Academia Española los
extranjerismos adquiridos hasta el final del período de expansión colonial. Estos extranjerismos incluyen:

(1) los presentes en el léxico del español desde los
    orígenes de la lengua,
(2) los adquiridos durante su período formativo (siglos
    X-XIII),
(3) los tomados de otras lenguas romances, especialmente
    peninsulares, durante la expansión territorial del
    castellano en España (hasta 1492),
(4) indigenismos americanos admitidos durante los
    principios de la época colonial, hasta mediados del
    siglo XVIII,
(5) extranjerismos europeos adquiridos durante la época
    colonial.

De las muchas voces extranjeras adquiridas después del período
colonial, relativamente pocas se registran en el DRAE, a pesar
de que estas palabras estén en pleno uso en España o Latinoamérica.

A continuación se presentan algunos ejemplos de las muchas
voces tomadas de cinco lenguas europeas desde el período
formativo del español. Estas son el portugués, occitano,
francés, italiano e inglés (británico y americano).

7.2.1.1 Portugués. Del portugués tenemos muchos vocablos,
generalmente de entrada temprana (precolonial) en el léxico
español:

criollo 'nacido en el Nuevo Mundo' (< port. cria + sufijo
    diminutivo, < latín creāre)
chubasco 'aguacero' (< plŏvĕre. Es cognado, pues, de
    lluvia.)

echar, sólo en la expresión echar de menos, que no es el
español echar 'tirar' sino el portugués achar 'hallar'
(< latín afflāre). Te echo de menos no significa que 'te
tiro' sino que 'te hallo de menos'.
bandeja 'canastillo llano'
despejar 'desocupar; aclararse (el tiempo)'
ostra 'especie de molusco comestible'
traje 'vestido de hombre o mujer'

7.2.1.2 Galicismos. Francia y dos de sus lenguas, el
francés y el occitano o provenzal, han influido en la vida y
lengua española desde los tiempos del Cantar de Mio Cid. He
aquí una pequeñísima muestra de los galicismos que provienen
de estas lenguas o que llegaron al español por intermedio de
una de ellas. Todos figuran en el DRAE.

7.2.1.2.1 Occitano.

música y artes: bailar, balada, cascabel, farándula, flauta,
   refrán, rima, trovar
otros: birrete, bola, correo, enojar, estuche, fraile,
   laurel, lenguaje, mensaje, ruiseñor

7.2.1.2.2 Francés.

música: acordeón (< alemán), danzar, oboe (< haut bois
   'madera alta', por su tono alto)
navegación: amarrar ([< neerlandés], término que reemplazó
   a atar en partes del Nuevo Mundo); babor y estribor
   (ambos también del neerlandés); bahía; botar ('tirar
   [basura]', < fráncico, lengua germánica de los francos),
   otro término náutico de más extensión en América que en
   España
militar: artillería, bala (< fráncico), cadete, derrota
      (cognado de romper, roto)
construcción y vivienda: arandela (< francés rondelle
   'redondito', con influjo del español aro en la vocal inicial);
   carpeta (< francés carpette < inglés carpet < italiano
   antiguo carpeta < latín carpĕre 'agarrar', en este caso la
   lana de la oveja); jardín (< fráncico, cognado del inglés
   yard 'patio'); parque (orig. 'sitio cercado para conservar
   en él animales salvajes', también 'terreno cercado para
   recreo')
ropa: blusa, botón, broche, cremallera, chaqueta,
   maniquí (< neerlandés mannekijn, diminutivo de mann
   'hombre'), moda, pantalón (< italiano), etc.
transporte: avión (< latín ave), camión, chofer, flete,
   maleta
miscelánea: avalancha, cretino (< christiānu; según
   Corominas, voz aplicada por los suizos de habla francesa

"a los cretinos como eufemismo compasivo"), ligero,
restaurante, coqueta (según Corominas, "de coqueter
'coquetear', propiamente 'alardear coquetonamente en
presencia de mujeres como un gallo entre gallinas',
derivado de coq 'gallo' (voz de origen onomatopéyico)."

Otros galicismos, entrados en español durante el siglo XX,
no están registrados en el DRAE. He aquí algunos ejemplos
provenientes del francés, tal vez por conducto del inglés:

chance 'oportunidad, posibilidad'
souvenir 'recordatorio, sobre todo de un viaje turístico'
impase 'dificultad insuperable'
matinée 'función de la tarde' (< matin 'la mañana, canción
  eclesiástica de la mañana', cognado de maduro)
rol. La Academia recoge esta voz sólo en los sentidos de
  'rollo' y 'lista o nómina'. El sentido de 'papel teatral'
  viene del rollo (< rŏtŭlu) de papel, o libreto, del artista.

7.2.1.3 Italiano. El español cuenta con centenares de
italianismos; muchos datan del renacimiento intelectual de los
siglos XV al XVII. Como una brevísima muestra se citan las
siguientes voces de origen italiano o que llegaron al español
por intermedio del italiano. Todas figuran en el DRAE.

música: andante, batuta (< battĕre 'batir'), piano
  (< latín planu)
arte: modelo, óleo (cognado de oliva), retrato (< trahĕre
  'traer')
arquitectura: balcón, zócalo, nicho (cognado de nido),
  cúpula
transporte: piloto, fragata, góndola, brújula
comercio: póliza, saldar (< sŏlĭdu)
comida: salchicha (< salsu 'salado'), macarrón, remolacha,
  cantina
miscelánea: bandido, brillar, esparadrapo, pasquín, payaso,
  novela (< nŏvu), carnaval (< carne + lĕvāre 'quitar')

Otras voces de origen italiano, como pizza, son de introduc-
ción más reciente y no tienen la sanción de la Academia.
Espagueti y chau 'adiós' se registran por primera vez en el
Suplemento de la edición de 1970.

7.2.1.4 Inglés. La fuente más fecunda de voces españolas
en el siglo XX ha sido el inglés. A continuación aparece
una brevísima muestra de anglicismos que se usan diariamente
en muchos países. Son de origen inglés o llegaron al español
por conducto del inglés. Sólo los señalados con una D figuran
en el DRAE:

comida: bistec D; ron D; whisky 'bebida alcohólica';
orange crush 'refresco de naranja'; sandwich (sánwiche,
sánduche) 'emparedado'; pancake (panqueque) 'torta de
harina'; lunch (lonche) 'almuerzo'
comercio: boicot D y boicotear D; xerocopia D y xerográfico
D 'referentes al proceso Xerox de fotocopiar papeles y
documentos'; clip y clipear 'grapa o sujetapapeles' y
'grapar o sujetar papeles'; piqueteo y piquetear 'acción
de demostrar con cartelones durante una huelga'
política: líder D; mitin D
transporte: yate D; parquear D (orig. < francés parc),
aparcar D y aparcamiento D, parqueo y parking
'aparcamiento'; tráiler 'vehículo llevado en remolque';
bumper (bómper) 'parachoques'; jet 'de propulsión a
chorro'; stop 'alto, pare'; Jeep 'vehículo', del sonido de
las iniciales de 'General Purpose vehicle'
vivienda: clóset 'armario'; water clóset (W. C., váter)
'inodoro', del inglés británico; plywood (pláiwud) 'madera
laminada y en forma de plancha'
entretenimiento: álbum D; bar D; film, filme D y filmar D;
show 'función, espectáculo'; ticket (tique, tiquete)
'billete, boleto'; hobby (jobi) 'afición, pasatiempo'
miscelánea: flirteo D y flirtear D (< inglés flirt 'coqueta,
coquetear' < francés fleur 'flor' < latín flōre); flash
'destello de luz, el instrumento que lo produce'; sex
appeal (sexapil) 'atractivo para el sexo opuesto'; stress
(estrés) 'apremio emocional'; spray (espréi) 'vapor
atomizado, atomizador'; chequear y checar 'averiguar,
verificar, registrar'; Boy Scout 'niño escucha'; huachimán
'velador, guardián', del inglés watchman, del mismo
significado. Huachimán es voz usada en casi toda la
América pero desconocida en España. "Como muchos de
los ferrocarriles de la América hispana fueron construidos
por anglosajones, parece que el vocablo se introdujo por
esas empresas.... Se usa entre nosotros desde el siglo
pasado" (H. Toscano, *Hablemos del lenguaje*, pág. 27).

7.2.2 Procesos de adopción y adaptación de extranjerismos.
Identificamos tres procesos por los cuales el léxico del español
se enriquece de voces extranjeras. Estos son,

(1) tomar palabras o frases directamente de otras lenguas
(2) traducir al español palabras o frases extranjeras, y
(3) experimentar cambios semánticos por el influjo de
    palabras o frases extranjeras de forma parecida.

Los tres procesos producen, respectivamente, (1) préstamos
directos (7.2.2.1), (2) calcos (7.2.2.2) y (3) cambios
semánticos de origen foráneo (7.2.2.3).

7.2.2.1 Préstamos directos. Algunos préstamos entran en el habla española sin más cambio que una pronunciación y ortografía españolas, como líder de leader y sexapil de sex appeal. En otros casos se adapta la voz extranjera al sistema morfológico del español: coqueta del francés coquette [kokét] y, como pasa necesariamente con todos los verbos, chequear o checar del verbo inglés check.

7.2.2.2 Calcos. Otros préstamos entran en forma más disfrazada: aire acondicionado es préstamo traducido del inglés air conditioned. Los préstamos traducidos se llaman CALCOS. La gente que prefiere evitar este calco dice acondicionador de aire, clima artificial (< latín clima < griego klima 'inclinación [de los rayos del sol]') o bien refrigeración artificial. Otros calcos comunes en español son: club nocturno del inglés night club, niño escucha del inglés Boy Scout, entrevista del francés antiguo entrevue, y entrevistar del verbo inglés interview, que también procede del francés. (Por otra parte, interviu, no registrado en el DRAE, no es calco sino préstamo directo del inglés o francés). También son calcos del inglés guerra fría, cortina de hierro y quizás drogadicto 'narcómano'.

7.2.2.3 Cambios semánticos de origen foráneo. En muchos casos los extranjerismos pasan inadvertidos aun en el uso de la gente más cautelosa en cuestiones de corrección lingüística. Esto ocurre sobre todo en poblaciones bilingües. Puede tratarse de palabras españolas que adquieren sentidos adicionales debido al influjo de voces semejantes en otra lengua. Considere la oración No entiendo por qué me ignoraste anoche. Los que encuentran sentido en este enunciado lo entienden por el significado tomado del verbo inglés ignore 'no hacerle caso a uno, fingir no ver u oír a uno'. El DRAE admite una sola acepción de ignorar: 'no saber una o muchas cosas, o no tener noticias de ellas'.

Dos palabras que han sufrido un trueque de significado en el lenguaje de muchas personas son evidencia y prueba. En la jurisprudencia anglosajona los abogados y testigos ofrecen testimonio y evidence con que tratan de establecer la inocencia o culpabilidad del acusado. Como la evidence no es siempre irrefutable, se requiere proof antes de condenar al acusado. ¿Cómo se traducen al español evidence y proof? Para mucha gente evidence es 'evidencia' y proof es 'prueba'. Sin embargo, la Academia afirma que la evidencia es 'certeza clara, manifiesta y tan perceptible de una cosa, que nadie puede racionalmente dudar de ella'. Prueba es, en su segunda acepción, 'razón, argumento, instrumento u otro medio con que se pretende mostrar y hacer patente la verdad o falsedad de una cosa'.

He aquí unas palabras adicionales que han adquirido nuevos sentidos bajo el influjo del inglés. Estos sentidos son corrientes especialmente en las comunidades bilingües de los

Estados Unidos, país donde residen casi veinte millones de
hispanohablantes. Las glosas indican solamente las acepciones
tomadas del inglés y que no figuran en el DRAE:

> aplicación 'solicitud, documento de solicitud' y aplicar
> 'solicitar [trabajo]'
> ambición 'aspiración' y ambicioso 'que tiene aspiraciones'.
> En su acepción anglicanizada estas voces no son
> despectivas.
> asistente 'ayudante, auxiliar'
> colapso 'caída', por ejemplo de un edificio o una nación.
> completar 'terminar, acabar'
> explotar 'estallar'
> informal 'familiar, sin ceremonia'. Persona informal según
> la acepción académica es una que no cumple con sus
> obligaciones o que no es puntual. El anglicismo informal
> se refiere a la persona que no se deja gobernar por las
> formalidades ceremoniales o de protocolo.
> mansión 'casa muy grande y elegante'
> parada 'desfile'

Hay otros extranjerismos cuyo aspecto castizo también oculta
su origen. La prensa mundial habla de la recesión económica,
que no es tan fuerte como una verdadera depresión. Depresión se registra con la acepción de 'período de baja activi-
dad económica general...' en la edición del DRAE de 1970;
recesión no figura en el DRAE. Es decir, a pesar de su forma
castiza, recesión es un anglicismo de introducción muy reciente.
Estos extranjerismos y otros (como los préstamos directos
spútnik y el Shah de Irán y los calcos guerra fría y cortina
de hierro) sirven para ilustrar la participación de los países
hispánicos en la cultura, la economía y el periodismo mundiales.

7.3 Expansión léxica con elementos clásicos. Además de
tomar y adaptar palabras de otras lenguas comtemporáneas, el
español posee procesos adicionales que operan en la formación
léxica. Las lenguas occidentales se sirven desde hace varios
siglos de un tesoro de raíces, prefijos y sufijos de las dos
grandes lenguas clásicas de la civilización occidental para
formar voces nuevas, sobre todo en la ciencia y la tecnología.
En estos casos, aunque el neologismo se haya formado en primera instancia en otra lengua moderna o en el latín científico
medieval o moderno, su adopción al español es rápida y completa; estas palabras no se consideran como extranjerismos.
Para simplificar la presentación de los ejemplos que siguen,
los elementos griegos y latinos aparecen siempre en su forma
antigua, no obstante que el vocablo se haya formado parcial
o enteramente de elementos ya hispanizados o bien del latín
científico.[4] Debido a la influencia griega en la vida y lengua
temprana de los romanos, muchos de los mismos elementos

griegos se encuentran también en voces españolas provenientes directamente del latín o tomadas como cultismos.

7.3.1 Griego.

teléfono < tēle- 'lejos' + phōne 'sonido'
telégrafo < tēle- + graphein 'escribir'
neumoconiosis 'género de enfermedades crónicas de los
    mineros producidas por la infiltración en los pulmones
    de diversas sustancias minerales', < pneuma 'aire' +
    konis 'polvo' + -ōsis 'condición'
acrofobia < akros 'extremidad, cumbre' + phobos 'miedo' +
    -ia 'condición'
psicoanálisis < psȳchē 'mente, alma' + analysis (< ana 'en,
    atrás' + lyein 'aflojar, desatar') + -sis 'estado, condición'
aneroide < a- 'no, sin' + neros 'líquido' + -oeidēs 'parecido'
diacrónico < dia- 'a través de' + khronos 'tiempo' + -ikos
    'parecido'
ortodontista < orthos 'derecho, recto' + odontos 'diente' +
    -istēs 'uno que'
antibiótico < anti- 'contra' + biotikos (< bios 'vida' + -ikos)
agnosticismo < agnōstos (< a- 'no, sin' + gnōstos 'conocido')
    + -ikos + -ismos 'estado, calidad'
tecnología < tekhnē 'arte, habilidad' + logia 'estudio'
    (< legein 'hablar')

7.3.2 Latín.

He aquí varias formaciones léxicas con raíces latinas clásicas o científicas. Ya que estos neologismos no existieron en el latín vulgar ni en el español antiguo, son, con respecto a su forma, cultismos.

antemeridiano < ante + meridiānu (< meridiēs < medidiēs <
    medius diēs 'medio día') + -ānus 'relacionado con'
transcontinental < trans 'tras' + continentem (participio de
    continēre 'contener') + -alis 'parecido a, relacionado con'
insectívoro < insectus (< īn- + sectus 'partido') + vorāre
    'devorar', por analogía con carnívoro, omnívoro, etc.

Existen también muchas palabras híbridas griego-latinas:

televisión < griego tēle + latín vīsiōne (< vīsu, participio de
    vīdēre 'ver' + -iōnem 'estado, cualidad')
sociología < latín sociālem (< socius 'compañero, socio' +
    -alis) + griego logia
bilingüismo < latín bilingüe (< bi- 'dos' + lĭngŭa 'lengua')
    + griego -ismos 'estado, condición'

7.4 Expansión léxica con elementos hispánicos.

Los procesos principales de expansión léxica con elementos hispánicos son cuatro: (1) cambio semántico (7.4.1), (2) formación de nombres en siglas (7.4.2), (3) formación de palabras compuestas (7.4.3), (4) derivación (7.4.4).

7.4.1 Cambio semántico.

Se adaptan constantemente las voces viejas a usos nuevos. Como vimos en (7.1.2), el tigre de Sudamérica no es el mismo tigre de Asia, aunque se designa con la misma palabra. Una fuente importante del cambio semántico, pues, es la utilización de palabras conocidas para referirse a conceptos y artefactos nuevos que tienen algo en común con lo familiar.

Otra fuente importante del cambio semántico es la JERGA, lenguaje innovativo y a menudo privado de un grupo ocupacional, generacional o unido por algún interés en común. La jerga se basa en gran medida en la utilización de voces ya conocidas con acepciones nuevas. En algunos casos, la acepción nueva se generaliza al lenguaje común de la comunidad y después de muchos años aparece en los diccionarios.

Además, muchas palabras caen en desuso: ya no se habla mucho de los tirantes que antes servían para suspender los pantalones del hombre, pues el nombre pasó de moda con el artefacto que designaba.

7.4.2 Formación de nombres en siglas.

Muchos neologismos se forman con las iniciales de nombres propios o con la primera letra o sílaba de las palabras en frases largas. Los resultantes vocablos se llaman NOMBRES EN SIGLAS. Las organizaciones internacionales y los partidos políticos de Latinoamérica aprovechan en gran medida de las siglas. Los dos partidos principales de México son el PRI, Partido Revolucionario Institucional, y el PAN, Partido de Acción Nacional. Los de Puerto Rico son el PNP [penepé], Partido Nuevo Progresista, y el PPD [pepedé], Partido Popular Democrático. La Universidad Nacional Autónoma de México se conoce como la UNAM y el INstituto TECnológico de Santo Domingo es el INTEC. La Asociación de Lingüística y Filología de la América Latina se designa con las siglas ALFAL.

El proceso de abreviación opera también en otras lenguas. Las siglas de uso internacional llegan en muchos casos al español: la UNESCO es la United Nations Educational, Scientific and Cultural Organization; Jeep [yip] (o [yípe] o [yípi]) viene de la pronunciación inglesa de las dos primeras iniciales de General Purpose Vehicle (vehículo de propósito general); y radar representa las siglas de RAdio Detecting And Ranging (detectar y reglar por radio). Un OVNI es un Objeto Volador No Identificado, calco del inglés UFO, Unidentified Flying Object.

7.4.3 Formación de palabras compuestas.

También se inventan palabras nuevas combinando dos o más vocablos españoles para que formen una PALABRA COMPUESTA. Varios tipos de combinaciones son posibles, como los siguientes:[5]

7.4.3.1 **Verbo + sustantivo.** Algunos ejemplos son:

pasatiempo	cortaplumas	abrelatas
parasol	rompecabezas	lavamanos
paraguas	salvavidas	lavaplatos
paracaídas	tocadiscos	sacamuelas

7.4.3.2 **Sustantivo + sustantivo.** Algunos ejemplos son:

bocacalle	madre patria	arco iris
lengua madre	madreselva	esposa modelo
buque madre	madreperla	

7.4.3.3 **Sustantivo + adjetivo.** Algunos ejemplos son:

pelirrojo	patizambo	ojiabierto
puntiagudo	patisucio	carirredondo

7.4.3.4 **Combinaciones misceláneas.** Algunos ejemplos son:

sinvergüenza	(preposición + sustantivo)
quehaceres	(conjunción + verbo + plural)
hispanohablante	(adjetivo + sustantivo)
hazmerreír	(verbo + pronombre + verbo)
sabelotodo	(verbo + pronombre + adjetivo)
agridulce	(adjetivo + adjetivo)

7.4.4 **Derivación.** Finalmente, muchos neologismos se forman agregando a voces hispánicas AFIJOS (prefijos o sufijos) DE-RIVACIONALES. El proceso de DERIVACION (que no se debe confundir con el de la evolución normal del latín vulgar, que resulta en los derivados españoles) opera continuamente; es una fuente sumamente productiva de palabras nuevas desde los comienzos de la lengua hasta la actualidad.

Los ejemplos de derivaciones ofrecidas en esta sección son de todos los períodos de la lengua española; no existieron como palabras latinas. [6] Es decir, hay que distinguir entre las voces heredadas o tomadas directamente del latín (como las que aparecen en las Reglas) y las formadas por hispanohablantes con raíces y afijos ya españoles.

En los próximos apartados examinaremos la formación de los verbos, sustantivos, adjetivos, diminutivos y aumentativos, todos con sufijos derivacionales, y luego el uso de los prefijos con todas estas categorías de palabras.

7.4.4.1 **Verbos.** Desde hace unos siglos, la única conjugación verbal productiva es la primera. Es decir, todos los neologismos verbales terminan en -ar. Algunos ejemplos documentados desde el siglo XVII son <u>ultimar</u>, <u>empapelar</u> y <u>veranear</u>. No vienen directamente del latín, sino de la raíz del adjetivo español último y de los sustantivos papel y verano, más el sufijo -ar. Desde el siglo XVIII se encuentran las voces concretar, reflexionar, tranquilizar, transitar y arreglar; del siglo XIX algunos ejemplos son estacionar, inspeccionar, traicionar y movilizar. Muchísimos verbos nuevos se han formado en los últimos años, como presionar, silenciar, obstaculizar, alfabetizar y enfatizar.

Actualmente, con la excepción de ciertos verbos en -izar pertenecientes a la lengua culta, el sufijo verbal con que se forman casi todos los verbos nuevos es -ear, aunque en algunos países, como México, por ejemplo, son frecuentes los neologismos verbales en -ar. El proceso es productivo y hasta espontáneo en el habla natural, de modo que "una forma nueva terminada en -ear puede desplazar a otra en -ar de la misma raíz (el proceso contrario es raro) o crear un sinónimo.... Cuando existen dos formas, pueden diferir semánticamente ... o [la forma en -ear] puede cambiar completamente de significado."[7] Se pueden citar los siguientes ejemplos, según la clasificación de Kany: agujerear, apedrear y forcejear han desplazado a los antiguos agujerar, apedrar y forcejar; y galopear, sondear y colorear alternan con los sinónimos galopar, sondar y colorar (o colorir). Difieren semánticamente corretear y explicotear de sus parejas correr y explicar; y pasear y plantear no significan lo mismo que pasar y plantar.

7.4.4.2 Sustantivos. La derivación nominal con elementos hispánicos es mucho más complicada que la de los verbos. Los sufijos que siguen se cuentan entre los más productivos de la lengua; entre paréntesis se ofrecen unas indicaciones de lo que representan o significan. Trate de suplir en cada caso unos ejemplos adicionales. Ya que el uso de los afijos derivacionales es, en gran medida, un proceso creador en el lenguaje, no importa si sus ejemplos figuran o no en el diccionario.

-ada (acción) mirada, lavada, _____

-azo (golpe) macetazo, cañonazo, librazo, _____

-dero (lugar) matadero, comedero, fregadero, _____

-dor(a) (persona que hace algo) cobrador, comentador, conductor, _____

    (instrumento) cogedor, medidor, _____

-ería (lugar de fabricar o vender una cosa) zapatería, chiclería, mueblería, _____

-ero, -era (oficio o profesión) basurero, bandolero, enfermera, _____

    (recipiente) basurero, cenicero, cafetera, _____

-ura (calidad de) altura, espesura, sinvergüenzura, _____

He aquí varios sufijos adicionales con que se forman los sustantivos nuevos. (Véanse también los sufijos mencionados en el apartado (7.3) sobre Expansión léxica con elementos clásicos.)

Trate de suplir para cada sufijo un sustantivo que no existía
en latín. Si le parece que alguno de sus ejemplos no es una
derivación hispánica sino que viene directamente del latín (por
ejemplo, nación < natiōne y no de na(cer) + -ción), trate de
averiguar la etimología buscando la fecha de primera documentación en cualquiera de los diccionarios de Corominas.

-ancia
-anza
-ción
-encia
-ez
-eza
-ía
-ismo
-miento
-or

El sufijo -ismo ha sido muy productivo en la formación nominal.
Al lado de capitalismo, socialismo, etc., el DRAE registra voces
como donjuanismo, consonantismo, costarriqueñismo y charla-
tanismo.

7.4.4.3 Adjetivos. Las categorías gramaticales de nombres
y adjetivos no son fijas en español; blanco, joven, pobre,
etc., pueden usarse como adjetivos tanto como sustantivos:
el muchacho joven ∿ el joven, el hombre pobre ∿ el pobre.
Muchos de los sufijos derivacionales con que se forman los
sustantivos sirven asimismo para crear adjetivos nuevos.
A base de -ero, por ejemplo, aparecen adjetivos como los
siguientes; todos describen a la persona 'a quien le gusta ...':

callejero '... estar en la calle'
cafetero '... beber café'
besuquero '... dar besos'
sopero '... tomar sopa'
chancletero '... andar en chancletas'
embustero '... decir embustes'

Terminan en -ador(a) 'persona que ...' adjetivos como
contestador 'insolente', hablador y trabajador. Otros sufijos
adjetivos que han gozado de mayor o menor productividad a
través de los siglos son los siguientes:

Para expresar cualidades,

-iento (hambriento)   -oso (caluroso)
-izo (enfermizo)   -udo (panzudo)

Para expresar lugar de origen,

-<u>ano</u> (boliviano)   -ero (habanero)
-<u>ense</u> (nicaragüense)   -és (leonés)
-<u>eño</u> (madrileño)   -<u>ino</u> (argentino)

Hay mucha confusión en el uso de los gentilicios. Uno que es oriundo de Mérida, Venezuela, es <u>merideño</u>; el de Mérida, España, es <u>merideño</u> o <u>emeritense</u>; y el habitante de Mérida, México, es <u>meridano</u>. El natural de Cartago, Colombia, es <u>cartagüeño</u>, pero el residente de Cartago, Costa Rica, es <u>cartaginés</u>.

7.4.4.3.1 Diminutivos y aumentativos.

En sus sentidos más básicos, el diminutivo y aumentativo expresan tamaño, cariño o desprecio. Los sufijos aumentativos se afijan a los sustantivos y adjetivos; los diminutivos se afijan a éstos y también a los adverbios y gerundios.[8] En distintas épocas de la lengua, varios sufijos han gozado de mayor o menor popularidad. Entre los sufijos del diminutivo, los más importantes son -ito (-<u>cito</u>, -<u>ecito</u>), -<u>ico</u>, -<u>illo</u> (-<u>cillo</u>, -<u>ecillo</u>), -<u>ín</u>, -<u>uelo</u> y -<u>ete</u>, más sus variantes femeninas. Actualmente, el más común es -<u>ito</u>:

(sustantivos) <u>gatito</u>, <u>casita</u>
(adjetivos) <u>pequeñito</u>, <u>mansito</u>
(adverbios) <u>más abajito</u>, <u>cerquita</u>, ahorita, lueguito
(gerundios) <u>caminandito</u> (No universalmente aceptado; véase abajo.)

Hasta la interjección <u>adiós</u> permite el diminutivo <u>adiosito</u>.
En algunos países, como Cuba y Colombia, si la palabra ya tiene <u>t</u>, no se le agrega -<u>ito</u> sino -ico. Se oye, pues, <u>poco</u>, <u>poquito</u> y (debido a la <u>t</u> de <u>poquito</u>) poquitico, forma que en otras regiones sería <u>poquitito</u> (o <u>poquitín</u>). El diminutivo de <u>gato</u> es, según la región, <u>gatito</u> o <u>gatico</u>. A los costarricenses, famosos por sus diminutivos en -<u>ico</u>, se les ha puesto el gentilicio <u>ticos</u>. Otras regiones pueden mostrar una preferencia por alguno de los otros sufijos: <u>gatillo</u>, <u>chiquillo</u>, <u>pececillo</u>, <u>chiquitín</u>, Blanquin (< Blanca), Benitín (< Benito).
El diminutivo puede ser usado con el gerundio, aunque se documentan pocos ejemplos del fenómeno. Copio exactamente una anécdota citada por Amado Alonso con referencia al uso del diminutivo en la cortesía:

En un juzgado de Santo Domingo (agradezco la anécdota a Pedro Henríquez Ureña), el juez pregunta al testigo cómo encontró a la pareja acusada:
-- *Pues ¿qué cree usté, señor juez?*, *singando* (usando una palabra que allá es obscena).

-- ¡*Silencio*! (interrumpe el juez). *Use un lenguaje*
más decente.
-- *Bueno, pues, singandito.* [9]

Los sufijos aumentativos más productivos hoy en día son -ote
y, especialmente, -ón más sus variantes femeninas -ota y -ona.
Se usa también con valor aumentativo -azo (-aza), sufijo que,
pospuesto a los sustantivos, significa también 'golpe'.
Con valor despectivo usamos voces como bocón, tocón,
borrachón, criticón; no necesariamente despectivo es comelón;
y con referencia aunque no exclusiva al tamaño, decimos
grandote, librote.
El valor emotivo del diminutivo y aumentativo se ve en la
oración de una madre que le pide a San Cristóbal que le con-
siga un marido a su hija:

San Cristobalito,
manitas, patitas,
carita de rosa,
dame un novio pa mi niña
que la tengo mosa.

San Cristóbal atiende el ruego, pero cuando resulta que el
novio no sale al gusto de la madre, ella protesta:

San Critobalón,
manazas, patazas,
cara de cuero,
como tienes la cara
me diste el yerno. [10]

Los diminutivos y aumentativos de uso frecuente se pueden
LEXICALIZAR. O sea, pueden dejar de usarse como la derivación de una palabra PRIMITIVA (sin afijos derivacionales)
y llegar a formar parte del léxico con su propio significado.
Tal es el caso de fogón, que no es un fuego grande, y de
sillón y portón.
Compare los siguientes pares de palabras; en cada caso la
voz lexicalizada se refiere a otra cosa que la palabra primitiva:

bolso	bolsillo	puerta	portón
colmo	colmillo	rata	ratón
polvo	polvorín	carta	cartón
caballo	caballete	tapa	tapón
libro	libreta	pila	pilón
cera	cerilla	silla	sillón
cama	camilla	fuego	fogón
mosca	mosquito		
ahora	ahorita		

De especial interés es ahorita por la confusión que causa
entre hispanohablantes de distintas regiones. Considere la
siguiente conversación, oída entre una camarera colombiana y
un cliente puertorriqueño en un restaurante mexicano en los
Estados Unidos:

-- ¿Le provoca un tinto?
-- ¿Cómo?
-- ¿Quiere Vd. café?
-- Sí, por favor.
-- Se lo traigo ahorita.
-- Lo prefiero ahora, por favor.
-- Sí, claro, ahorita.

La primera dificultad se presenta, desde luego, en la expresión
¿Le provoca un tinto?, que en Colombia significa '¿Le apetece
un café negro?'. Ahorita en Colombia, Centroamérica y México,
y en otros lugares, quiere decir 'en este momento'. Para el
puertorriqueño, como para la mayor parte de los hispanohablantes, ahorita significa 'después de un ratito (o ratico)'
o 'hace poco'. (Cosa parecida pasa con luego, voz que,
según la región, significa 'más tarde' o 'ahora mismo'. ¿Qué
significa lueguito?)

7.4.4.3.2 Intensivos. Finalmente, -ísimo (-ísima), que en
latín expresaba el superlativo (apartado 5.1.2), tiene fuerza in-
tensiva en español: pequeñísimo es más pequeño que "muy
pequeño" y grandísimo expresa un tamaño mayor que "muy
grande." Se usa este sufijo sólo con los adjetivos (y los
adverbios cuya forma es idéntica a la del adjetivo, como El
corre rapidísimo).

7.4.4.4 Prefijos. Con los prefijos llegamos al último aspecto
de la morfología derivacional que trataremos aquí. Los prefijos
que siguen han figurado entre los más productivos durante la
historia del español. Muchos pertenecen también al lenguaje
científico. Todos vienen del latín, menos anti-, hiper-, hipo-
y orto-, que son del griego. El significado aparece entre
paréntesis:

ante- (anterioridad) antemano, antebrazo (Fíjese en los dos
   sentidos de ante-, temporal y espacial.)
anti- (contra) antibiótico, antisocial, antiaéreo
bi- (dos, doble) bilateral, bisemanal, bilingüe
co- (con) coaxial, coexistencia, copiloto
contra- (contra) contraataque, contrabalanza
des- (separación, negación) descomponer, desmentir,
   destapar
en-, em- (en, dentro) encerrar, empapelar
ex- (fuera de, cesación de cargo) ex-presidente, ex-ministro

extra- (fuera de) extraterrestre, extraordinario, extraviar
hiper- (superioridad o exceso) hipertensión, hiperactivo
hipo- (inferioridad) hipodérmico, hipotensión
in-, i-, im-, ir- (negativo) inseguro, ilegal, impreciso,
   irracional
infra- (debajo de) infrarrojo, infrasonido
inter- (entre) internacional, interamericano
micro- (pequeñísimo) microbús, microonda
mini- (muy pequeño) minifalda, minicurso
orto- (derecho) ortografía, ortodoncia
pos(t)- (después) posromanticismo, postmodernismo,
   postoperatorio
pre- (antes) premeditar, prefabricado
re- (repetición, intensidad) restablecer, resecar, resaber
requete- (muy) requetebién, requetemalo
retro- (hacia atrás) retroactivo, retropropulsión
sobre- (encima) sobrecama, sobreentender
sub- (debajo) submarino, subrayar
super- (sobre) superestructura, supersónico

Como todos los aspectos de la evolución del lenguaje, los
procesos de cambio y expansión léxica no dan los mismos resultados en todas partes del mundo hispánico ni en todos los
estratos sociales. En español, el léxico contribuye quizás más
notablemente que ningún otro aspecto de la lengua a la dife-
renciación del habla de distintas regiones y grupos sociales.

7.5 Para contestar

1. En cada región de América, ¿qué lenguas han hecho
contribuciones al léxico del español? ¿Qué relación hay entre
(a) el orden del descubrimiento y conquista de las varias
regiones de América y (b) la presencia en el español general
del léxico autóctono de cada región?
2. ¿Cuáles son los tres procesos de incorporar al español
las voces extranjeras modernas? ¿Qué tipo de influjo ha in-
tentado ejercer la Real Academia Española con respecto a la
expansión léxica del español?
3. Hay varios procesos de cambio y expansión léxica que
operan en español sin recurrir al uso de extranjerismos.
Explique (a) el cambio semántico y (b) la formación de los
neologismos (1) de siglas, (2) como palabras compuestas y
(3) por derivación. Explique también la formación de los
neologismos con elementos clásicos de uso internacional.
4. El latín y el griego han dado al español muchos pares
de palabras de significado igual o parecido. Con la ayuda de
un diccionario cuando sea necesario, trate de suplir las parejas
que faltan (una letra en cada espacio), según el modelo:

GRIEGO	LATIN	LATIN	GRIEGO
simbiosis	c o n v i v e n c i a	oculista	o f t a l m ó l o g o
demótico	p _ _ _ _ _ _	aparición	f _ _ _ _ _ _
cósmico	m _ _ _ _ _ _	droguero	f _ _ _ _ _ _ _ _ _ _
	u _ _ _ _ _ _ _ _	medidor de	
hipnosis	s _ _ _ _	velocidad	t _ _ _ _ _ _ _ _
monólogo	s _ _ _ _ _ _ _ _	medidor de	
policromo	m _ _ _ _ _ _ _ _ _	luz	f _ _ _ _ _ _ _
político	c _ _ _ _	multilingüe	p _ _ _ _ _ _ _
	u _ _ _ _ _	librería	b _ _ _ _ _ _ _
neumonía	p _ _ _ _ _ _ _	aguar	h _ _ _ _ _ _ _
diáfano	t _ _ _ _ _ _ _	caballuno	h _ _ _ _ _
cacofónico	m _ _ _ _ _ _ _ _ _ _	rectangular	o _ _ _ _ _ _
melanosis	n _ _ _ _ _ _	ciudad norteamericana de amor	
mito	f _ _ _ _	fraternal	F _ _ _ _ _ _ _ _

Notas

1. Para más información sobre los indigenismos léxicos aquí citados véase la Bibliografía. Especialmente útil es Tomás Buesa Oliver, *Indoamericanismos léxicos en español*. También los varios diccionarios de americanismos citados y los diccionarios etimológicos. Las cifras y distribución geográfica de las lenguas indias son de Antonio Tovar, *Catálogo de las lenguas de América del Sur*, y de varias enciclopedias.

2. También se conoce esta obra por el título de la edición facsímil de la Real Academia Española, *Vocabulario español-latino: Interpretación de las palabras castellanas en latín*, Madrid, 1951.

3. Véase Humberto Toscano, *Hablemos del lenguaje*, págs. 28, 184-187, para una interesantísima discusión de las varias designaciones del maíz.

4. Más ejemplos e información sobre la formación de las palabras nuevas por medio de adiciones de prefijos y sufijos a raíces y palabras hispanas se encuentran en el apartado sobre la Derivación (7.4.4).

5. Para más información sobre las palabras compuestas, y también sobre los prefijos y sufijos derivacionales en los próximos apartados, el lector puede consultar a Robert P. Stockwell, J. Donald Bowen, y John W. Martin, *The Grammatical Structures of English and Spanish*. C. Kany registra numerosos ejemplos de la combinación Verbo + Sustantivo en su *Semántica hispanoamericana*, págs. 30-31.

Las palabras compuestas funcionan lingüísticamente como una sola palabra, a pesar de que algunas se escriben como dos.

6. Los SUFIJOS y PREFIJOS DERIVACIONALES se distinguen de los SUFIJOS INFLEXIONALES estudiados en el capítulo anterior. Los sufijos inflexionales modifican la palabra sin alterar su función ni sentido para que concuerde con otros elementos de la oración o con el concepto del locutor en categorías como número, género y caso gramatical en los sustantivos y adjetivos, o tiempo, modo y aspecto en los verbos.

Los afijos derivacionales se usan para formar palabras nuevas a las que se les agregan los sufijos inflexionales.

7. Charles Kany, *Semántica hispanoamericana*, págs. 100-101. Véanse las págs. 100-109 de esa obra para una discusión muy completa del sufijo -(e)ar. Muchos de los ejemplos citados en la presente discusión se deben al capítulo "Analogía combinativa" de Kany, págs. 85-133.

8. Para un tratamiento a fondo y un análisis estadístico del uso del diminutivo en las obras de autores españoles, remito al lector a *El diminutivo: historia y funciones en el español clásico y moderno*, de Emilio Náñez Fernández. Otro valioso estudio, que pretende explicar los sentidos del diminutivo y aumentativo mediante la categorización y traducción de pasajes literarios, es *Diminutive, Augmentative and Pejorative Suffixes in Modern Spanish*, de Anthony Gooch. El sistema de los conceptos del diminutivo se expone en "Noción, emoción, acción y fantasía en los diminutivos," en *Estudios lingüísticos: temas españoles*, de Amado Alonso, págs. 161-189.

9. Amado Alonso, op. cit., págs. 175-176.

10. Rodrigo Marín, *Cantos populares españoles*, I, pág. 452, citado por Amado Alonso, op. cit., pág. 172.

EPILOGO

La lengua castellana nació en la España árabe, vivió su adolescencia en la Reconquista y llegó a la madurez al ser llevada al Nuevo Mundo. Ahora, en los años más robustos de su ciclo de vida, es la lengua oficial de veinte países y el habla vernácula de más de doscientos millones de personas en cinco continentes.

Gracias a varios accidentes de la historia, entre ellos (1) la rapidez con que se pobló el Nuevo Mundo y (2) la falta de las condiciones necesarias para que se desarrollaran hablas divergentes criollas basadas en el español, tenemos en la lengua de Castilla un idioma intercontinental y unificado cuyos dialectos geográficos y sociales ostentan, a pesar de sus diferencias, una homogeneidad estructural y comprensión mutua sin par en el mundo de hoy.

CONTESTACIONES A LOS EJEMPLOS ADICIONALES

Regla 1
secūru > seguro
ūsu > uso
pŭllu > pollo
tū > tú
tŭu > tu
sŭu > su

Regla 2
del(ĭ)cātu > delgado
lĭtt(ĕ)ra > letra
cĕr(ĕ)vĭsĭa > cerveza
dĭāb(ŏ)lu > diablo

Regla 3
capra > cabra
vōta > boda
quietāre > quedar
cathĕdra > cátedra, cadera
crudelĭtāte > crueldad
pĕtra > piedra
acūtu > agudo
amīcu > amigo
dīcō > digo
stŏmăchu > estómago
monachĕllu > monaguillo
carrĭcāre > cargar
*
*capĭtĭa > cabeza
marītu > marido
aetăte > edad
catēnătu > candado
Petru > Pedro
apĕrīre > abrir
coopĕrīre > cubrir
ŭmbĭlīcu > ombligo

Regla 4
pacāre > pagar
thĕsis > tesis
canthăru > cántaro
creāre > crear, criar
crassa > grasa
Hĭspanĭa > España
tĕrra > tierra
altu > alto
*
charta > carta
pĕde > pie
tĭngĕre > teñir
vĕntu > viento
casa > casa
chŏrda > cuerda
quiritāre > gritar
crŭsta > costra
schŏla > escuela
thallu > tallo
thius > tío
trĕmŭlāre > temblar

Regla 5
plēnu > lleno
planctu > llanto
planta > llanta
plaga > llaga
*plŏvĕre > llover
plantāgĭne > llantén
planu > plano, llano
clave > clave, llave
clavu > clavo
flaccu > flaco
lĕvāre > llevar

Regla 6
quantu > cuanto
quadru > cuadro
quadragēsĭma > cuaresma
quŏtīdĭānu > cotidiano
quasī > casi
quīntu > quinto
quīndĕcĭm > quince
aquĭla > águila
quaternu > cuaderno
quŏta > cuota
quorum > quorum
aequāle > igual

Regla 7
apīcŭla > abeja
aurĭcŭla > oreja
*acūcŭla > aguja
talĕa > taja, tajo, talla
palĕa > paja
pĭlĭāre > pillar
cĭlĭa > ceja
allĭu > ajo
*mŏllĭāre > mojar

Regla 8
dīrēctu > directo, derecho
tectu > techo
collecta > cosecha
factu > hecho
facta > fecha
satisfactu > satisfecho
frūctu > fruto
auctōre > autor
dēlĕctāre > deleitar
*punctĭāre > ponchar,
   pinchar, punzar
*semicoctāre > sancochar
delictu > delito

Regla 9
sabbătu > sábado
peccāre > pecar
addĭctu > adicto
*affĭlĭātu > ahijado
*aggravāre > agravar
bĕlla > bella
gemma > yema
canna > caña
drappu > trapo
cŭrrĕre > correr

bassu > bajo
mĭttĕre > meter
   *
abbăte > abad
Fredericcu > Federico
occŭpāre > ocupar
*affĭdūcĭāre > desahuciar
diffĭcĭle > difícil
apprĕhĕndĕre > aprender
cessāre > cesar
*battĕre > batir
gŭtta > gota
attendĕre > atender

Regla 10
bĭbĕre > beber
bracchĭu > brazo
dēbĭta > deuda
de trans > detrás
gŭrdu > gordo
vīvĕre > vivir
vacīvu > vacío
balnĕu > baño
bĕne > bien
bĕnefactōre > benefactor,
   bienhechor
   *
de ex de > desde
gallīna > gallina
bĭtūmen > betún
blandu > blando
denārĭu > dinero
dracōne > dragón
gangraena > cangrena, gangrena
vŏlvĕre > volver
vanu > vano
vŏlāre > volar

Regla 11
cŭbĭtu > codo
dēbēre > deber
crēdĭt > cree
vĭdĕt > ve
foedu > feo
rēgīna > reina
lēgāle > legal, leal
quadragēsĭma > cuaresma
fĭbra > hebra
comĕdĕre > comer
vĭgĭlāre > vigilar, velar
tardīvu > tardío

pavu > pavo
nĭgru > negro
rŏgāre > rogar
　　*
fĭde > fe
jūdĭcĭu > juicio
*cupĭdĭtĭa > codicia
castīgāre > castigar
nĕgat > niega
sĭgĭllu > sello
eventu > evento
lavāre > lavar
natīvu > nativo
quadru > cuadro
plaga > plaga, llaga
fūmĭgāre > humear

Regla 12
īre > ir
salīre > salir
mīca > miga
sīc > sí
radīce > raíz
spīna > espina

Regla 13
sĭlva > selva
facĭt > hace
perdĭmŭs > perdemos
intĕndĕre > entender
sĭgna > seña
lĭgna > leña
mĭttō > meto
ĭnter > entre
cŭnĭcŭlu > conejo
coena > cena

Regla 14
pĕnsāre > pensar
pĕnsō > pienso
pĕnsās > piensas
pĕnsăt > piensa
pĕnsāmus > pensamos
pĕnsātĭs > pensáis
pĕnsănt > piensan
cĕntu > ciento
fĕsta > fiesta
jŭvĕne > joven
mĕnsa > mesa
martĕllu > martillo
extranĕu > extraño

sĕmper > siempre
hĕrba > hierba
jūdaeu > judío
caelu > cielo
　　*
dĕcem > diez
hĕdĕra > hiedra
fĕbre > fiebre
hĕlm > yelmo
dĕnte > diente
ĕqŭa > yegua
cadĕre > caer
pĕctu > pecho
mĕl > miel
graecu > griego
pĕjōre > peor
tĕnĕŏ > tengo

Regla 15
lāna > lana
fărīna > harina
lĭbrārĭu > librero
ārĕa > área
salvāre > salvar
falsu > falso
*acūcŭlārĭu > agujero
ĭnsŭlsu > soso, sonso
balbu > bobo

Regla 16
dŭple > doble
lŭpu > lobo
pŭgnu > puño
sōlu > solo
hōra > hora
dēfĕndō > defiendo
cōgnātu > cognado, cuñado
cŭm > con
cŭmŭlu > colmo
aut > o
raupa > ropa
paupĕre > pobre
　　*
cŭppa > copa
*sŭbtŭlu > sótano
labōre > labor
scrībō > escribo
mauru > moro
paucu > poco
caule > col
tauru > toro

Regla 17

pŏpŭlu > pueblo
mŏvēre > mover
mŏvĕnt > mueven
*pŏtĕre > poder
*pŏtĕt > puede
fŏlĭa > hoja
*mŏllĭat > moja
cŏntra > contra
*ĭncŏntrăt > encuentra
mŏnstrō > muestro
*
cŏlōre > color
nŏve > nueve
ŏssu > hueso
ŏrphănu > huérfano
grŏssu > grueso
cŏllu > cuello
pŏrcu > puerco
ŏlōre > olor
cŏllĭgĭt > coge
cŏxu > cojo
cŏrnu > cuerno

Regla 18

fūmu > humo
fŭndu > hondo
refūsāre > rehusar
frēnu > freno
frīgĭdu > frío
profectu > provecho
*
fīlu > hilo
formīca > hormiga
fatu > hado
fībra > hebra
fĭlĭctu > helecho
fŏrte > fuerte
frīgĕre > freír
fŭngu > hongo
fĕrvēre > hervir
fĕrru > fierro, hierro
frĭcāre > fregar
Chrīstophŏru > Cristóbal
Estĕphănu > Estéban
phlegma > flema
phrase > frase
pharus > faro
phoca > foca

Regla 19

halt > alto
cohorte > cohorte, corte
līmĭtāre > limitar, lindar
ūmĭdu > humedo
nĕbŭla > niebla
arbŏre > árbol
rhoncāre > roncar
arbĭtrĭu > albedrío
bŭrsa > bolsa
păpyru > papel
sapōne > jabón
sūcu > jugo
*
lacrĭma > lágrima
latrōne > ladrón
ligāre > ligar, liar
amĭndŭla > almendra
comprēhĕndĕre > comprender
manĭca > manga
pĕregrīhu > peregrino
rŏsa > rosa
rōbŏre > roble
perīcŭlu > peligro
marmŏre > mármol
carcĕre > cárcel
stĕrcŏre > estiércol
taratru > taladro
abhorrēre > aburrir

Regla 20

vĕstīre > vestir
magĭstru > maestro
sclavu > esclavo
*scrūtĭnĭāre > escudriñar
spīrĭtu > espíritu
gŭstu > gusto
pĭscare > pescar
spērāre > esperar
squama > escama
scōpa > escoba
sternūtāre > estornudar

Regla 21

dies Lūnĭs > lunes
dies Martĭs > martes
dies Mĕrcŭrī > miércoles
dies Jŏvĭs > jueves
dies Vĕnĕrĭs > viernes
dies Domĭnĭcŭs > domingo

tam > tan
ĭn > en
dĕcĕm > diez
ŭndĕcĭm > once
duodĕcĭm > doce
tredĕcĭm > trece
quattuordĕcĭm > catorce
quīndĕcĭm > quince
sŭmŭs > somos
sŭnt > son
Josephus > José
nūmquam > nunca
ĭllắc > allá
ĭllíc > allí
quĭd > qué
jam > ya
lĭbrŭm > libro
dĕxtrŭm > diestro
artĕm > arte
pagĭnăm > página
magĭs > más, mas
nōs > nos
vōs > vos
capŭt > cabo
pŏst > pues

Regla 22
mercēde > merced
cane > can
vōce > voz
melĭŏre > mejor
aprĭle > abril
pĕlle > piel
mense > mes
hŏdĭe > hoy
ave > ave
grande > grande, gran
tŭrre > torre
*
felĭce > feliz
bŏve > buey
leōne > león
sale > sal
ĭlle > el, él
nŭce > nuez
tŭsse > tos
mŏrte > muerte
base > base
rĕge > rey

Regla 23
gȳpsu > yeso
*gemĕllĭcĭu > mellizo
jŏcu > juego
gĕnĕru > género, yerno
germānu > hermano
Gelovira > Elvira
jŭvĕne > joven

Regla 24
cūju > cuyo
fastīdĭu > hastío
sagĭtta > saeta
verecŭndĭa > vergüenza
vĭdĕō > veo

Regla 25
dŏmĭna > dueña, doña
autŭmnu > otoño
reautŭmnāre > retoñar
strĭngĕre > estreñir
Antōnĭu > Antonio, Toño
aranĕa > araña
ĭnsĭgnāre > enseñar
*dĭsdĭgnāre > desdeñar
damnu > daño
ŭngŭla > uña
pannu > paño
sĕnĭŏre > señor

Regla 26
sapĭāmus > sepamos
mansĭōne > mansión, mesón
ordĭnārĭu > ordinario
ŏpĕrārĭu > obrero
*cĭnĭsĭa > ceniza
sĕrĭe > serie
passĭone > pasión
illūsĭōne > ilusión

Regla 27
martĭu > marzo
recĭtāre > recitar, rezar
cantĭōne > canción
*dĭrectĭāre > aderezar
captĭāre > cazar
satĭōne > sazón
ŭncĭa > onza
trādĭtĭōne > tradición, traición

Regla 28
fīxāre > fijar
proxĭmu > próximo, prójimo
traxī > traje
extīrāre > estirar
complexĭōne > complexión
sexu > sexo
taxāre > tasar
extendĕre > extender
condūxī > conduje
tĕxĕre > tejer

Regla 29
pĭce > pez
mĭscĕre > mecer
nascĕre > nacer
vĭncĕre > vencer
lūce > luz
crescĕre > crecer
Caesăre > César
praescindĕre > prescindir

Regla 30
famĭne > hambre
aerāmĭne > alambre
lūmĭne > lumbre
culmĭne > cumbre

sĕmĭnāre > sembrar
certĭtūdĭne > certidumbre
mŭltĭtūdĭne > muchedumbre

Regla 31
palŭmba > paloma
ambōs > ambos
lŭmbrīce > lombriz

Regla 32
gȳpsu > yeso
versūra > basura
prehensĭōne > prisión
cŏnstāre > costar
cŏnstat > cuesta
ŭrsu > oso

Regla 33
recepta > receta
tĕmptāre > tentar
scrīptu > escrito
*nĕptu > nieto
baptĭzāre > bautizar
aptāre > atar
rŭptu > roto
aegyptĭānu > gitano
aegyptĭānu > egipcio

APENDICE: TEXTOS ANTIGUOS

0. Introducción. A continuación se presentan algunas
muestras del español medieval (siglos XII a XIV) y de la época
de la conquista del Nuevo Mundo.
Con la excepción de la última selección, que conserva la
ortografía de su autor, todas se toman de ediciones críticas
en las que se suplen las letras, palabras y hasta frases enteras
que faltan en el manuscrito conocido.[1] Para facilitar la lectura
de los textos antiguos e indicar con mayor precisión la pronunciación del autor, los editores normalizan hasta cierto
punto la ortografía, aspecto sumamente caótico de las etapas
tempranas de la lengua. Suprimo las variaciones tipográficas
(letras en cursiva) y los corchetes que varios editores intro-
ducen con el fin de señalar sus enmiendas.
En caso de no tener a la mano diccionarios especializados
del español antiguo ni las anotaciones de las ediciones críticas,
el lector puede servirse del DRAE para la explicación de
muchas palabras ya desusadas. De suma utilidad son los
glosarios incluidos en las antologías, como en *Textos lingüísticos del medioevo español* de Gifford y Hodcroft. Me he
empeñado en dar glosas suficientes, sobre todo de los textos
más antiguos, para reducir al mínimo la necesidad por parte
del lector de recurrir al uso del diccionario para la comprensión de estas selecciones.

[1]Conviene contrastar el concepto de la 'edición crítica' con
el de la 'edición paleográfica,' cuyo propósito es transliterar
la letra del manuscrito (cuya lectura directa requiere entrena-
miento especial), según las normas tipográficas modernas.
Compárense las primeras líneas de la edición paleográfica del
Cantar de mio Cid (Ramón Menéndez Pidal, *Cantar de Mio Cid,*
III, pág. 909), reproducidas abajo, con las de la edición
crítica que aparecen en las págs. 166-167, partes 1 y 3.

1. CASTILLA (SIGLO XII)

1.1 CANTAR DE MIO CID (edición paleográfica)

...

Delos sos oios tan fuerte mientre lorando,
Tornaua la cabeça e estaua los catando.
Vio puertas abiertas e vços sin cañados,
Alcandaras uazias sin pielles e sin mantos
E sin falcones e sin adtores mudados.

...

Myo Çid Ruy Diaz por Burgos en traua,
En su conpaña .Lx. pendones; exien lo uer mugieres e
    uarones,
Burgeses e burgesas por las finiestras son,
Plorando delos oios, tanto auyen el dolor.
Delas sus bocas todos dizian una razon:
«Dios, que buen vassalo, si ouiesse buen Señor!»

1.2 CANTAR DE MIO CID[1]

*Rodrigo Díaz de Vivar, personaje semihistórico, semilegen-
dario, nació cerca de Burgos hacia 1040 y murió en Valencia
en 1099. El Cantar de Mio Cid fue escrito por un autor desconocido hacia 1140, según los análisis hechos por Ramón
Menéndez Pidal.*

*La versión original de la obra ya no existe. La conocemos
sólo mediante una copia hecha en 1307 por un tal Per Abbat
(Pedro Abad). Falta la primera página de su manuscrito; la
información sobre su contenido se suple principalmente de la
Crónica de veinte reyes, que es una traducción española de
la historia del Cid en latín.*

*En ella se cuenta que el rey Alfonso VI envía a Díaz a
cobrar las parias (tributo pagado por un noble a otro) a
Almutamiz, rey moro de Sevilla. Este es atacado por el conde
castellano García Ordóñez. Díaz ayuda a Almutamiz y despúes
de una gran batalla lleva preso a García Ordóñez. El Cid
manda recoger las riquezas que quedaban en el campo de
batalla; luego va "con toda su conpaña e con todas sus
riquezas para Almutamiz rey de Sevilla, e dio a él e a todos
sus moros quanto conoscieron que era suyo, e aun de lo al
quanto quisieron tomar. E de allí adelante llamaron moros e
cristianos a éste Ruy Díaz de Bivar el Çid Campeador, que
quiere dezir batallador."[2] (Cid significa 'Señor'.)*

---

[1]Texto según la edición de Ramón Menéndez Pidal, *Cantar
de Mio Cid*, III, pág. 1022 y siguientes.
[2]Menéndez Pidal, op. cit., pág. 1023, líneas 15-19.

El Cid regresa a Castilla con las parias y es bien recibido por el rey. Pero despúes de su partida los enemigos del Cid lo enemistan con Alfonso y éste, mediante sus cartas, lo deja saber que "non avía de plazo más de nueve días en que salliese de todo el reyno."[1]
El Cid convoca a sus vasallos; se destierran con él. El texto conocido del poema empieza con la salida de Bivar.

1 SALIDA DE BIVAR

De los sos ojos* tan fuertemientre llorando,   *De sus ojos*
tornava la cabeça i estávalos catando.*   *mirando*
Vío puertas abiertas e uços sin cañados,*   *puertas sin candados*
alcándaras* vázias sin pielles e sin mantos   *ganchos para ropa*
⁵e sin falcones e sin adtores mudados.*   *aves de rapiña*
   (azores) después de la muda de plumaje
Sospiró mio Çid, ca* mucho avie grandes cuidados.*   *porque;*
   tenía muy grandes aflicciones
Fabló mio Çid bien e tan mesurado*:   *(habló con moderación,*
   virtud muy estimada en un caballero)
"grado a tí, señor padre, que estás en alto!
"esto me an buolto* mios enemigos malos."   *esto [la traición]*
   me lo han urdido (vuelto)

2 EN EL CAMINO A BURGOS

¹⁰Allí pienssan de aguijar,* allí sueltan las riendas.   *picar los*
   animales con vara larga para que anden aprisa
A la exida* de Bivar ovieron la corneja diestra,*   *salida;*
   tuvieron un cuervo a mano derecha.   (No se distinguía
   como hoy entre haber y tener.)
e entrando a Burgos oviéronla siniestra.*   *(El que la corneja*
   vuele de derecha a izquierda se consideraba como un mal
   agüero.)
Meçió* mio Çid los ombros y engrameó la tiesta:*   *movió;*
   sacudió la cabeza (ademanes destinados a rechazar el mal
   agüero)
"albricia,* Álvar Fáñez,* ca echados somos de tierra!   *(ex-*
   presión irónica de júbilo); (su teniente)
"Mas a grand ondra tornaremos a Castiella."

---

[1]Menéndez Pidal, op. cit., pág. 1024, líneas 13-14.

3 ENTRAN A BURGOS

[15]Mio Çid Roy Díaz por Burgos entróve,*[1]   entró (Véase la
nota al pie de la página.)
En sue conpaña sessaenta pendones;*   estandartes (es decir,
60 personas)
[16b]exien* lo veer mugieres e varones,   salían
burgeses e burgesas por las finiestras sone,*   (No se
distinguía entre ser y estar para expresar lugar.)
plorando de los ojos, tanto avien el dolore.
De las sus bocas todos dizían una razóne:
[20]"Dios, qué buen vassallo, si oviesse buen señore!"

4 NADIE HOSPEDA AL ÇID

Conbidar le ien* de grado, mas ninguno non osava: Le
convidarían
el rey don Alfonsso tanto avie le grand saña.*   ira
Antes de la noche en Burgos dél entró su carta,
con grand recabdo* e fuertemientre seellada: cuidado
(recaudo)
[25]que a mio Çid Roy Díaz, que nadi nol* diessen posada,   nadie
no le
e aquel que gela* diesse sopiesse vera palabra   se la
que perderie los averes e más los ojos de la cara,
e aun demás los cuerpos e las almas.
Grande duelo* avien las yentes cristianas;   dolor
[30]ascóndense de mio Çid, ca nol osan dezir nada.

El Campeador adeliñó* a su posada;   se dirigió
así commo llegó a la puorta, fallóla bien çerrada,
por miedo del rey Alfons, que assí lo pararan*:   así lo habían
dispuesto
que si non la quebrantás, que non gela abriessen por nada.
[35]Los de mio Çid a altas vozes llaman
los de dentro non les querién tornar palabra.
Aguijó mio Çid, a la puerta se llegaua,
sacó el pie del estribera, una feridal* dava;   golpe (herida)
non se abre la puerta, ca bien era çerrada.

[40]Una niña de nuef años a ojo se paraba:*   se presentó
"Ya Campeador, en buena çinxiestes espada!*   en buena
[hora] ceñiste espada
"El rey lo ha vedado,* anoch dél entró su carta,   prohibido
"con grant recabdo e fuertemientre seellada.

---

[1]La ve de entróve y la e de sone, dolore, razone, señore son
PARAGOGES (adiciones de sonidos al final de una palabra)
usadas para nivelar las palabras agudas (entró) con las llanas
(pendones). Per Abbat interpretó mal entróve al copiar en
traua.

"Non vos osariemos abrir ni coger por nada;
⁴⁵"si non, perderiemos los averes e las casas,
"e aun demás los ojos de las caras.
"Çid, en el nuestro mal vos non ganades nada;
"mas el Criador vos vala* con todas sus vertudes santas."
   ayude (valga)
Esto la niña dixo e tornós pora su casa.
⁵⁰Ya lo vede* el Çid que del rey non avie graçia.   *ve*
Partiós de la puerta, por Burgos aguijaua,
llegó a Santa María,* luego* descavalga;   *(la catedral de*
   Burgos); entonces
fincó los inojos,* de coraçón rogava.   *se arrodilló (hincó los*
   hinojos)
La oraçión fecha, luego cavalgava;
⁵⁵salió por la puerta e Alarçón* passava.   *(río)*
Cabo Burgos essa villa en la glera posava,*   *(El Çid acampa*
   en el arenal (glera) del río, cerca de Burgos.)
fincava la tienda* e luego descavalgava.   *montaba (hincaba)*
   la tienda de campaña
Mio Çid Roy Díaz, el que en buena çinxo espada,*   *en buena*
   [hora] ciñó la espada
posó en la glera quando nol coge nadi en casa;
⁶⁰derredor dél una buena conpaña.
Assí posó mio Çid commo si fosse en montaña.
Vedada l'an conpra dentro en Burgos la casa*   *la población*
   de Burgos
de todas cosas quantas son de vianda;*   *(El rey le prohibió*
   la compra de hospedaje y viandas.)
nol osarien vender al menos dinerada.*   *ni siquiera una*
   dinerada (ración de comida que se compraba por un dinero)

1.3 AUTO DE LOS REYES MAGOS[1]

*El Auto de los Reyes Magos, de autor desconocido, es la
obra más antigua del teatro español y la única que sobrevive
del medioevo español.*
*La selección que se presenta aquí es la primera escena del
fragmento conservado del manuscrito. En ella se leen los
monólogos de los tres reyes, Gaspar, Melchor y Baltasar, con
el descubrimiento de la estrella que los conduciría a Belén.*

ESCENA I: *Gaspar, solo:*

Dios criador, qual marauila
no se qual es achesta strela!*   *aquella estrella*

---

[1]Texto según la edición de Ramón Menéndez Pidal,
"Disputa del alma y el cuerpo y Auto de los Reyes Magos,"
Revista de Archivos, Bibliotecas y Museos, 4 (1900), 449-462.

Agora primas la e ueida,*   *Ahora por primera vez la he visto*
poco timpo a* que es nacida.   *hace (ha)*
⁵Nacido es el Criador
que es de la* gentes senior?   *las (un error del escriba)*
Non es uerdad non se que digo,
todo esto non uale uno figo;
otra nocte me lo catare,*   *miraré*
¹⁰si es uertad, bine lo sabre.
(pausa)
Bine es uertad lo que io digo?
en todo, en todo lo prohio.*   *insisto (< *prŏfīdāre < fīde 'fe')*
Non pudet seer otra sennal?
Achesto es i non es al;*   *otra cosa (< alĭud)*
¹⁵nacido es Dios, por uer,* de fembra   *en verdad*
in achest mes de december.
Ala ire o que fure,* aoralo e,*   *adonde fuere (o < ŭbī 'donde'); lo adoraré (adorarlo he)*
por Dios de todos lo terne.*   *creeré (tendré, con metátesis)*

Baltasar, solo

Esta strela non se dond uinet,
²⁰quin la trae o quin la tine.
Porque es achesta sennal?
en mos* dias on ui atal.*   *míos; no vi tal [estrella]*
Certas* nacido es en tirra   *por cierto*
aquel qui en pace i en guera
²⁵senior a a seer da oriente*   *ha de ser de a oriente*
de todos hata* in occidente.   *(< árabe ḥatta)*
Por tres noches me lo uere
i mas de uero* lo sabre.   *más verdaderamente*
(pausa)
En todo, en todo es nacido?
³⁰non se si algo e ueido.*   *visto*
ire, lo aorare,
i pregare* i rogare.   *rezaré*

Melchor, solo

Ual,* Criador, atal facinda*   *Vale; cosa (hacienda)*
fu nunquas alguandre falada*   *fue nunca jamás hallada*
(alguandre < alĭquando)
³⁵ó en escriptura trubada.*   *encontrada, escrita*
Tal estrela non es in celo,
desto so io bono strelero;*   *de esto soy yo buen astrólogo*
(estrellero)
bine lo ueo sines escarno*   *sin burla (escarnio)*
que uno omne* es nacido de carne,   *(Véase Regla 30.)*
⁴⁰que es senior de todo el mundo,

asi cumo el cilo es redondo;
de todas gentes senior sera
i todo seglo iugara*   *el mundo (siglo) juzgará*
Es? non es?
⁴⁵cudo* que uerdad es.   *creo (cuedar < cŏgĭtāre)*
Ueer lo e otra uegada,*   *vez*
si es uertad o si es nada.
(pausa)
Nacido es el Criador
de todas las gentes maior;
⁵⁰bine lo ueo que es uerdad,
ire ala, par caridad.

2. CASTILLA (SIGLOS XII-XIII)

2.1 DISPUTA DEL ALMA Y EL CUERPO[1]

La Disputa del alma y el cuerpo, *escrita por autor desconocido hacia 1200, es un debate entre el alma y el cuerpo
de un difunto. Se culpan mutuamente de los pecados come-
tidos en la vida. El tema es muy popular en la Edad Media;
la versión española es considerada como traducción de un
poema francés procedente de unos versos latinos.*

*El fragmento de 37 versos que se ha conservado se en-
cuentra en el dorso de un documento del monasterio de Oña.
El alma regaña al cuerpo por los males que éste ha hecho.*

Si quereedes oir lo que uos quiero dezir,
dizre uos lo que ui, nol uos i* quedo fallir.*   *ahí (< hīc);*
engañar
Un sabado esient,* domingo amanezient,*   *saliendo (< ex īre);*
amaneciendo
ui una grant uision en mio leio* dormient: *lecho*
⁵eram' asemeiant que so un lenzuelo* nueuo   *érame semejante*
que bajo una mortaja (so < sŭb)
jazia un cuerpo de uemne* muerto;   *hombre (< hŏmĭne, con*
diptongación de la ŏ)
ell alma era fuera e* fuert mientre que plera,*   *y; llora*
ell ama* es ent* esida,* desnuda ca non uestida,   *alma; de*
allí (ende); salida
e guisa d'un jfant* fazie duelo* tan grant   *como un niño;*
dolor
¹⁰Tan grant duelo fazie al cuerpo maldizie
fazi* tan grant de duelo e maldizie al cuerpo;   *(por fazie);*
grande
al cuerpo dixo ell alma: de ti lieuo* mala fama!   *llevo*

<hr>

[1]Texto según la edición de Ramón Menéndez Pidal, "Disputa
del alma y el cuerpo y Auto de los Reyes Magos," *Revista de
Archivos, Bibliotecas y Museos,* 4 (1900), 449-462.

tot siempre* t'maldizre, ca por ti penare,*   *para siempre*
   (todo siempre); sufriré
que nunca fecist cosa que semeias* fermosa, *(forma apocopada*
   de semeiasse)
[15]ni de nog* ni de dia de lo que io queria;   *noche*
nunca fust a altar por j* buena oferda* dar   *allí; ofrenda*
ni diezmo ni primicia* ni buena penitencia: *(prestación de*
   frutos y ganados que además del diezmo se daba a la
   iglesia)
ni fecist oracion nunca de corazon,
cuando iuas all elguesia* asentauaste* a conseia,   *iglesia; te*
   sentabas a relatar cuentos viejos
[20]i* fazies tos* conseios e todos tos(dos)* trebeios*;   *ahí; todos*
   (repetido inadvertidamente y malescrito por el escriba);
   chistes
apostol ni martjr nunca quisist seruir,
iure par la tu tiesta* que no curaries fiesta,*   *juraste (¿un*
   error?) por tu vida (cabeza); no observarías los días
   sagrados
nunca de nigun santo no curest so disanto*   *no observaste*
   su día santo
mas not* faran los santos aiuda mas que a una bestia muda;
   no te
[25]mezquino,* mal fadado;* ta' mal ora fuest nado!*   *desgraciado;*
   infeliz (< mal(u) + fatu 'hado, destino') tan desfavorable-
   mente (mala hora) fuiste nacido (< natu)
que* tu fueste tan rico, agora eres mesquinu!   *aunque*
dim,* o* son tos dineros que tu misist en estero?*   *dime;*
   dónde; ¿metiste en ...? (No se entiende bien esta
   palabra.)
o los tos morauedis* azaris et melequis*   *dónde [están] tus*
   maravedís; (¿otras monedas?)
que solies manear* et a menudo contar?   *manosear*
[30]o son los palafres* que los quendes ie los res*   *caballos*
   (palafrenes); que los condes y los reyes
te solien dar por to loseniar?*   *por tu adulación, halago*
   (lisonja)
los cauallos corientes,* las espuelas punentes,*   *veloces;*
   agudas (< pŭngĕre)
las mulas bien amblantes,* asuueras trainantes,*   *andantes;*
   arreos colgantes
los frenos esorados,* los petrales* dorados,   *de oro; correas*
   de pecho de caballo (petral, también pretal, < pectorāle)
[35]las copas d'oro fino con que beuies to uino?
do* son tos bestimentos?* ¿o los tos guarnimentos*   *dónde;*
   vestimenta; vestiduras
que tu solies festir* e tanbien te ...   *vestir*

AQUI TERMINA EL FRAGMENTO

3 CASTILLA (SIGLO XIII)

3.1 GONZALO DE BERCEO, *MILAGROS DE NUESTRA SEÑORA* [1]

Gonzalo de Berceo (¿1195–1264?) es el primer autor conocido de la literatura española. El nos dice en sus escritos que nació en Berceo, un pueblo de la Rioja, y que se crió en San Millán:

> Yo, Gonzalvo por nombre, clamado de Verçeo,
> de Sant Millan criado, en la su merced seo.*   soy
> *(Vida de Santo Domingo, copla 757)*

Situada en el oeste de Navarra, la Rioja se castellanizó en el siglo XII (véase mapa, página 7). Berceo fue clérigo en el monasterio de San Millán de la Cogolla. Hizo famoso el género literario preciso y erudito de las personas doctas conocido como el mester de clerecía *'mester (menester) de los clérigos'. Escribió exclusivamente de temas religiosos con el fin de popularizarlos.*

En Milagros de Nuestra Señora *Berceo relata veinticinco historias en las que se ilustran veinticinco milagros hechos con la intercesión de la Virgen María. La número nueve, reproducida aquí, es típica y breve.*

IX. EL CLERIGO IGNORANTE

220Era un simple clerigo pobre de clerecia,
Decie cutiano* missa de la Sancta Maria,   *cotidianamente*
Non sabia decir otra, diciela cada dia,
Más la sabia por uso que por sabiduria.

221Fo* est missacantano* al bispo acusado   *fue; sacerdote que*
  dice o canta la misa (misacantano)
Que era idiota, mal clerigo provado:
"Salve Sancta Parens"* solo tenie usado,   *(primeras palabras*
  de la misa)
Non sabie otra missa el torpe embargado.

222Fo durament movido el obispo a sanna,*   *ira*
Dicie: "Nunqua de preste* oi atal* hazanna--   *sacerdote; tal*
Disso*--diçit* al fijo de la mala putanna   *dijo; decid*
Que venga ante mi, no lo pare por manna."*   *engaño*

223Vino ante el obispo el preste peccador,
Avie con el grand miedo perdida la color.

[1]Según la edición de Antonio A. Solalinde, *Berceo*, Vol. I: *Milagros de Nuestra Señora*, págs. 56-59.

Non podie de verguenza catar contral* sennor,   *mirar contra*
el
Nunqua fo el mesquino* en tan mala sudor.   *desgraciado*

²²⁴Dissoli el obispo: "Preste, dime la verdat,
Si es tal como dizen la tu neciedat."*   *necedad*
Dissole el buen omne: "Sennor, por caridat,
Si dissiese que non, dizria falsedat."

²²⁵Dissoli el obispo: "Quando non as ciencia,*   *Ya que no
tienes (has) conocimiento*
De cantar otra missa, nin as sen,* nin potencia,   *sentido*
Viedote que non cantes,* metote en sentencia: *Te prohíbo
(vedar) que [la] cantes*
Vivi como merezes por otra agudencia."*   *medio (Es decir,
ve a ganar la vida haciendo otra cosa.)*

²²⁶Fo el preste su via triste e dessarrado,*   *desamparado*
Avie muj grand verguenza, el danno muy granado,*   *notable*
Tornó en la Gloriosa* ploroso e quesado,*   *la Virgen María;
aquejado, afligido*
Que li diesse conseio, ca era aterrado.

²²⁷La Madre preciosa que nunqua fallecio
A qui de corazon a piedes li cadio,*   *a pies le cayó*
El ruego del su clerigo luego gelo udio:*   *entonces se lo oyó*
No lo metio por plazo, luego li acorrió.*   *No lo aplazó, en
seguida lo socorrió*

²²⁸La Virgo Gloriosa, madre sin dicion,*   *pecado (dicción)*
Apareciól al obispo luego en vision:
Dixoli fuertes dichos,* un brabiello* sermon,   *palabras; bravo*
Descubrióli en ello* todo su corazon.   *(Le dio a entender)*

²²⁹Dixoli brabamientre: "Don obispo lozano,*   *orgulloso, altivo*
Contra mi ¿por qué fuste tan fuert e tan villano?
Io nunqua te tolli* valia* de un grano,   *quité (toller); costo,
valor*
E tu asme tollido a mí un capellano.

²³⁰El que a mí cantava la missa cada dia,
Tu tovist* que facia ierro de eresia:*   *creíste (tuviste); el
yerro de herejía*
Judguesti lo por bestia e por cosa radia,*   *errada, perdida*
Tollisteli la orden de la capellania.

²³¹Si tu no li mandares decir la missa mia
Como solie decirla, grand querella avria:

E tu serás finado* hasta el trenteno dia:*   *muerto; en*
   treinta días
¡Desend* verás que vale la sanna de Maria!"   *luego*

²³²Fo con estas menazas el bispo espantado,
   Mandó enviar luego por el preste vedado:
   Rogól quel perdonasse lo que avie errado,
   Ca fo él en su pleito durament engannado.

²³³Mandólo que cantasse como solie cantar,
   Fuesse de la Gloriosa siervo del su altar,
   Si algo li menguasse* en vestir o en calzar,   *faltase*
   El gelo mandarie del suyo mismo dar.

²³⁴Tornó* el omne bobo en su capellania,   *Retornó ... a*
   Sirvió a la Gloriosa Madre Sancta Maria,
   Finó en su oficio de fin* qual* io queria,   *murió; como*
   Fue la alma a la gloria, a la dulz cofradria.*   *fraternidad*
   (de los bendecidos)

²³⁵Non podriemos nos tanto escribir nin rezar,*   *recitar*
   Aun porque podiessemos muchos annos durar,
   Que los diezmos miraclos* podiessemos contar,   *la décima*
   parte de los milagros
   Los que por la Gloriosa denna Dios demonstrar.*   *(Los*
   [milagros] que Dios se digna demostrar por la Gloriosa.
   dennar 'dignarse')

4 CASTILLA (SIGLO XIII)

4.1 ALFONSO X, EL SABIO, *CRONICA GENERAL DE ESPANNA*[1]

*Alfonso X fue rey de Castilla de 1252 hasta 1284. Reunió
a sabios cristianos, musulmanes y judíos y creó con estos
colaboradores el corpus intelectual más importante y completo
de la Edad Media.*
   *Alfonso hizo que el castellano adquiriera mucho prestigio
al publicar sus obras en esta lengua vernácula en vez del
latín.*
   *Los escritos atribuidos a Alfonso el Sabio abarcan la
ciencia, historia, jurisprudencia y los juegos. Entre sus
obras más famosas son la* Cronica general de Espanna, Las

[1]Texto según la edición de Ramón Menéndez Pidal con la
colaboración de Antonio G. Solalinde (†), Manuel Muñoz
Cortés y José Gómez Pérez, *Primera crónica general de España
que mandó componer Alfonso el Sabio y se continuaba bajo
Sancho IV en 1289*, pág. 92.

Partidas y La general estoria, *de las que se reproducen aquí*
algunos fragmentos. El título Las Partidas *se refiere a las*
siete partes de este código de leyes, que se publicó original-
mente como el Libro de las Leyes *o* Fuero de las Leyes
(< fõrum). *Alfonso XI, nieto de Alfonso el Sabio, las puso*
en vigor en 1348.

CRONICA GENERAL DE ESPANNA
PRIMERA PARTE, CAPITULO 117
DELL EMPERIO DE JULIO CESAR ET DE QUE FAYÇONES ET
DE QUE COSTUMBRES ERA

Despues que Julio Cesar ouo muerto a Ponpeyo et uencidos
sus enemigos et conquistas* las gentes et las tierras et fechas
todas estas cosas que auedes oydas dessuso,* alçaron lo los
romanos por emperador de Roma et metieron en su mano su
⁵poder todo et su sennorio*....
   E desque* Julio Cesar fue alçado por emperador regno en
Roma et en Espanna et en todas las mas tierras del mundo,
sennero* et sin otro compannero ninguno cinco annos menos
tres meses.   E segund cuenta en el primer libro en que fabla
¹⁰de los doze Cesares, era Julio Cesar alto de cuerpo, e era
blanco de color en todos los miembros del cuerpo, e auie la
boca un poco mas ancha de quanto conuiine, e era bien andante
en ueuir siempre muy sano, sinon tanto* que a las uezes
falleciel a soora* el coraçon, et auie por costumbre de se
¹⁵espantar entre suennos muchas uezes; e era caluo de fea
guisa, et prouara muchas uezes de comol escarnecien los omnes
dello en sus iuegos, et por esto auie costumbrado de traer
con la mano todauia los cabellos de tras a la fruente.   Era
omne que beuie muy poco uino, et esto no lo dizien sus amigos
²⁰tan solamientre, mas sus enemigos lo otorgauan....

conquistas: *conquistadas*
dessuso: *encima (de suso)*
sennorio: *dominio o territorio de un señor, y el derecho de*
   gobernarlo (señorío)
desque: *desde que*
sennero: *solo (< l.v.* sĭngŭlārĭu*)*
sinon tanto: *excepto*
a soora: *a su hora*

4.2 ALFONSO X, EL SABIO, *LAS PARTIDAS*[1]

PARTIDA II, TITULO XXXI, LEY IV
EN QUÉ MANERA DEBEN LOS MAESTROS MOSTRAR
LOS SABERES A LOS ESCOLARES

Bien et lealmente deben los maestros mostrar sus saberes a

[1]Texto según la edición de Antonio G. Solalinde, *Alfonso X*
el Sabio, tomo II, págs. 27, 56-57, 60-61.

los escolares leyéndoles los libros et faciéndogelos entender lo
mejor que ellos pudieren: et desque comenzaren a leer deben
continuar el estudio todavía fasta que hayan acabados los libros
⁵que comenzaron; et en cuanto fueren sanos non deben mandar
a otros que lean en su logar dellos, fueras ende si alguno
dellos mandase a otro leer alguna vez por facerle honra et non
por razon de se excusar él del trabajo de leer.
 Et si por aventura alguno de los maestros enfermase despues
¹⁰que hobiese comenzado el estudio de manera que la enfermedat
fuese tan grande o tan luenga que non pudiese leer en ninguna
manera, mandamos quel den el salario tambien como si leyese
todo el año: et si acaesciese que muriese de enfermedat, sus
herederos deben haber el salario también como si hobiese leido
¹⁵todo el año.

PARTIDA VII, TITULO XXIV, LEY V
CÓMO NON DEBEN APREMIAR A LOS JUDIOS EN DIA
DE SABADO, ET CUÁLES JUECES LOS PUEDEN APREMIAR

 Sábado es dia en que los judios facen sus oraciones et están
quedados en sus posadas, et non se trabajan de facer merca
nin pleito ninguno. Et porque tal dia como este son ellos
tenudos de guardar, segunt su ley, non les debe ningunt
⁵home emplazar nin traer a juicio en él. Et por ende mandamos
que ningunt judgador non apremie nin constringa a los judios
en el dia del sábado para traerlos a juicio por razon de debdo,
nin los prendan nin les fagan otro agraviamiento ninguno en
tal dia; ca asaz abondan los otros dias de la semana para
¹⁰costriñirlos et demandarles las cosas que segunt derecho les
deben demandar; et al aplazamiento que les ficieren para tal
dia, non son tenudos los judios de responder; otrosi sentencia
que diesen contra ellos en tal dia, mandamos que non vala.
 Pero si algunt judio firiese, o matase, o furtase o robase en
¹⁵tal dia, o si ficiese algunt otro yerro semejante destos por que
meresciese recebir pena en el cuerpo o en el haber, estonce
los judgadores bien lo pueden recabdar en el dia del sábado.
 ...

LEY VIII
CÓMO NINGUNT CRISTIANO NIN CRISTIANA NON
DEBE FACER VIDA EN CASA DE JUDIO

 Defendemos que ningunt judio non sea osado de tener
cristiano nin cristiana para servirse dellos en su casa, como
quier que los puedan haber para labrar et enderezar sus
heredades de fuera, o para guardarlos en camino cuando
⁵hobiesen a ir por algunt lugar dubdoso.
 Otrosi defendemos que ningunt cristiano nin cristiana non
convide a ningunt judio nin judia, nin reciba otrosi convite
dellos para comer nin beber en uno, nin beban del vino que
es fecho por mano dellos. Et aun mandamos que ningunt

¹⁰judio non sea osado de bañarse en baño en uno con los
cristianos.

Otrosi defendemos que ningunt cristiano non reciba
melecinamiento nin purga que sea fecha por mano de judio,
pero bien la puede recebir por consejo de algunt judio
¹⁵sabidor, solamente que sea fecha por mano de cristiano que
conosca et entienda las cosas que son en ella.

4.3 ALFONSO X, EL SABIO, *LA GENERAL ESTORIA* [1]

LIBRO VII, CAPITULO 35
DEL REY JUPPITER E DELOS DEPARTIMIENTOS DELOS
SABERES DEL TRIUIO E DEL QUADRUUIO

En esta çibdad de Athenas nascio el rey Juppiter, como es
ya dicho ante desto, e alli estudio e aprendio y tanto, que
sopo muy bien todo el triuio e todel quadruuio, que son las
siete artes aque llaman liberales por las razones que uos
⁵contaremos adelante, e uan ordenadas entre si por sus naturas
desta guisa: la primera es la gramatica, la segunda dialectica,
la tercera rectorica, la quarta arismetica, la quinta musica,
la sesena geometria, la setena astronomia.

E las tres primeras destas siete artes son el triuio, que
¹⁰quiere dezir tanto como tres uias o carreras que muestran all
omne yr a una cosa, et esta es saber se razonar cumplida
mientre. Et las otras quatro postrimeras son el quadruuio,
que quiere dezir tanto como cuatro carreras que ensennan
connoscer complida mientre, saber yr a una cosa cierta, e esta
¹⁵es las quantias* delas cosas, assi como mostraremos adelante.

La gramatica, que dixiemos que era primera, ensenna fazer
las letras, e ayunta dellas las palabras cada una como conuiene,
e faze dellas razon, e por esso le dixieron gramatica que
quiere dezir tanto como saber las letras, ca esta es ell arte
²⁰que ensenna acabar razon por letras e por sillabas et por las
palabras ayuntadas que se compone la razon.

La dialectica es art pora* saber connoscer si a uerdad o
mentira en la razon que la gramatica compuso, e saber de-
partir la una dela otra; mas por que esto non se puede fazer
²⁵menos de dos, ell uno que demande et ell otro que responda,
pusieron le nombre dialetica que muestra tanto como razonamiento de dos por fallar se la uerdad complida mientre.

La rectorica otrossi es art pora affermosar* la razon e
mostrar la en tal manera, quela faga tener por uerdadera e
³⁰por cierta alos que la oyeren, de guisa que sea creyda. Et

quantia: *el conocimiento científico*
pora: *para*
affermosar: *hacer hermosa*
[1]Texto según la edición de Antonio G. Solalinde, *General
Estoria, primera parte,* págs. 193-194.

por ende* ouo nombre rectorica, que quiere mostrar tanto
como razonamiento fecho por palabras apuestas, e fermosas e
bien ordenadas.

Onde estas tres artes que dixiemos, aque llaman triuio,
35muestran all omne dezir razon conueniente, uerdadera e
apuesta qual quier que sea la razon; e fazen all omne estos
tres saberes bien razonado, e uiene ell omne por ellas meior
a entender las otras quatro carreras aque llaman el quadruuio.

E las quatro son todas de entendimiento e de demostramiento
40fecho por prueua, onde deuien yr primeras en el orden. Mas
por que se non podien entender sin estas tres primeras que
auemos dichas, pusieron los sabios a estas tres primero que
aquellas quatro, ca maguer* que todas estas quatro artes del
quadruuio fablan delas cosas por las quantias dellas, assi
45como diremos, e las tres del triuio son de las uozes e delos
nombres delas cosas, e las cosas fueron ante que las uozes e
quelos nombres dellas natural mientre. Pero por quelas cosas
non se pueden ensennar nin aprender departida mientre si non
por las uozes et por los nombres que an, maguer que segund
50la natura estas quatro deurien yr primeras et aquellas tres
postrimeras como mostramos, los sabios por la razon dicha
pusieron primeras las tres artes del triuio e postrimeras las
quatro del quadruuio; ca por las tres del triuio se dizen los
nombres alas cosas, e estas fazen al omne bien razonado, e
55por las quatro del quadruuio se muestran las naturas delas
cosas, e estas quatro fazen sabio ell omne; pues aprendet por
aqui que el triuio faze razonado ell omne y el quadruuio sabio.

por ende: *por eso, por tanto*
maguer: *aunque (del griego)*

5. CASTILLA (SIGLO XIV)

5.1 JUAN RUIZ, ARCIPRESTE DE HITA, *LIBRO DE BUEN AMOR*[1]

*Juan Ruiz, Arcipreste de Hita, nació en Alcalá de Henares,
cerca de Madrid, hacia 1283 y murió hacia 1350. Su única
obra literaria la escribió completa o parcialmente en la cárcel
donde pasó trece años (por razones perdidas en la historia,
pero posiblemente relacionadas con su estilo de vida). El
Libro de buen amor, terminado en 1330 ó 1343, satiriza la
vida del siglo XIV. Presenta en estilos variados selecciones
religiosas, didácticas, eróticas--consejos sobre temas amorosos
y narrativas de sus aventuras románticas. Incluidas también
hay unas fábulas, como el siguiente "Ensiemplo del león e del
cavallo."*

[1]Texto según la edición de Joan Corominas, *Juan Ruiz,
Libro de buen amor*, págs. 144, 146, 147.

ENSIEMPLO* DEL LEON E DEL CAVALLO   *historia (ejemplo)*

[298]Un cavallo muy gordo   pacía en la defesa;*   *comía (pacía)*
en el prado (dehesa)
venié el león de caça,   pero con él non pesa:*   *pero [el*
caballo] no pesa [demasiado] para él
el león tan goloso   al cavallo sopesa.*   *pesa [en su mente]*
"Vassallo" dixo "mío,   la mano tú me besa."

[299]Al león gargantero   respondió ël cavallo,
diz: "tú eres mi señor   e yo ël tu vassallo:
en te besar la mano   yo ën esso me fallo,*   *me hallo*
[obligado]
mas ir a ti non puedo,   que tengo un grand contrallo:*
contrariedad

[300]ayer, do me ferrava,   un ferrero maldito
echóme en este pie   un clavö atan fito:*   *hincado (< fīctu,*
part. de fīgĕre 'hincar, clavar')
enclavóm'; ven señor,   con tu diente bendito
sácamlo e faz de mí   como de tuyo quito".*   *como [hay que*
tratar] a quien es tuyo del todo

[301]Abaxóse el león   por dar algund confuerto*   *alivio*
al cavallo ferrado;   contra sí fizo tuerto:*   *hizo agravio*
las coces* el cavallo   lançó fuerte, en cierto;*   *patadas*
(< latín calce *'talón'); por cierto*
diólë entre los ojos: echóle frío muerto;

[302]con el miedo el cavallo   fuyó com' aguas bivas;*   *como*
aguas vivas, locamente
avié mucho comido   de yervas muy esquivas,*   *había comido*
mucho de hierbas muy nocivas
iva mucho cansado: tomáronlö adivas.*   *inflamación de*
garganta (adivas)
Assí mueren los locos   golosos, do tú ý vàs.*   *cuando tú*
allí vas [con ellos], o donde tú ibas

[303]El comer sin mesura   e la grand venternía,*   *glotonería*
(< vĕntre 'vientre')
otrossí mucho vino   con mucha beverría,*   *con mucha bebienda*
más mata que cuchillo: Ipocrás* lo dezía;   *Hipócrates*
tú dizes: "quien bien come   bien faze garçonía".*
juventud

6. SANTO DOMINGO (SIGLO XVI)

6.1 GONZALO FERNANDEZ DE OVIEDO, *HISTORIA GENERAL Y NATURAL DE LAS INDIAS*[1]

Gonzalo Fernández de Oviedo nació en Madrid en 1478. Viajó al Nuevo Mundo donde ejerció su profesión de funcionario del gobierno e historiador. La primera parte de la Historia *general* y natural de las Indias *se publicó en Sevilla en 1535. Oviedo usa y explica en la* Historia *mucho vocabulario indígena. Se reproducen a continuación dos capítulos del* Libro Séptimo, *"el cual tracta de la agricoltura."*

LIBRO VII
CAPITULO V

Del maní, *que es cierto género de fructa e mantenimiento ordinario que tienen los indios en esta isla Española e otras islas destas Indias.*

Una fructa tienen los indios en esta isla española, que
[5]llaman *maní,* la cual ellos siembran e cogen, e les es muy ordinaria planta en sus huertos y heredades, y es tamaña como piñones con cáscara, e tiénenla ellos por sana. Los cristianos poco caso hacen della, si no son algunos hombres bajos, o muchachos, y esclavos, o gente que no perdona su gusto a
[10]cosa alguna. Es de mediocre sabor e de poca substancia, e muy ordinaria legumbre a los indios, e hayla en gran cantidad.

CAPITULO VII

Del ají, *que es una planta de que los indios se sirven e usan en lugar de pimienta, e aun los cristianos la han por muy buena especia.*

Ají es una planta muy conoscida e usada en todas las partes
[5]destas Indias, islas e Tierra Firme, e provechosa e nescesaria, porque es caliente e da muy buen gusto e apetito con los otros manjares, así al pescado como a la carne, e es la pimienta de los indios, y de que mucho caso hacen, aunque hay abundancia de ají, porque en todas sus labranzas e huertos lo
[10]ponen e crían con mucha diligencia e atención porque continuamente lo comen con el pescado y con los más de sus manjares. E no es menos agradable a los cristianos, ni hacen menos por ello que los indios, porque, allende de ser muy buen especia, da buen gusto e calor al estómago; e es sano,
[15]pero asaz caliente cosa el ají.

[1]Texto según la edición de Juan Pérez de Tudela Bueso, *Historia general y natural de las Indias,* I, págs. 235-236.

Esta es una planta tan alta como a la cinta de un hombre, e
algún género de ají hay tan alto o más que la estatura de un
hombre bien alto; mas, en esto del grandor, mucho va en ser
la tierra, donde se pone, fértil o delgada, o ser regada; mas,
20comúnmente, el ají es tan alto como cinco o seis palmos, poco
más o menos. E hacen un pie copado e de muchas ramas. La
flor del ají es blanca y pequeña; no huele, pero el fructo es
a la vista en diferentes maneras e proporciones, y en efecto,
todo ají quema mucho, como la pimienta, e alguno dello más.
25Echa unos granos, o vainas (mejor diciendo), huecas e
coloradas, de muy fino color, e algunas dellas tan grandes
como un dedo de luengo e grueso. Otro ají hay que echa
estos granos colorados e redondos, e tan gruesos como
guindas, e algunos más e menos. Otro hay que lleva estos
30granos verdes, pero menores que los susodichos, e así, segund el género del ají e la tierra donde se pone, así es mayor
o menor, o colorada o verde la fructa, porque no la esperan
a que madure. Otro ají hay que echa los granillos verdes e
muy pequeños; otro los echa pintados de negro, que tira a
35azul escuro, no todo el grano, sino alguna parte dél. Algún
género hay de ají que se puede comer crudo, e no quema.
De las hojas del ají se hace tan buena o mejor salsa al gusto
que la del perejil, desliéndole con el caldo de la olla de carne;
pero la una salsa es fría e la otra caliente; y en la verdad,
40el ají es mejor con la carne e con el pescado que la muy buena
pimienta.
Llévase a España e a Italia e a otras partes por muy buena
especia, e es cosa muy sana, e hállanse los hombres muy bien
con ello en todas las partes donde lo alcanzan; e desde Europa
45envían por ello mercaderes e otras personas, e lo buscan con
diligencia para su propria gula e apetito; porque se ha visto
por experiencia que es cosa muy saludable, e en especial el
tiempo del invierno e tiempo frío, porque de sí mismo es frío,
a lo que algunos porfían, y a mi parescer, es caliente e
50mucho.

6.2 FRAY BARTOLOME DE LAS CASAS, *HISTORIA DE LAS INDIAS*[1]

*Fray Bartolomé de Las Casas (1475–1566) acompañó a Colón
durante su primer viaje al Nuevo Mundo. Uno de los primeros
defensores de los derechos humanos en el continente americano,
Las Casas incluye en sus escritos una denuncia de la Conquista
y del aprovechamiento de los indios por parte de los españoles.*

Fray Bartolomé terminó de escribir su Historia de las Indias
en 1559, a los 85 años de edad. Había publicado ya su

[1]Texto según la edición de Juan Pérez de Tudela Bueso y
Emilio López Oto, *Obras escogidas de Fray Bartolomé de Las
Casas*, Vol. I: *Historia de las Indias*, págs. 139-142.

Brevísima Historia de las Indias *y, al mandar "el manuscrito de la Historia a sus hermanos del colegio de San Gregorio de Valladolid, prohibía que se publicara hasta trascurridos al menos cuarenta años."*[1] *Escribió, "Y pasados aquellos cuarenta años, si vieren que conviene para el bien de los indios, y de España, la pueden mandar imprimir para gloria de Dios y manifestación de la verdad, principalmente."*[2]
El pasaje aquí reproducido describe la llegada de Cristóbal Colón y su tripulación al Nuevo Mundo.

LIBRO PRIMERO
CAPITULO XXXIX

Jueves, 11 días de octubre, cuando ya la misericordia divina quiso hacer a todos ciertos de no haber sido en balde su viaje, vieron nuevas, y más que todas las otras, ciertas y averiguadas señales, con que todos respiraron. Navegaron al Güesudueste, [5]llevando más alta y brava mar de la que habían traído todo el viaje; vieron pardelas, y, lo que más que todo fué, junto a la nao un junco verde, como si entonces de sus raíces lo hobieran cortado; los de la carabela *Pinta* vieron un palo y una caña, tomaron otro palillo, a lo que parecía, con hierro labrado, y [10]un pedazo de caña y una tabilla y otra hierba que en tierra nace; los de la carabela *Niña* también vieron otras señales, y un palillo cargado de escaramojos, con que todas las carabelas en gran manera se regocijaron; anduvieron en este día, hasta que el sol se puso, 27 leguas....
[15] Esta noche, después del sol puesto, navegó al Güeste, la vía que siempre desde las Canarias trujo, y anduvo doce millas por hora, y, hasta las dos, después de media noche, andarían noventa millas, que fueron 22 leguas y media.
Estando Cristóbal Colón en el castillo de popa, con los ojos [20]más vivos hacia delante que otro, como aquel que más cuidado dello tenía, porque más le incumbía que a todos, vido una lumbre, aunque tan cerrada o añublada, que no quiso fiarmar que fuese tierra; pero llamó de secreto a Pero Gutiérrez, repostero de estrados del Rey, y díjole que parecía lumbre, que mirase [25]él lo que le parecía, el cual la vido y dijo que lo mismo le parecía ser lumbre; llamó también a Rodrigo Sánchez de Segovia, que los Reyes habían dado cargo de ser veedor de toda el armada, pero éste no la pudo ver. Después se vido una vez o dos, y diz que era como una candelilla que se [30]alzaba y bajaba. Cristóbal Colón no dudó ser verdadera lumbre, y por consiguiente, estar junto a la tierra, y así fué. Y lo que yo siento dello es: que los indios de noche

[1]Pérez de Tudela Bueso, op. cit., pág. CX.
[2]"Carta al rector y capítulo del convento de San Gregorio, fasc. en t.I, pág. 1 de la edición de la *Historia* por Gonzalo de Reparaz," citada por Pérez de Tudela Bueso, op. cit., pág. CX, nota 276.

por aquestas islas, como son templadas, sin algún frío, salen
o salían de sus casas de paja, que llamaban bohíos, de noche
[35]a complir con sus necesidades naturales, y toman un tizón en
la mano, o una poca de tea, o raja de pino, o de otra madera
muy seca y resinosa, que arde como la tea, cuando se hace
escura noche, y con aquél se tornan a volver, y desta manera
pudieron ver la lumbre las tres o cuatro veces que Cristóbal
[40]Colón y los demás que la vieron.

... [Y así parece que, pues se vido la tierra dos horas
después de media noche, jueves, se debe atribuir al viernes
este descubrimiento, y por consiguiente fué a 12 de otubre].

Vido la tierra primero un marinero que se llamaba Rodrigo
[45]de Triana, pero los diez mil maravedís de juro sentenciaron
los Reyes que los llevase Cristóbal Colón, juzgando, que, pues
él había visto primero la lumbre, fué visto ver primero la
tierra....

CAPITULO XL

...
Venido el día, que no poco deseado fué de todos, lléganse
los tres navíos a la tierra, y surgen sus anclas, y ven la
playa toda llena de gente desnuda, que toda el arena y tierra
cobrían. Esta tierra era y es una isla de quince leguas de
[5]luengo, poco más o menos, toda baja, sin montaña alguna, como
una huerta llena de arboleda verde y fresquísima, como son
todas las de los Lucayos que hay por allí, cerca desta
Española.... En medio della estaba una laguna de buen agua
dulce de que bebían; estaba poblada de mucha gente que no
[10]cabía, porque, como abajo se dirá, todas estas tierras deste
orbe son sanísimas, y mayormente todas estas islas de los
Lucayos, porque así se llamaban las gentes destas islas
pequeñas, que quiere decir, cuasi moradores de cayos, porque
cayos en esta lengua son islas.
[15] Así que, cudicioso el Almirante y toda su gente de saltar a
tierra y ver aquella gente, y no menos ella de verlos salir,
admirados de ver aquellos navíos, que debían pensar que
fuesen algunos animales que viniesen por la mar, o saliesen
della, viernes, de mañana, que se contaron 12 de otubre,
[20]salió en su batel armado y con sus armas, y la más de la gente
que en él cupo; mandó también que lo mismo hiciesen y
saliesen los capitanes Martín Alonso y Viceinte Añez. Sacó
el Almirante la bandera real, y los dos capitanes sendas
banderas de la cruz verde, que el Almirante llevaba en todos
[25]los navíos por seña y divisa, con una F, que significa el
Rey D. Fernando, y una Y, por la Reina doña Isabel, y
encima de cada letra su corona, una de un cabo de la cruz,
y otra del otro.

Saltando en tierra el Almirante y todos, hincan las rodillas,
[30]dan gracias inmensas al Todopoderoso Dios y Señor, muchos
derramando lágrimas, que los había traído a salvamento....

Los indios, que estaban presentes, que eran gran número,
a todos estos actos estaban atónitos mirando los cristianos,
espantados de sus barbas, blancura y de sus vestidos; íbanse
[35]a los hombres barbados, en especial al Almirante, como por la
eminencia y autoridad de su persona, y también por ir vestido
de grana, estimasen ser el principal, y llegaban con las
manos a las barbas maravillándose dellas, porque ellos ninguna
tienen, especulando muy atentamente por las manos y las
[40]caras de su blancura.

Viendo el Almirante y los demás su simplicidad, todo con
gran placer y gozo lo sufrían; parábanse a mirar los cristianos
a los indios, no menos maravillados que los indios dellos,
cuánta fuese su mansedumbre, simplicidad y confianza de gente
[45]que nunca cognoscieron, y que, por su aparencia, como sea
feroz, pudieran temer y huir dellos; cómo andaban entre ellos
y a ellos se allegaban con tanta familiaridad y tan sin temor
y sospecha, como si fueran padres y hijos....

7. MEXICO (SIGLO XVI)

7.1 FRAY ALONSO DE MOLINA, *CONFESSIONARIO MAYOR*[1]

El Confessionario mayor *fue escrito en México en 1565 por
Fray Alonso de Molina (15 ?-1585). Proveía preguntas en
español y en nahuatl en columnas paralelas para el uso en la
confesión. Las preguntas tratan, con la excepción del último
párrafo, de la observación del Séptimo Mandamiento.*

Y tu q vẽdes cacao, reboluiste el buẽ cacao cõ el malo,
pa q todo se emplease y vẽdiese, engañado a las gentes:
Encenizaste el cacao verde, o reboluistelo cõ tierra blãca pa
q pareciese bueno, o pones massa de Tzoualli, dẽtro del
[5]hollejo* del dicho cacao, o massa de cuexcos de auacatl,*
falseando el dicho cacao: Y los cacaos pequeños y dlgados,
tuestas los, para los hazer parecer grandes y gruessos?

Y tu que vendes auacates, ẽgañas por ventura a los pobres
otomies,* o a los moçuelos, dãdoles auacates dañados y malos,
[10]y los que estã por madurar, los friegas y maduras con los
dedos, ẽgañando a tus pximos?

Y tu q vẽdes cuẽtas, y vendes cartillas, horas, papel,
tigeras, cuchillos, peynes, y todo lo ya dicho, engañaste, o
burlaste a alguno?

hollejo: *pellejo que cubre la fruta*
cuexcos de auacatl: *pepas (cuescos) de aguacate*
otomies: *indios del grupo otomí*
[1]Texto según la edición de D. Lincoln Canfield, en *Spanish
Literature in Mexican Languages as a Source for the Study of
Spanish Pronunciation,* págs. 49-50.

[15] Y tu q vẽdes tamales qça no les echaste mucha massa, y les echaste muchos frisoles dẽtro, o los enboluiste cõ muchas hojas de mayz, para q pareciesen grandes?

Y tu q tienes baños calientes, heziste el baño q tienes, co auctoridad ᵈ la justicia, y ãdan por vẽtura en el rebueltos [20] hõbres y mugeres (qndo se bañan) qça se cometio alli algũa maldad, y tu no la estoruaste? Y qça no se bañarõ ẽ tu baño solos los ẽfermos, mas tãbiẽ los sanos, y los q no tenian necessidad?

BIBLIOGRAFIA

La siguiente Bibliografía no pretende ser completa ni aun representativa de todos los diversos aspectos de la historia de la lengua. Intenta más bien señalar algunas de las fuentes clásicas y modernas más accesibles al lector general. Se divide en cuatro secciones: (1) Referencias y obras selectas, (2) Clasificación por temas, (3) Bibliografías, (4) Revistas de filología y lingüística.

La primera sección contiene las referencias completas de las obras citadas en las notas del texto y del Apéndice y en la "Clasificación por temas."

La Clasificación por temas no es rigurosa. El lector encontrará, por ejemplo, entre los Estudios históricos del español, referencias a obras que incluyen tratamientos de la teoría del sustrato, el judeoespañol, el desarrollo de las sibilantes, el andalucismo en el español americano, etc., temas que también aparecen bajo El español americano.

Entre las obras bibliográficas citadas en la Sección 3, la *Bibliografía* de Serís y los artículos de Catalán, Lope Blanch y Malkiel son sumamente útiles por sus voluminosas referencias a temas tratados en artículos y en capítulos de libros.

En la cuarta sección se ofrece una lista básica de revistas de filología y lingüística hispano-románica.

La abreviatura C.S.I.C. designa el Consejo Superior de Investigaciones Científicas, Madrid. Los paréntesis encierran la fecha de primera aparición de un libro. Finalmente, la inclusión de estudios locales o regionales hubiera resultado en una bibliografía excesivamente larga; para éstos, consúltense las Secciones 3 y 4.

1. Referencias y obras selectas

Alarcos Llorach, Emilio. "Fonología diacrónica del español." En su *Fonología española*, Segunda Parte, Capítulo IX. Madrid: Editorial Gredos, 1968 (1950).

Alfonso el Sabio. *General estoria: Primera parte.* Edición de Antonio G. Solalinde. Madrid: Junta para Ampliación de Estudios e Investigaciones Científicas, Centro de Estudios Históricos, 1930.

Alfonso el Sabio. *General estoria: Segunda parte.* Edición de † Antonio G. Solalinde, Lloyd A. Kasten y Victor R. B. Oelschläger. 2 vols. Madrid: C.S.I.C. Vol. I, 1957; Vol. II, 1961.

Alfonso X el Sabio. *Alfonso X el Sabio.* Prólogo, selección y glosario de Antonio G. Solalinde. Colección Granada, Antologías. 2 vols. Madrid: Jiménez-Fraud, 1922.

Alfonso X el Sabio. *Antología de Alfonso X el Sabio.* Edición de Antonio G. Solalinde. Colección Austral, 169. Madrid: Espasa-Calpe, 1960 (1941).

Alonso, Amado. *Castellano, español, idioma nacional: Historia espiritual de tres nombres.* Buenos Aires: Editorial Losada, 1968.

Alonso, Amado. *De la pronunciación medieval a la moderna en español.* Ultimado y dispuesto para la imprenta por Rafael Lapesa. 2 vols. Madrid: Editorial Gredos. Vol. I, 2ª edición, 1967; Vol. II, 1ª edición, 1969.

Alonso, Amado. *Estudios lingüísticos: Temas españoles.* 2ª edición. Madrid: Editorial Gredos, 1961.

Alonso, Amado. *Estudios lingüísticos: Temas hispanoamericanos.* Madrid: Editorial Gredos, 1961 (1953).

Alonso, Amado. "La interpretación araucana de Lenz para la pronunciación chilena." BDH, VI, Apéndice II, 279-289.

Alonso, Martín. *Enciclopedia del idioma: Diccionario histórico y moderno de la lengua española (siglos XII al XX) etimológico, tecnológico, regional e hispanoamericano.* 3 vols. Madrid: Aguilar, 1968 (1947).

Alonso, Martín. *Evolución sintáctica del español.* Madrid: Aguilar, 1962.

Alvar, Manuel. *Americanismos en la "Historia" de Bernal Díaz del Castillo.* Revista de Filología Española, Anejo 89. Madrid: C.S.I.C., 1970.

Alvar, Manuel. *Textos hispánicos dialectales: Antología histórica.* Revista de Filología Española, Anejo 73. 2 vols. Madrid, C.S.I.C., 1960.

Anderson, James M., and Jo Ann Creore. *Readings in Romance Linguistics.* The Hague: Mouton, 1972.

Arlotto, Anthony. *Introduction to Historical Linguistics.* Boston: Houghton Mifflin, 1972.

Bachrach, Bernard. *A History of the Alans in the West.* Minneapolis: University of Minnesota Press, 1973.

Baldinger, Kurt. *La formación de los dominios lingüísticos en la Península Ibérica.* Versión castellana de Emilio Lledó y Monserrat Macau. Madrid: Editorial Gredos, 1969 (1958).

BDH = Biblioteca de Dialectología Hispanoamericana. 7 vols. Amado Alonso, director. Buenos Aires: Instituto de

Filología, Universidad de Buenos Aires, 1930-1949. Vol. VI:
El español en Chile, 1940.
Bello, Andrés, y Rufino J. Cuervo. *Gramática de la lengua
castellana*. 1ª edición, París, 1898. Véase, p. ej., la edi-
ción de Nieto Alcalá-Zamora y Torres, del mismo título,
Buenos Aires: Editorial Sopena Argentina, 1964 (1945).
Berceo, [Gonzalo de]. *Berceo*. Vol. I: *Milagros de Nuestra
Señora*. Edición y notas de Antonio G. Solalinde. Clásicos
Castellanos, 44. Madrid: Espasa-Calpe, 1964.
Bolaño e Isla, Amancio. *Manual de historia de la lengua
española*. México: Editorial Porrúa, 1959.
Boyd, Bowman, Peter. *From Latin to Romance in Sound Charts*.
Washington, D.C.: Georgetown University Press, 1980 (1954).
Boyd-Bowman, Peter. *Indice geobiográfico de cuarenta mil
pobladores de América en el siglo XVI*. Vol. I: *1493-1519*.
Bogotá: Instituto Caro y Cuervo, 1964. Vol. II: *1520-
1539*. México: Editorial Jus, 1968.
Boyd-Bowman, Peter. *Léxico hispanoamericano del siglo XVI*.
London: Tamesis Books, 1971.
Buck, Carl Darling. *Comparative Grammar of Greek and
Latin*. Chicago: University of Chicago Press, 1962 (1933).
Buck, Carl Darling. *A Dictionary of Selected Synonyms in
the Principal Indo-European Languages*. Chicago: Uni-
versity of Chicago Press, 1949.
Buesa Oliver, Tomás. *Indoamericanismos léxicos en español*.
Monografías de Ciencia Moderna, 73. Madrid: C.S.I.C.,
1965.
Bull, William E. *Time, Tense, and the Verb: A Study in
Theoretical and Applied Linguistics, with Particular Atten-
tion to Spanish*. Berkeley: University of California Press,
1968.
Cabrera, Luis. *Diccionario de aztequismos*. México: Edi-
ciones Oasis, 1975 (1974). Obra póstuma también incluida
en su *Obra literaria*, Vol. II: *Obras completas*. México:
Ediciones Oasis, 1974.
Canfield, D. Lincoln. "The Diachronic Dimension of 'Syn-
chronic' Hispanic Dialectology." *Linguistics*, 7 (1964), 5-9.
Canfield, D. Lincoln. *La pronunciación del español en
América: Ensayo histórico-descriptivo*. Bogotá: Instituto
Caro y Cuervo, 1962.
Canfield, D. Lincoln. *Spanish Literature in Mexican Languages
as a Source for the Study of Spanish Pronunciation*. New
York: Instituto de las Españas en los Estados Unidos, 1934.
Canfield, D. Lincoln, y J. Cary Davis. *An Introduction to
Romance Linguistics*. Carbondale: Southern Illinois Uni-
versity Press, 1975.
Cantar del Cid. Según el texto antiguo preparado por Ramón
Menéndez Pidal, con la prosificación moderna del cantar por
Alfonso Reyes, prólogo de Martín de Riquer. Selecciones
Austral. Madrid: Espasa-Calpe, 1976.

Catalán, Diego. "The End of the Phoneme /z/ in Spanish." *Word,* 13 (1957), 282-322.

Cejador y Frauca, Julio. *Vocabulario medieval castellano.* New York: Las Americas Publishing Company, 1968 (1929).

Cervantes Saavedra, Miguel de. *Don Quijote de la Mancha.* En muchas ediciones.

Cock Hincapié, Olga. *El seseo en el Nuevo Reino de Granada.* Bogotá: Instituto Caro y Cuervo, 1969.

Corominas, Joan. *Breve diccionario etimológico de la lengua castellana.* Madrid: Editorial Gredos, 1973 (1961).

Corominas, Joan. *Diccionario crítico etimológico de la lengua castellana.* 4 vols. Reimpresión. Madrid: Editorial Gredos, 1974 (1954-57).

Criado de Val, M. *El verbo español.* Madrid: Editorial S.A.E.T.A., 1969.

Danesi, Marcel. "The Case for *Andalucismo* Re-examined." *Hispanic Review,* 45 (1977), 181-193.

Díaz y Díaz, Manuel C. *Antología del latín vulgar.* 2ª edición, aumentada y revisada. Madrid: Editorial Gredos, 1962.

Díaz Plaja, Guillermo. *Antología mayor de la literatura española.* Vol. I: *Edad Media (Siglos X-XX).* 2ª edición. Barcelona: Editorial Labor, 1969.

Elcock, W. D. *The Romance Languages.* Revised by John N. Green. London: Faber and Faber, 1975 (1960).

Enciclopedia lingüística hispánica. Dirigida por Manuel Alvar y otros. Incompleto. Vol. I: *Antecedentes, Onomástica.* Suplemento al Vol. I: *La fragmentación fonética peninsular.* Madrid: C.S.I.C., 1960, 1962.

Entwistle, W. J. *The Spanish Language, together with Portuguese, Catalan and Basque.* London: Faber and Faber, 1965 (1936). (También existe una versión española, que no he visto, *Las lenguas de España,* traducido por Francisco Villar, Madrid: Ediciones Istmo, 1972.

Estudios dedicados a Menéndez Pidal. 7 vols. más un volumen de índices. Madrid: C.S.I.C., 1950-1962. (Artículos de diversos autores.)

Flórez, Luis. *Temas de castellano: Notas de divulgación.* 2ª edición. Bogotá: Instituto Caro y Cuervo, 1967.

Foley, James. *Foundations of Theoretical Phonology.* Cambridge: Cambridge University Press, 1977.

Ford, J. M. D. *Old Spanish Readings.* New York: Gordian Press, 1967 (1934).

Fotitch, Tatiana. *An Anthology of Old Spanish.* Washington, D.C.: The Catholic University Press, 1969.

García de Diego, Vicente. *Diccionario etimológico español e hispánico.* Madrid: Editorial S.A.E.T.A. (¿1954?).

García de Diego, Vicente. *Gramática histórica española.* Madrid: Editorial Gredos, 1970 (1951).

García de Diego, Vicente. *Manual de dialectología española.*
Madrid: Ediciones Cultura Hispánica, 1959 (1946).
Gifford, D. J., y F. W. Hodcroft. *Textos lingüísticos del
medioevo español.* 2ª edición. Oxford: The Dolphin
Book Co., 1966.
Gili Gaya, Samuel. *Curso superior de sintaxis española.*
Barcelona: Bibliograf, 1973 (1961).
Gili Gaya, Samuel. *Nociones de gramática histórica española.*
5ª edición. Barcelona: Bibliograf, 1966.
Giurescu, Anca. *Les mots composés dans les langues
romanes.* The Hague: Mouton, 1975.
Glover, Bobby Ray. *A History of Six Spanish Verbs Meaning
"To Take, Seize, Grasp."* The Hague: Mouton, 1971.
Gooch, Anthony. *Diminutive, Augmentative and Pejorative
Suffixes in Modern Spanish.* 2ª edición. Oxford: Pergamon
Press, 1970.
Goyvaerts, D. L. *Present-Day Historical and Comparative
Linguistics.* Ghent (Bélgica): E. Story-Scientia, 1975.
Granda Gutiérrez, Germán de. *La estructura silábica, y su
influencia en la evolución fonética del dominio ibero
románico.* Revista de Filología Española, Anejo 81. Madrid:
C.S.I.C., 1966 (1958).
Grandgent, C. H. *Introducción al latín vulgar.* Traducción
y anotación por Francisco de B. Moll. Publicaciones de la
Revista de Filología Española, 9. Madrid: C.S.I.C., 1970
(1928).
Hadlich, Roger L. *Gramática transformativa del español.*
Madrid: Editorial Gredos, 1973. Es traducción de su
Transformational Grammar of Spanish. Englewood Cliffs,
New Jersey: Prentice-Hall, 1971.
Hall, Robert A., Jr. *External History of the Romance Lan-
guages.* New York: American Elsevier Publishing Co.,
1974.
Harris, James W. *Fonología generativa del español.* Madrid:
Editorial Planeta, 1975. Traducción del inglés de Aurelio
Verde de *Spanish Phonology.* Cambridge, Massachusetts:
The M.I.T. Press, 1969.
Herrero, Víctor José. *Introducción al estudio de la filología
latina.* Madrid: Editorial Gredos, 1965.
Iordan, Iorgu. *Lingüística románica.* Reelaboración parcial y
notas de Manuel Alvar. Madrid: Ediciones Alcalá, 1967.
Es una versión nueva de la original rumana *Introducere în
studiul limbilor romanice,* 1ª edición, 1932. También hay una
versión moderna en inglés por Iorgu Iordan y John Orr, *An
Introduction to Romance Linguistics: Its Schools and
Scholars,* revised, with a supplement "Thirty Years On" by
Rebecca Posner. Berkeley: University of California Press,
1970.
Iordan, Iorgu, y María Manoliu. *Manual de lingüística románica.*
Traducción de Manuel Alvar. 2 vols. Madrid: Editorial
Gredos, 1972 (1965).

Jensen, Frede, y Thomas A. Lathrop. *The Syntax of the Old Spanish Subjunctive.* The Hague: Mouton, 1973.

Kany, Charles E. *American-Spanish Euphemisms.* Berkeley: University of California Press, 1960.

Kany, Charles E. *American-Spanish Syntax.* 2ª edición. Chicago: University of Chicago Press, 1951.

Kany, Charles E. *Semántica hispanoamericana.* Traducción de Luis Escolar Bareño. Madrid: Aguilar, 1962 (1960). La versión original es *American-Spanish Semantics.* Berkeley: University of California Press, 1960.

King, Robert D. *Historical Linguistics and Generative Grammar.* Englewood Cliffs, New Jersey: Prentice-Hall, 1969.

Krüger, Fritz. *Problemas etimológicos: Las raíces car-, carr- y corr- en los dialectos peninsulares.* Madrid: C.S.I.C., 1956.

Lafon, René. "Basque." En: *Current Trends in Linguistics,* Vol. IX: *Linguistics in Western Europe.* Editado bajo la dirección de Thomas A. Sebeok. The Hague: Mouton, 1972, parte 2, págs. 1744-1788.

Lapesa, Rafael. "El andaluz y el español de América." *PyF* II, 173-182.

Lapesa, Rafael. *Historia de la lengua española.* 7ª edición. Madrid: Escelicer, 1968 (1942).

Las Casas, Bartolomé de. *Obras escogidas de Fray Bartolomé de Las Casas.* Vol. I: *Historia de las Indias.* Texto fijado por Juan Pérez de Tudela y Emilio López Oto; estudio crítico preliminar y edición por Juan Pérez de Tudela Bueso. Biblioteca de Autores Españoles, 95. Madrid: Ediciones Atlas, 1957.

Lausberg, Heinrich. *Lingüística románica.* Traducción española de J. Pérez Riesco y E. Pascual Rodríguez. 2 vols. Madrid: Editorial Gredos, 1965, 1966 (1956).

Lazzati, Santiago. *Diccionario del verbo castellano.* 2ª edición. Buenos Aires: Editorial Sopena Argentina, 1968.

Lehmann, Winfred P. *Introducción a la lingüística histórica.* Versión española de Pilar Gómez Bedate. Madrid: Editorial Gredos, 1969. La versión original es *Historical Linguistics: An Introduction.* New York: Holt, Rinehart and Winston, 1962.

Lenz, Rodolfo. "Para el conocimiento del español de América." En: *BDH,* VI, 209-258. (Es traducción con notas de Amado Alonso y Raimundo Lida de un artículo publicado por Lenz en 1893.)

Lerner, Isaías. *Arcaísmos léxicos del español de América.* Madrid: Ediciones Insula, 1974.

Lope Blanch, Juan M. *El español de América.* Madrid: Ediciones Alcalá, 1968. Es la versión original de la colaboración "Hispanic Dialectology," en *Current Trends in Linguistics,* Vol. IV: *Ibero-American and Caribbean Linguistics.* Editado bajo la dirección de Thomas A. Sebeok. The Hague: Mouton, 1968, págs. 106-157.

Lope Blanch, Juan M. *La filología hispánica en México: Tareas más urgentes*. México: Universidad Nacional Autónoma de México, 1969.

Lorenzo, Emilio. *El español de hoy, lengua en ebullición*. Madrid: Editorial Gredos, 1966.

Malmberg, Bertil. "Lingüística histórica y lingüística comparada." En su: *Los nuevos caminos de la lingüística*. Traducción de Juan Almela. 1ª edición en sueco, 1959. México: Siglo XXI Editores, 1974.

Marcos Marín, Francisco. *Aproximación a la gramática española*. Madrid: Editorial Cincel, 1972.

Martinet, André. *Economía de los cambios fonéticos*. Madrid: Editorial Gredos, 1974. Traducción del francés de Alfredo de la Fuente Arranz de *Economie des changements phonétiques*. Bern: A. Francke, 1964.

Meillet, Antoine. *Introduction à l'étude comparative des langues indo-européennes*. Hay varias ediciones, por ej., University, Alabama: University of Alabama Press, 1964 (1903).

Mencken, H. L. *The American Language*. Con dos suplementos. 4ª edición. 3 vols. New York: Alfred A. Knopf, 1962.

Mendeloff, Henry. *A Manual of Comparative Romance Philology: Phonology and Morphology*. Washington, D.C.: The Catholic University Press, 1969.

Menéndez Pidal, Ramón. *Cantar de Mio Cid*. Texto, gramática y vocabulario. 3 vols. Madrid: Espasa-Calpe, 1964 (1908-1911).

Menéndez Pidal, Ramón. "Disputa del alma y el cuerpo y Auto de los Reyes Magos." *Revista de Archivos, Bibliotecas y Museos*, 4 (1900), 449-462.

Menéndez Pidal, Ramón. *El idioma español en sus primeros tiempos*. Colección Austral, 250. Madrid: Espasa-Calpe, 1973 (1942).

Menéndez Pidal, Ramón. *Manual de gramática histórica española*. Madrid: Espasa-Calpe, 1966 (1904).

Menéndez Pidal, Ramón. *Orígenes del español: Estado lingüístico de la Península Ibérica hasta el siglo XI*. Obras de R. Menéndez Pidal, VIII. Madrid: Espasa-Calpe, 1968 (1926).

Menéndez Pidal, Ramón. *Poema de Mio Cid*. Edición, introducción y notas de Ramón Menéndez Pidal. Clásicos Castellanos, 24. Madrid: Espasa-Calpe, 1966 (1911).

Menéndez Pidal, Ramón (con la colaboración de Antonio G. Solalinde (†), Manuel Muñoz Cortés y José Gómez Pérez). *Primera crónica general de España que mandó componer Alfonso el Sabio y que se continuaba bajo Sánchez IV en 1289*. Madrid: Editorial Gredos, 1955.

Menéndez Pidal, Ramón. "Sevilla frente a Madrid: Algunas precisiones sobre el español de América." En *Miscelánea homenaje a André Martinet*, Vol. III. La Laguna, Canarias: Universidad de la Laguna, 1962, págs. 99-165.

Menéndez Pidal, Ramón. *Toponimia prerrománica hispana.* Reimpresión. Madrid: Editorial Gredos, 1968.

Meyer-Lübke, Wilhelm. *Romanisches Etymologisches Wörterbuch.* Heidelberg: Carl Winter Universitätsverlag, 1968 (1935).

Molho, Mauricio. *Sistemática del verbo español (aspectos, modos, tiempos).* 2 vols. Madrid: Editorial Gredos, 1975.

Morínigo, Marcos A. *Diccionario manual de americanismos.* Buenos Aires: Muchnik Editores, 1966.

Morínigo, Marcos A. "La penetración de los indigenismos americanos en el español'." En *PyF*, II, 217-226.

Morínigo, Marcos A. *Programa de filología hispánica.* Buenos Aires: Editorial Nova (¿1956?).

Náñez Fernández, Emilio. *El diminutivo: Historia y funciones en el español clásico y moderno.* Madrid: Editorial Gredos, 1973.

Narváez, Ricardo A. *An Outline of Spanish Morphology: Formation of Words, Inflectional and Derivational.* St. Paul, Minnesota: EMC Corporation, 1970.

Navarro Tomás, Tomás. *Métrica española: Reseña histórica y descriptiva.* Syracuse: Syracuse University Press, 1956.

Nebrija, Elio Antonio de. *Dictionarium ex hispaniensi in latinum sermonem.* 1493 ó 1495. Edición facsímil de la Real Academia Española, *Vocabulario español-latino: Interpretación de las palabras castellanas en latín.* Madrid, 1951.

Otero, Carlos-Peregrín. *Evolución y revolución en romance: Mínima introducción a la fonología.* Barcelona: Seix Barral, 1971.

Otero, Carlos-Peregrín. *Evolución y revolución en romance, II: Mínima introducción a la diacronía.* Barcelona: Seix Barral, 1976.

Oviedo, Gonzalo Fernández de. *Historia general y natural de las Indias*, I. Edición y estudio preliminar de Juan Pérez de Tudela Bueso. Biblioteca de Autores Españoles, 117. Madrid: Ediciones Atlas, 1959.

Patterson, William, and Hector Urrutibehéity. *The Lexical Structure of Spanish.* The Hague: Mouton, 1975.

Pei, Mario. *The Story of Latin and the Romance Languages.* New York: Harper and Row, 1976.

Pop, Sever. "L'espagnol." En su: *La dialectologie: Aperçu historique et méthodes d'enquêtes linguistiques.* Vol. I: subtitulado *Dialectologie Romane.* Louvain: Université de Louvain, 1950, págs. 337-434.

Posner, Rebecca. *The Romance Languages: A Linguistic Introduction.* Garden City, New York: Anchor Books, 1966.

PyF = Presente y Futuro de la lengua española: Actas de la Asamblea de Filología del I Congreso de Instituciones Hispánicas. 2 vols. Madrid: Ediciones Cultura Hispánica

(Oficina Internacional de Información y Observación del Español, OFINES), 1964.

Pulgram, Ernst. *The Tongues of Italy: Prehistory and History.* Cambridge, Massachusetts: Harvard University Press, 1958.

Rabanales, Manuel. *Hablas hispánicas: Temas gallegos y leoneses.* Madrid: Ediciones Alcalá, 1967.

Rallides, Charles. *The Tense Aspect System of the Spanish Verb.* The Hague: Mouton, 1971.

Real Academia Española. *Diccionario de autoridades (Diccionario de la lengua castellana).* Edición facsímil. Madrid: Editorial Gredos, 1963 (1726-1739, 6 vols.).

Real Academia Española. *Diccionario de la lengua española.* 19ª edición. Madrid: Espasa-Calpe, 1970.

Real Academia Española. *Diccionario histórico de la lengua española.* Incompleto, en varios fascículos. Madrid, 1960 en adelante.

Real Academia Española. *Esbozo de una nueva gramática de la lengua española.* Madrid: Espasa-Calpe, 1974 (1973).

Resnick, Melvyn C. "Dialect Zones and Automatic Dialect Recognition in Latin American Spanish." *Hispania,* 52 (1969), 553-568.

Resnick, Melvyn C. *Phonological Variants and Dialect Identification in Latin American Spanish.* The Hague: Mouton, 1975.

Resnick, Melvyn C. "Algunos aspectos histórico-geográficos de la dialectología hispanoamericana." *Orbis,* 25 (1976), 264-276.

Rona, José Pedro. *Geografía y morfología del "voseo".* Pôrto Alegre, Brasil: Pontifícia Universidade do Rio Grande do Sul, 1967.

Rosenblat, Angel. *El castellano de España y el castellano de América.* 2ª edición. Caracas: Universidad Central de Venezuela, 1965.

Rosenblat, Angel. "El debatido andalucismo del español de América." En *El Simposio de México.* México, 1969, págs. 149-190.

Rosenblat, Angel. "La hispanización de América: El castellano y las lenguas indígenas desde 1492." En *PyF,* II, 189-219.

Ruiz, Juan. *Libro de buen amor.* Edición, introducción y notas de Julio Cejador y Frauca. Vol. I: Clásicos Castellanos, 14. Vol. II: Clásicos Castellanos, 17. Madrid: Espasa-Calpe, 1967 (1913).

Ruiz, Juan. *Libro de buen amor.* Edición crítica de Joan Corominas. Madrid: Editorial Gredos, 1967.

Sala, Marius. *Phonétique et phonologie du judéo-espagnol de Bucarest.* The Hague: Mouton, 1971.

Saltarelli, Mario, y Dieter Wanner, compiladores. *Diachronic studies in Romance linguistics.* The Hague: Mouton, 1975.

Sánchez Márquez, Manuel J. *Gramática moderna del español: Teoría y norma*. Buenos Aires: EDIAR Sociedad Anónima Editora Comercial y Financiera, 1972.

Santamaría, Francisco J. *Diccionario general de americanismos*. 3 vols. México: Editorial Pedro Robredo, 1942.

Sapir, Edward. *Language*. New York: Harcourt, Brace and World, 1921. [Véanse especialmente Capítulos VII, VIII, IX.]

Seco, Rafael. *Manual de gramática española*. Revisado y ampliado por Manuel Seco. Madrid: Aguilar, 1973 (1954).

Solé, Carlos A. *Morfología del adjetivo con -ál, -éro, -íco, -óso*. Washington, D.C.: Georgetown University Press, 1966.

Spaulding, Robert K. *How Spanish Grew*. Berkeley: University of California Press, 1965 (1943).

Stahl, Fred A., y Gary E. A. Scavnicky. *A Reverse Dictionary of the Spanish language*. Urbana: University of Illinois Press, 1973.

Stockwell, Robert P., J. Donald Bowen y John W. Martin. *The Grammatical Structures of English and Spanish*. Chicago: University of Chicago Press, 1965.

Stoudemire, Sterling A. "Santiago, Guadalupe, Pilar: Spanish Shrines/Spanish Names." *Names*, 26 (1978), 9-19.

Tagliavini, Carlo. *Orígenes de las lenguas neolatinas*. México: Fondo de Cultura Económica, 1973.

Tobón de Castro, Lucía, y Jaime Rodríguez Rondón. "El aspecto verbal en español." *Thesaurus, Boletín del Instituto Caro y Cuervo*, 29 (1974), 34-45.

Toscano, Humberto. *Hablemos del lenguaje*. New York: Joshua B. Powers, 1965.

Tovar, Antonio. *La lengua vasca*. San Sebastián, España: Biblioteca Vascongada de los Amigos del País, 1950.

Tovar, Antonio. *Catálogo de las lenguas de América del Sur: Enumeración, con indicaciones tipológicas, bibliografía y mapas*. Buenos Aires: Editorial Sudamericana, 1961.

Tovar, Antonio, F. Rodríguez Adrados, A. Montenegro Duque y J. Pokorny. *Manual de lingüística indoeuropea*. 5 vols. Madrid, 1946-1953.

Väänänen, Veikko. *Introducción al latín vulgar*. Versión española de Manuel Carrión. Madrid: Editorial Gredos, 1971.

Vidos, B. E. *Manual de lingüística románica*. Traducción de la edición italiana por Francisco de B. Moll. Madrid: Aguilar, 1973 (1959).

Wartburg, Walther von. *La fragmentación lingüística de la Romania*. Versión española de Manuel Muñoz Cortés. 2ª edición aumentada. Madrid: Editorial Gredos, 1971.

Weinrich, Harald. *Estructura y función de los tiempos en el lenguaje*. Versión española de Federico Latorre. Madrid: Editorial Gredos, 1968 (1964).

Weinreich, Uriel, William Labov y Marvin I. Herzog. "Empirical Foundations for a Theory of Language Change." En:

Directions for Historical Linguistics: A Symposium, W. P.
Lehmann y Yakov Malkiel, compiladores.   Austin: University
of Texas Press, 1968, págs. 95-188.
Zamora Vicente, Alonso.   *Dialectología española.*   Madrid: Editorial Gredos, 1967 (1960).

2. Clasificación por temas

Dialectología (Véase también: El español americano.)

Alonso, Amado.   *Estudios lingüísticos.*
García de Diego, Vicente.   *Manual de dialectología española.*
Pop, Sever.   "L'espagnol."
PyF.   Vol. I.   (Contiene varios artículos sobre el español en
distintas partes del mundo.)
Rabanales, Manuel.   *Hablas hispánicas: Temas gallegos y
leoneses.*
Sala, Marius.   *Phonétique et phonologie du judéo-espagnol de
Bucarest.*
Zamora Vicente, Alonso.   *Dialectología española.*

Diccionarios

Alonso, Martín.   *Enciclopedia del idioma.*   Diccionario histórico
y moderno de la lengua española (siglos XII al XX) etimo-
lógico, tecnológico, regional e hispanoamericano.
Buck, Carl Darling.   *A Dictionary of Selected Synonyms in
the Principal Indo-European Languages.*
Cabrera, Luis.   *Diccionario de aztequismos.*
Cejador y Frauca, Julio.   *Vocabulario medieval castellano.*
Corominas, Joan.   *Breve diccionario etimológico de la lengua
castellana.*
Corominas, Joan.   *Diccionario crítico etimológico de la lengua
castellana.*
García de Diego, Vicente.   *Diccionario etimológico español e
hispánico.*
Meyer Lübke, Wilhelm.   *Romanisches Etymologisches Wörter-
buch.*
Morínigo, Marcos A.   *Diccionario manual de americanismos.*
(Contiene una amplísima bibliografía.)
Nebrija, Elio Antonio de.   *Diccionarium ex hispaniensi in
latinum sermonem.*
Real Academia Española.   *Diccionario de autoridades.*
Real Academia Española.   *Diccionario de la lengua española.*
Real Academia Española.   *Diccionario histórico de la lengua
española.*
Santamaría, Francisco J.   *Diccionario general de americanismos.*
Stahl, Fred A., y Gary E. A. Scavnicky.   *A Reverse Diction-
ary of the Spanish Language.*

El español americano

Alonso, Amado. "La interpretación araucana de Lenz para la pronunciación chilena."
Alonso, Amado. Estudios lingüísticos: Temas hispano-americanos.
Alonso, Amado. De la pronunciación medieval a la moderna en español.
Alvar, Manuel. Americanismos en la "Historia" de Bernal Díaz del Castillo.
BDH.
Boyd-Bowman, Peter. Indice geobiográfico de cuarenta mil pobladores españoles de América en el siglo XVI.
Boyd-Bowman, Peter. Léxico hispanoamericano del siglo XVI.
Buesa Oliver, Tomás. Indoamericanismos léxicos en español.
Canfield, D. Lincoln. "The Diachronic Dimension of 'Synchronic' Hispanic Dialectology."
Canfield, D. Lincoln. La pronunciación del español en América: Ensayo histórico-descriptivo.
Canfield, D. Lincoln. Spanish Literature in Mexican Languages as a Source for the Study of Spanish Pronunciation.
Cock Hincapié, Olga. El seseo en el Nuevo Reino de Granada.
Danesi, Marcel. "The Case for Andalucismo Re-examined."
Kany, Charles E. American-Spanish Euphemisms.
Kany, Charles E. American-Spanish Syntax.
Kany, Charles E. Semántica hispanoamericana.
Lapesa, Rafael. "El andaluz y el español de América."
Lenz, Rodolfo. "Para el conocimiento del español de América."
Lerner, Isaías. Arcaísmos léxicos del español de América. (Incluye una extensa bibliografía de estudios léxicos históricos y modernos hasta 1970.)
Lope Blanch, Juan M. El español de América.
Lope Blanch, Juan M. La filología hispánica en México: Tareas más urgentes.
Menéndez Pidal, Ramón. "Sevilla frente a Madrid: Algunas precisiones sobre el español de América."
Morínigo, Marcos A. "La penetración de los indigenismos americanos en el español."
Morínigo, Marcos A. Programa de filología hispánica.
PyF. (El Vol. I tiene varios artículos sobre las variedades del español. En el Vol. II se incluyen artículos sobre La unidad del español, la Penetración en América del andaluz, El español y las lenguas indígenas.)
Resnick, Melvyn C. "Dialect Zones and Automatic Dialect Recognition in Latin American Spanish."
Resnick, Melvyn C. Phonological Variants and Dialect Identification in Latin American Spanish.
Resnick, Melvyn C. "Algunos aspectos histórico-geográficos de la dialectología hispanoamericana."
Rona, José Pedro. Geografía y morfología del "voseo".

Rosenblat, Angel. *El castellano de España y el castallano de América.*
Rosenblat, Angel. "El debatido andalucismo del español de América."
Rosenblat, Angel. "La hispanización de América: El castellano y las lenguas indígenas desde 1492."
Toscano, Humberto. *Hablemos del lenguaje.*

Gramática moderna

Bello, Andrés, y Rufino J. Cuervo. *Gramática de la lengua castellana.*
Bull, William E. *Time, Tense, and the Verb: A Study in Theoretical and Applied Linguistics, with Particular Attention to Spanish.*
Criado de Val, M. *El verbo español.*
Flórez, Luis. *Temas de castellano: Notas de divulgación.*
Gili Gaya, Samuel. *Curso superior de sintaxis española.*
Gooch, Anthony. *Diminutive, Augmentative and Pejorative Suffixes in Modern Spanish.*
Hadlich, Roger L. *Gramática transformativa del español.*
Lazzati, Santiago. *Diccionario del verbo castellano.*
Lorenzo, Emilio. *El español de hoy, lengua en ebullición.*
Marcos Marín, Francisco. *Aproximación a la gramática española.*
Mohlo, Mauricio. *Sistemática del verbo español (aspectos, modos, tiempos).*
Náñez Fernández, Emilio. *El diminutivo: Historia y funciones en el español clásico y moderno.*
Narváez, Ricardo A. *An Outline of Spanish Morphology.*
Rallides, Charles. *The Tense Aspect System of the Spanish Verb.*
Real Academia Española. *Esbozo de una nueva gramática de la lengua española.*
Sánchez Márquez, Manuel J. *Gramática moderna del español: Teoría y norma.*
Seco, Rafael. *Manual de gramática española.*
Solé, Carlos A. *Morfología del adjetivo con -ál, -éro, -íco, -óso.*
Stockwell, Robert P., J. Donald Bowen y John W. Martin. *The Grammatical Structures of English and Spanish.*
Tobón de Castro, Lucía, y Jaime Rodríguez Rondón. "El aspecto verbal en español."
Weinrich, Harald. *Estructura y función de los tiempos en el lenguaje.*

Historia del español

Alarcos Llorach, Emilio. "Fonología diacrónica del español."
Alonso, Amado. *Castellano, español, idioma nacional: Historia espiritual de tres nombres.*

Alonso, Amado. *De la pronunciación medieval a la moderna en español.*

Alonso, Martín. *Evolución sintáctica del español.*

Bolaño e Isla, Amancio. *Manual de historia de la lengua española.*

Enciclopedia lingüística hispánica. (Antecedentes de las lenguas románicas, onomástica, la fragmentación fonética peninsular.)

Entwistle, W. J. *The Spanish Language, Together with Portuguese, Catalan and Basque.*

Estudios dedicados a Menéndez Pidal.

García de Diego, Vicente. *Gramática histórica española.*

Gili Gaya, Samuel. *Nociones de gramática histórica española.*

Granda Gutiérrez, Germán de. *La estructura silábica, y su influencia en la evolución fonética del dominio ibero románico.*

Jensen, Frede, and Thomas A. Lathrop. *The Syntax of the Old Spanish Subjunctive.*

Lapesa, Rafael. *Historia de la lengua española.*

Menéndez Pidal, Ramón. *El idioma español en sus primeros tiempos.* (Es resumen de los *Orígenes del español.*)

Menéndez Pidal, Ramón. *Manual de gramática histórica española.*

Menéndez Pidal, Ramón. *Orígenes del español: Estado lingüístico de la Península Ibérica hasta el siglo XI.*

Navarro Tomás, Tomás. *Métrica española: Reseña histórica y descriptiva.*

Spaulding, Robert K. *How Spanish Grew.*

Lexicología (Véanse también: Historia del español y El español americano.)

Enciclopedia lingüística hispánica. Vol. I: *Antecedentes, Onomástica.*

Glover, Bobby Ray. *A History of Six Spanish Verbs Meaning "To Take, Seize, Grasp."*

Krüger, Fritz. *Problemas etimológicos: Las raíces <u>car-</u>, <u>carr-</u> y <u>corr-</u> en los dialectos peninsulares.*

Menéndez Pidal, Ramón. *Toponimia prerrománica hispana.* (Colección de varios artículos del autor, algunos inéditos.)

Patterson, William, y Hector Urrutibéheity. *The Lexical Structure of Spanish.*

Toscano, Humberto. *Hablemos del lenguaje.*

Lingüística histórica: Teoría. Muchos estudios modernos de la teoría, métodos y datos de la lingüística histórica no son accesibles al lector general que no tenga conocimientos de la lingüística contemporánea. En recientes años han aparecido varias introducciones a la lingüística histórica. La de Arlotto es tal vez la más sencilla. La de Goyvaerts es más completa con respecto a la teoría y tampoco se deja engullir por el formalismo que tanto caracteriza el trabajo de muchos lingüistas contemporáneos. Se recomiendan también los capítulos sobre la variación y el cambio en el lenguaje que se incluyen en casi todos los textos introductorios al estudio de la lingüística.

Arlotto, Anthony. *Introduction to Historical Linguistics*.
Foley, James. *Foundations of Theoretical Phonology*.
Goyvaerts, D. L. *Present-Day Historical and Comparative Linguistics*.
Harris, James W. *Fonología generativa del español*.
King, Robert. *Historical Linguistics and Generative Grammar*.
Lehmann, Winfred P. *Introducción a la lingüística histórica*.
Martinet, André. *Economía de los cambios fonéticos*.
Otero, Carlos-Peregrín. *Evolución y revolución en romance*.
Sapir, Edward. *Language,* Capítulos VII, VIII, IX.

Lingüística indoeuropea

Buck, Carl Darling. *Comparative Grammar of Latin and Greek*.
Lehmann, Winfred P. *Introducción a la lingüística histórica*.
Malmberg, Bertil. "Lingüística histórica y lingüística comparada."
Meillet, Antoine. *Introduction à l'étude comparative des langues indo-européennes*.
Tovar, Antonio, y otros. *Manual de lingüística indoeuropea*.

Lingüística románica

Anderson, James M., and Jo Ann Creore. *Readings in Romance Linguistics*.
Baldinger, Kurt. *La formación de los dominios lingüísticos en la Península Ibérica*.
Boyd-Bowman, Peter. *From Latin to Romance in Sound Charts*.
Canfield, D. Lincoln, and J. Cary Davis. *An Introduction to Romance Linguistics*.
Díaz y Díaz, Manuel C. *Antología del latín vulgar*.
Elcock, W. D. *The Romance Languages*.
Giurescu, Anca. *Les mots composés dans les langues romanes*.
Grandgent, C. H. *Introducción al latín vulgar*.
Hall, Robert A., Jr. *External History of the Romance Languages*.
Herrero, Víctor José. *Introducción al estudio de la filología latina*.
Iordan, Iorgu. *Lingüística románica*.
Iordan, Iorgu. *Manual de lingüística románica*.
Lausberg, Heinrich. *Lingüística románica*.
Mendeloff, Henry. *A Manual of Comparative Romance Linguistics: Phonology and Morphology*.
Otero, Carlos-Peregrín. *Evolución y revolución en romance*.
Pei, Mario. *The Story of Latin and the Romance Languages*.

Posner, Rebecca. *The Romance Languages: A Linguistic Introduction.*
Pulgram, Ernst. *The Tongues of Italy: Prehistory and History.*
Saltarelli, Mario, and Dieter Wanner. *Diachronic Studies in Romance Linguistics.*
Tagliavini, Carlo. *Orígenes de las lenguas neolatinas.*
Väänänen, Veikko. *Introducción al latín vulgar.*
Vidos, B. E. *Manual de lingüística románica.*
Wartburg, Walther von. *La fragmentación lingüística de la Romania.*

Textos antiguos (Para las ediciones críticas, véase la lista alfabética de la Sección I.)

Alvar, Manuel. *Textos hispánicos dialectales: Antología histórica.*
Díaz Plaja, Guillermo. *Antología mayor de la literatura española.* Vol. I: *Edad Media (siglos X-XV).* (Incluye selecciones de *Las Partidas* de Alfonso el Sabio y otras difíciles de encontrar.)
Ford, J. D. M. *Old Spanish Readings.* (Util, pero ya anticuado.)
Fotitch, Tatiana. *An Anthology of Old Spanish.*
Gifford, D. J., y F. W. Hodcroft. *Textos lingüísticos del medioevo español.*

Vasco

Lafon, René. "Basque."
Tovar, Antonio. *La lengua vasca.*

3. Bibliografías

Bialik Huberman, Gisela. *Mil obras de lingüística española e hispanoamericana: Un ensayo de síntesis crítica.* Madrid: Playor, 1973.
Bleznick, Donald W. *A Sourcebook for Hispanic Literature and Language.* Philadelphia: Temple University Press, 1974.
Catalán, Diego. *Lingüística ibero-románica.* Vol. I: *Crítica retrospectiva.* Madrid: Editorial Gredos, 1974. Es traducción de su artículo "Ibero-Romance," en *Current Trends in Linguistics,* Vol. IX: *Linguistics in Western Europe.* Editado bajo la dirección de Thomas A. Sebeok. The Hague: Mouton, 1971, parte 2, págs. 927-1106.
Handbook of Latin American Studies. "Linguistics," bibliografía crítica por Alan C. Wares, años nones; principalmente de trabajos sobre lenguas indígenas, también su interacción con el español. "Language," por D. Lincoln Canfield, años pares; trabajos sobre el español, portugués

y otras lenguas no indígenas de las Américas. Gainesville:
University of Florida Press.
Lafon, René. "Basque." En *Current Trends in Linguistics,*
Vol. IX: *Linguistics in Western Europe.* Editado bajo la
dirección de Thomas A. Sebeok. The Hague: Mouton,
1972, parte 2, págs. 1744-1788. (Ofrece una vista pano-
rámica del vasco seguida por una extensa bibliografía de
estudios vascuenses en alemán, español, francés, inglés
y vasco.)
*Linguistic Bibliography for the Year--and Supplement for
Previous Years (Bibliographie linguistique de l'année--et
complément des années précédentes).* Utrecht: Spectrum,
bienal.
Lope Blanch, Juan M. *El español de América.* Madrid:
Ediciones Alcalá, 1968. Es la versión original de la
colaboración "Hispanic Dialectology," en *Current Trends in
Linguistics,* Vol. IV: *Ibero-American and Caribbean Lin-
guistics.* Editado bajo la dirección de Thomas A. Sebeok.
The Hague: Mouton, 1968, págs. 106-157.
Malkiel, Yakov. "Comparative Romance Linguistics," en *Cur-
rent Trends in Linguistics,* Vol. IX: *Linguistics in Western
Europe.* Editado bajo la dirección de Thomas A. Sebeok.
The Hague: Mouton, 1972, parte 2, págs. 835-926.
Malkiel, Yakov. *Linguistics and Philology in Spanish America:
A Survey (1925-1970).* The Hague: Mouton, 1972. Es
reimpresión con suplemento del capítulo "Hispanic Philology,"
en *Current Trends in Linguistics,* Vol. IV: *Ibero-American
and Caribbean Linguistics.* Editado bajo la dirección de
Thomas A. Sebeok. The Hague: Mouton, 1968, págs. 158-
228.
MLA International Bibliography. Vol. III: *Linguistics.*
Publicación anual de The Modern Language Association, New
York.
Nueva Revista de Filología Hispánica. "Bibliografía."
Serís, Homero. *Bibliografía de la lingüística española.* Bogotá:
Instituto Caro y Cuervo, 1964.

4.   Revistas de Filología y Lingüística

Anuario de Letras. Universidad Nacional Autónoma de México,
México, D. F.
Boletín de Filología. Universidad de Chile, Santiago.
Boletín de la Real Academia Española. Madrid.
Bulletin of Hispanic Studies. University of Liverpool.
Estudios Filológicos. Universidad Austral de Chile,
Valdivia.
Filología. Universidad de Buenos Aires.
Hispania. American Association of Teachers of Spanish and
Portuguese, Worcester, Massachusetts.
Hispanic Review. University of Pennyslvania, Philadelphia.

Nueva Revista de Filología Hispánica. El Colegio de México, México, D. F.

Orbis: Bulletin International de Documentation Linguistique. Centre International de Dialectologie Générale de l'Université Catholique Néerlandaise de Louvain, Louvain.

Revista Canadiense de Estudios Hispánicos. Asociación Canadiense de Hispanistas, Ottawa.

Revista de Filología Española. C.S.I.C., Madrid.

Revue de Linguistique Romane. Société de Linguistique Romane, Strasbourg.

Revista Española de Lingüística. Sociedad Española de Lingüística. Editorial Gredos, Madrid.

Revue Roumaine de Linguistique, Bucarest.

Romance Philology. The University of California, Berkeley.

Thesaurus: Boletín del Instituto Caro y Cuervo. Instituto Caro y Cuervo, Bogotá.

Zeitschrift für Romanische Philologie. Tübingen.